中国地方政府发展能力报告

2022—2023

翟磊 主编

李鑫涛 李晨光 副主编

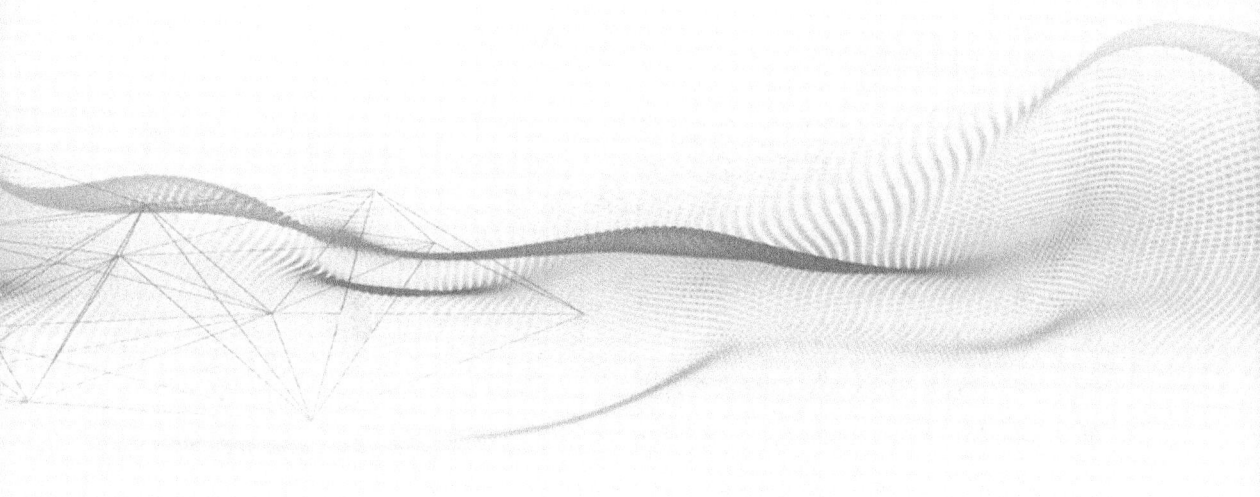

国家行政学院出版社

·北京·

图书在版编目（CIP）数据

中国地方政府发展能力报告.2022—2023／翟磊主编；李鑫涛，李晨光副主编.—北京：国家行政学院出版社，2024.1

ISBN 978-7-5150-2839-2

Ⅰ.①中⋯ Ⅱ.①翟⋯ ②李⋯ ③李⋯ Ⅲ.①地方政府-行政管理-研究报告-中国-2022—2023 Ⅳ.①D625

中国国家版本馆CIP数据核字（2023）第229878号

书　　名	中国地方政府发展能力报告（2022—2023） ZHONGGUO DIFANG ZHENGFU FAZHAN NENGLI BAOGAO（2022—2023）
主　　编	翟　磊
统筹策划	王　莹
责任编辑	孔令慧
责任校对	许海利
责任印制	吴　霞
出版发行	国家行政学院出版社 （北京市海淀区长春桥路6号　100089）
综 合 办	（010）68928887
发 行 部	（010）68928866
经　　销	新华书店
印　　刷	北京九州迅驰传媒文化有限公司
版　　次	2024年1月北京第1版
印　　次	2024年1月北京第1次印刷
开　　本	185毫米×260毫米　16开
印　　张	17.75
字　　数	286千字
定　　价	68.00元

本书如有印装问题，可联系调换，联系电话：（010）68929022

目录
CONTENTS

第一部分　中国地方政府发展能力研究的理论分析

第一章　中国地方政府发展能力的相关研究进展 …………………………… 3
一、地方政府能力相关评价报告的总体特征 ………………………………… 4
二、地方政府能力评价报告的比较分析 ……………………………………… 7
三、对本报告研究工作的启示 ……………………………………………… 16

第二章　研究方法的改进与探索 …………………………………………… 20
一、研究框架的调整 ………………………………………………………… 20
二、研究方法的改进 ………………………………………………………… 22

第二部分　中国地方政府发展能力评估结果综合分析

第三章　地方政府发展能力评估数据总体情况 …………………………… 41
一、数据收集的总体情况 …………………………………………………… 41
二、样本城市评估数据总体分析 …………………………………………… 47

第四章　地方政府核心发展能力总体分析 ………………………………… 60
一、地方政府核心发展能力的综合绩效评价 ……………………………… 60
二、地方政府核心发展能力的主观绩效评价 ……………………………… 62

三、地方政府核心发展能力的主观重要性评价 ·················· 70

第三部分　中国地方政府发展的核心能力分析

第五章　地方政府经济发展能力研究 ·················· 79
　一、问题提出：中国地方政府经济发展研究脉络 ·················· 79
　二、评估结果：区域经济整体发展与局部间差异 ·················· 81
　三、提升路径：以差异化政策实现区域均衡发展 ·················· 87
　四、结论 ·················· 89

第六章　地方政府社会发展能力研究 ·················· 91
　一、问题提出：社会发展的理论意涵与现实情境 ·················· 92
　二、评估结果：区域整体差距与局部重点均衡 ·················· 97
　三、提升路径：政府职能转变背景下的协同治理创新 ·················· 104
　四、结论 ·················· 107

第七章　地方政府服务提供能力研究 ·················· 109
　一、问题提出：地方政府服务提供能力的理论基础与研究空间 ·················· 109
　二、评估结果：地方政府公共服务能力的基本评价与差异性原因 ·················· 112
　三、提升路径："供给–需求–环境"的三维驱动 ·················· 123
　四、结论 ·················· 125

第八章　地方政府资源利用能力研究 ·················· 127
　一、问题提出：新发展格局驱动下地方政府资源利用能力的提升 ·················· 127
　二、评估结果：基础需求不均与资源配置失衡 ·················· 128
　三、提升路径：资源获取和整合的协同发展 ·················· 140

四、结论 ……………………………………………………………… 142

第九章　地方政府科学履职能力研究 …………………………… 143
　　一、问题提出：何以实现职责配置与履责方式的同步优化 ………… 143
　　二、评估结果：地区发展差异中"职责同构"与"履责异构"的并存 …… 145
　　三、提升路径："双线"同步推进履职科学化 ……………………… 157
　　四、结论 ……………………………………………………………… 160

第十章　地方政府学习创新能力研究 …………………………… 161
　　一、问题提出：机遇与挑战并行的变革时代 ……………………… 161
　　二、评估结果：短板制约与不均衡发展 …………………………… 164
　　三、提升路径：通过弥合创新短板推动均衡发展 ………………… 176
　　四、结论 ……………………………………………………………… 177

第四部分　中国地方政府发展能力的专题分析

第十一章　不同地区地方政府发展能力特征分析 ……………… 181
　　一、类型划分：不同地区的划分标准 ……………………………… 181
　　二、评估结果：东部地区优势突出 ………………………………… 183
　　三、提升路径：促进区域协调发展以缩小地区能力差距 ………… 191
　　四、结论 ……………………………………………………………… 193

第十二章　城市群地方政府发展能力分析 ……………………… 195
　　一、类型划分：不同城市群的划分标准 …………………………… 196
　　二、评估结果：城市群间地方政府发展能力差异显著 …………… 200
　　三、提升路径：持续提升能力缩小城市群内部与城市群之间差距 …… 212

四、结论 ·· 214

第十三章　不同人口规模地方政府发展能力分析 ············· 216

一、类型划分：不同人口规模城市划分的多重标准 ············· 216

二、评估结果：城市人口规模与政府发展能力正相关 ············· 220

三、提升路径：深化创新发展与数字治理的协同推进 ············· 231

四、结论 ·· 233

第十四章　直辖市地方政府发展能力分析 ············· 236

一、问题提出：直辖市地位特殊且发展不均衡 ············· 236

二、评估结果：梯队差异显著 ············· 237

三、提升路径：基于特色系统提升政府发展能力 ············· 248

四、结论 ·· 252

第十五章　部分省会城市地方政府发展能力分析 ············· 254

一、类型划分："强省会"与省域经济的类型划分 ············· 254

二、评估结果：省域经济水平与省会政府发展能力显著正相关 ············· 259

三、提升路径：统筹省会省域全面协调发展 ············· 272

四、结论 ·· 274

PART 01 第一部分

中国地方政府发展能力研究的理论分析

第一章
中国地方政府发展能力的相关研究进展

翟 磊

从 2021 年到 2022 年公开出版的与地方政府能力有关的报告来看,数量总体增加较快,并且涉及领域日益丰富。根据对这些报告的简要分析可以得出如下基本判断:一是近年来地方政府改革进程总体较快,为开展相关评价提供了丰富的实践基础;二是在地方政府改革进程中,各项工作的进程存在较大差异,因此存在开展评价的必要性,从而发现优秀实践和存在的不足,有助于相关改革的深化;三是学术研究领域越来越重视评价类研究工作,聚焦于各专项评价研究工作的团队持续增加,例如电子政务、政务热线等,从而更有针对性地提出指导工作改进的意见建议;四是大学等研究机构的智库作用日益显著,参与各类指数研究的高校和研究机构数量日益增加,既有全国性的大范围评价,也有面向某一省份、某一城市的针对性评价,研究成果呈现多层次、差异化特点,反映出高校与研究机构对智库工作日益重视,智库类成果对实践的指导作用也日益显著。

基于典型性、持续性的筛选标准,本书共选择 6 部相关研究报告展开深入分析,入选报告如表 1-1 所示。

表 1-1 本书选取的相关地方政府研究报告

报告名称	累计出版	研究依托单位	出版社	评价对象	选取版次
《中国地方政府效率研究报告》	12 部	北京师范大学政府管理研究院、江西师范大学管理决策评价研究中心	社会科学文献出版社	31 个省级政府、292 个地级市政府、1037 个县级政府	2022

续表

报告名称	累计出版	研究依托单位	出版社	评价对象	选取版次
《政府电子服务能力指数报告》	5部	南京大学政务数据资源研究所	中国社会科学出版社	31个省（自治区、直辖市）、334个地级市、64个部委	2022
《中国数字政府发展研究报告（2021）》	1部	清华大学数据治理研究中心	经济科学出版社	31个省级政府、101个市级政府	2021
《中国地方政府互联网服务能力发展报告》	6部	电子科技大学智慧治理研究院、成都市经济发展研究院、清华大学互联网治理研究中心等10家政府治理研究机构	社会科学文献出版社	4个直辖市和333个地级行政区	2022
《中国法治政府评估报告》	7部	中国政法大学法治政府研究院	社会科学文献出版社	4个直辖市、27个省府所在地市、5个经济特区、18个国务院批准的较大市、46个其他城市	2021—2022
《中国政务热线服务能力发展报告（2021）》	1部	北京师范大学政府管理学院服务型政府研究中心	海洋出版社	370条政务服务便民热线	2021

一、地方政府能力相关评价报告的总体特征

从2021年至2022年发布的政府能力相关评价报告来看，地方政府能力评价报告具有如下基本特征。

（一）对数字政府建设能力的评价日益受到重视

从2021年至2022年公开出版的有关地方政府发展能力的评价报告来看，数字政府建设的专项报告呈现连续性强、增量显著的特点。这一特征一方面与信息技术的高速发展有关，另一方面也能更好地满足社会和公众对基于互联网的服务的需求。数字政府建设可以有效提升各类公共服务的精准度和时效性，同时也为政府科学决策提供了有效的依据。

连续发布的有关数字政府建设的报告包括《政府电子服务能力指数报告》《中国地方政府互联网服务能力发展报告》《省级政府和重点城市一体化政务服务能力调查评估报告（2021）》，还有2021—2022年首次发布的，例如清华大学数字治理研究中心发布的《中国数字政府发展研究报告（2021）》等。另外，《中国法治政

府评估报告（2021—2022）》中也专门增加了"数字法治政府建设"作为一级指标。

这些报告共同将数字政府建设作为研究对象并非偶然。近年来，数字化技术在公共管理与公共服务领域的应用，显著提升了公共服务组织的效率和服务的精准性、有效性，同时也大幅度提升了服务的范围和能力。大数据是数字时代的重要战略资源和核心创新要素，有效提升了政府收集数据、分析提取、形成有效决策的能力，成为信息化推进国家治理现代化的新理念和新手段。[①] 由于各层级、各地区政府的数字化建设能力、水平均存在较大差异，且很多领域尚处于持续探索推进阶段，因此开展评估工作可以有效地帮助实践领域查找问题，探索最佳实践，从而促进相关工作的良性发展。

（二）各课题组均十分重视评价指标体系的动态调整

地方政府发展能力指标的动态调整主要受以下三个因素影响。

一是相关法律法规的发布。例如 2021 年 8 月，中共中央、国务院印发了《法治政府建设实施纲要（2021—2025 年）》，因此《中国法治政府评估报告（2021—2022）》结合新纲要提出的未来五年法治政府建设的新的阶段性任务对指标体系进行了系统化调适。

二是重要政策文件的发布。例如 2022 年国务院印发《关于加强数字政府建设的指导意见》，这是首部国家层面关于数字政府建设的系统性、指导性、改革性文件。因此《政府电子服务能力指数报告（2022）》基于上述指导意见提出的数字政府建设的新要求等，对指标体系进行了调整和优化，[②] 更加聚焦数字政府建设的重点难点，也更能反映政府互联网服务能力发展的实际情况。

三是经济社会发展阶段特征与重点任务的变化。以《中国地方政府效率研究报告（2022）》为例，与 2021 年相比，指标体系的设置突出强化了地方政府乡村振兴服务、经济发展服务、政务公开等方面的履职评价，[③] 进一步优化、调整了地方政

[①] 孟天广，张小劲，等. 中国数字政府发展研究报告（2021）. 经济科学出版社，2021：4.
[②] 汤志伟，李金兆，等. 中国地方政府互联网服务能力发展报告（2022）. 社会科学文献出版社，2022：5.
[③] 北京师范大学政府管理研究院，江西师范大学管理决策评价研究中心. 中国地方政府效率研究报告（2022）. 社会科学文献出版社，2023：20.

府效率测度因素及指标。《政府电子服务能力指数报告（2022）》以用户体验为出发点，修正了政府电子服务能力指数体系。

（三）大数据技术有效提升了评价的高效性与科学性

随着信息技术的不断发展和我国各级政府数据平台的建设，各项评价在方法上也持续与时俱进，尤其是在人工智能、大数据等新兴技术的运用方面取得了较大的进步。以《中国法治政府评估报告（2021—2022）》为例，其结合中国司法大数据研究院开发的中国司法大数据库，基于跨库的司法大数据对相关指标的法治政府评估数据进行筛选和清洗，通过反向验证的方式实质性提升了法治政府评估的可信度。《中国数字政府发展研究报告（2021）》采用百度指数大数据爬取方式获得了省级层面百度指数 800 余万条，城市层面百度指数 9100 余万条；[①] 通过人民网领导留言板大数据爬取，获得了各地网民发帖数和地方政府回帖数，从而测度治理效果的回应度。《中国地方政府互联网服务能力发展报告（2022）》采用了互联网全量数据抓取方式，对 135 个数据采集点位进行采集，运用了分布式网络爬虫、网页解析、机器模拟、图像识别、自然语言处理、知识图谱等技术获取文本、图片、文档数据，[②] 并通过数据清洗、数据校验等方式最终生成评民热线的宣传推广情况，并对此进行了全面数据采集，[③] 网站来源包括国务院门户网站、省级政府门户网站、地级政府门户网站、百度、中央新闻网站和部门商业媒体网站。

（四）地方政府的发展能力存在不均衡特征

基于本次重点分析的 6 部报告得出的评价结果可以发现三个方面的不均衡特征。一是地区发展不均衡。从各评价报告中排名前十的城市可以发现，中南地区、华东地区的地方政府发展能力总体较强，而各项排名的前十名中均没有东北地区的城市上榜。二是不同能力维度的发展不均衡。除了在地方政府发展领域具有传统优势的城市，例如北上广深等，不同报告中排名前十的城市差别总体较大，这也证明

[①] 孟天广, 张小劲, 等. 中国数字政府发展研究报告（2021）. 经济科学出版社, 2021: 43.

[②] 汤志伟, 李金兆, 等. 中国地方政府互联网服务能力发展报告（2022）. 社会科学文献出版社, 2022: 8.

[③] 黄国彬, 等. 建设服务型政府：中国政务热线服务能力发展报告（2021）. 海洋出版社, 2021: 71.

了地方政府发展能力本身的复杂性和对能力要求的多维度特征,各城市政府发力点不同可能带来其在某些维度的异军突起。三是每个城市政府在不同维度上的发展能力具有不均衡性。以上海为例,其政府电子服务能力位居全国第一,但在法治政府评估中则位列第八,如表1-2所示。

表1-2 各评价报告中排名前十的城市

排名	《中国地方政府效率研究报告(2022)》	《政府电子服务能力指数报告(2022)》	《中国数字政府发展研究报告(2021)》	《中国地方政府互联网服务能力发展报告(2022)》	《中国法治政府评估报告(2021—2022)》	《中国政务热线服务能力发展报告(2021)》
1	珠海	上海	深圳	北京	北京	武汉
2	上海	北京	杭州	上海	杭州	合肥
3	广州	广州	广州	广州	南京	银川
4	北京	新余	上海	深圳	广州	济南
5	南京	安庆	宁波	绍兴	青岛	福州
6	杭州	黄山	北京	亳州	宁波	深圳
7	深圳	合肥	青岛	梅州	深圳	西宁
8	厦门	淮南	厦门	成都	上海	大连
9	无锡	滁州	贵阳	嘉兴	厦门	厦门
10	三亚	青岛	苏州	云浮	武汉	贵阳

二、地方政府能力评价报告的比较分析

(一)评价指标体系

地方政府发展能力具有典型的与时俱进特征,其发展既有外力推动作用,例如各类突发事件的发生、信息技术的进步等,也有刀刃向内的改革驱动,例如政府机构改革等。因此各个研究团队在开展本年度评价之前通常会对已有评价指标体系进行评价与改进,使其与时代发展相适应。但指标体系修订的缺点也很明显,即导致各年度的评价结果之间缺乏可比性。因此通常做法是保持评价指标体系的总体结构相对稳定,具体指标构成根据发展情况进行适当调整。

《中国地方政府效率研究报告(2022)》的指数设置特点在于分别针对省级政府、地市级政府和县级政府设置不同的指标体系,充分考虑不同层级地方政府能力

之间的差异性,例如在县级政府效率测度中完善了测度因素"乡村振兴效率"及所含指标。三个层级的地方政府效率评价指标如表1-3所示。

表1-3 2022年中国地方政府效率评价指标体系

省级政府效率		地市级、区级政府效率		县级政府效率	
一级指标	二级指标	一级指标	二级指标	一级指标	二级指标
政府公共服务	科教文卫服务、公共安全服务、社会保障服务、经济发展服务、乡村振兴服务、营商环境	政府公共服务	科教文卫服务、公共安全服务、社会保障服务、经济发展服务、乡村振兴服务、营商环境	政府公共服务	科教文卫服务、社会保障服务、经济发展服务、营商环境
政府规模	政府规模	政府规模	政府规模	政府规模	政府规模
居民经济福利	居民经济福利	居民经济福利	居民经济福利	居民经济福利	居民经济福利
政务公开	政务基本信息、政务时效	政务公开	政务基本信息、政务时效	政务公开	政务基本信息、政务时效
—	—	—	—	乡村振兴效率	乡村振兴服务、乡村产业、村治水平

《政府电子服务能力指数报告(2022)》根据渠道差异,对门户网站、政务微博、政务微信、政务 App、政务短视频五种渠道进行了全方位的交叉测评和复查。①具体指标体系如表1-4所示。

表1-4 2022年政府电子服务能力指数评价指标体系

一级指标	二级指标
政务网站服务能力	信息服务能力、事务服务能力、参与服务能力、服务传递能力、服务创新能力
政务微博服务能力	信息服务能力、服务传递能力、服务创新能力
政务微信服务能力	信息服务能力、事务服务能力、参与服务能力、服务传递能力
政务 App 服务能力	信息服务能力、事务服务能力、参与服务能力、服务传递能力
政务短视频服务能力	信息服务能力、参与服务能力、服务传递能力、服务创新能力

《中国数字政府发展研究报告(2021)》作为新发布的评价报告,通过系统分析政府数字化转型与国家治理现代化的理论内涵,在充分借鉴国内相关指标研究成

---

① 胡广伟,等. 政府电子服务能力指数报告(2022). 中国社会科学出版社,2023:2+243-245.

果基础上,结合中国数字政府发展的实际情况,提出了包含4个维度的指标体系,[①]如表1-5所示。

表1-5 2021年中国数字政府发展评价指标体系

一级指标	二级指标
组织机构	党政机构、社会组织
制度体系	数字政府、数字生态
治理能力	平台管理、数据开放、政务服务、政民互动
治理效果	覆盖度、渗透度、回应度、满意度

基于政府互联网服务能力的内涵,《中国地方政府互联网服务能力发展报告(2022)》提出政府互联网服务能力的核心内容是:政府通过数字化转型实现服务的主动供给和基于公共服务需求的精准响应,打造泛在可及、智慧便捷、公平普惠的数字化服务体系。[②] 其构建的指标体系包括3个一级指标、9个二级指标和23个三级指标,如表1-6所示。

表1-6 2021年中国数字政府发展评价指标体系

一级指标	二级指标
服务供给能力	规范供给能力、平台供给能力、融合供给能力
服务响应能力	服务诉求受理能力、办事诉求响应能力、互动诉求反馈能力
服务智慧能力	应用适配能力、智能交互能力、个性化服务能力

《中国法治政府评估报告(2021—2022)》在原有指标体系的基础上,根据《法治政府建设实施纲要(2021—2025年)》进行了相应修订,将数字法治政府的建设情况纳入法治政府评价体系之中,设置了数字政府整体部署、政府平台建设、政府数据开放和权力监督数字化四个二级指标。同时将一级指标"社会矛盾化解与行政争议解决"改为"法治政府对法治社会的带动"。调整后的一级指标由10项增加到11项,同步结合法治政府实践的发展修订了二级与三级指标,使指标体系更具有推动实践发展的指导意义。具体指标体系如表1-7所示。

---

① 孟天广,张小劲,等. 中国数字政府发展研究报告(2021). 经济科学出版社,2021:38-40.
② 汤志伟,李金兆,等. 中国地方政府互联网服务能力发展报告(2022). 社会科学文献出版社,2022:4.

表 1-7 2021—2022 年中国法治政府评价指标体系

一级指标	二级指标
政府职能依法全面履行	简政放权、清单式管理、公共服务、重大突发事件依法预防处置、生态保护
法治政府建设的组织领导	组织保障、落实机制
依法行政制度体系	制度建设的公众参与、制度建设的合法性、制度建设信息化对法制化推进水平、管理和监督制度实施情况
行政决策	重大行政决策事项年度目录公开、合法决策、科学决策、民主决策
行政执法	行政执法体制改革、加大重点领域执法力度、行政执法制度建设、行政执法状况、行政执法效果
政务公开	主动公开、依申请公开
监督与问责	自觉接受各种监督、政务诚信建设
法治政府对法治社会的带动	社会矛盾有效化解、行政争议实质性解决、增强全社会法治观念
优化营商环境的法治保障	完善行政审批与政务服务、政务诚信建设状况、优化营商环境的推进机制
数字法治政府	数字政府整体部署、政府平台建设、政府数据开放、权利监督数字化
社会公众满意度调查	社会公众满意度调查（含普通市民与法律专家）

《中国政务热线服务能力发展报告（2021）》是一项对地方政府细分领域能力的专项研究，虽然评价对象相对单一，但对于该专项工作的改进具有突出重要的作用。其指标体系设置如表 1-8 所示。

表 1-8 2021 年中国政务热线服务能力评价指标体系

一级指标	二级指标
受理渠道	电话受理、互联网受理
服务水平	基本礼仪、沟通能力、业务能力
宣传推广	政府媒体、商业媒体

（二）权重设置

评价指标权重设置属于评价中的技术领域，常用的方法中有简单的均等权重法、专家判断法、专家判断与科学算法相结合的 AHP 法，也有从数据计算方法出发的因子分析法等。从本次选择的几个报告的情况来看，其权重设置多采用专家判断法。《中国法治政府评估报告（2021—2022）》在各级指标权重设置方面仍然采用的是专家直接赋权法，对 11 项一级指标分别赋予 80~130 分不等的分值。《中国地方政府效率研究报告（2022）》同样采用专家直接赋值的方式，为一、二级指标分配权重。《中国数字政府发展研究报告（2021）》通过三轮专家研讨会，讨论各指标的重要性、代表性、科学性，从而确定了三级指标的权重。

（三）数据获取

由于不同报告的研究目的不同，有的报告侧重于客观结果的评价，有的则侧重于主观满意度等的测评，因此评价指标体系中各项指标数据的收集方式也不尽相同。

1. 客观数据获取

客观数据的主要来源为各类公开资料，包括统计年鉴、统计公报等。本次选择的 6 部报告使用的数据主要来源包括如下几种。

（1）统计年鉴和统计公报

以《中国地方政府效率研究报告（2022）》为例，其使用的客观数据来自中国省级、地市级、县级、区级政府网站公开信息，《中国统计年鉴2021》等公开的权威数据。[①]

（2）网络检索

网络检索具有信息量大、覆盖面广的优点，但也存在内容真实性、有效性差别较大的问题，因此研究报告撰写过程中通常采用的方法是从政府官网等信源获得相关数据。《中国法治政府评估报告（2021—2022）》对被评估政府及其职能部门的官方网站、地方政府信息公开网站进行检索以获得相关数据,[②] 并辅助以百度、必应等搜索引擎进行补充检索。《中国数字政府发展研究报告（2021）》从全国范围内招聘了550余名评估人员对地方政府的组织机构和政策文本进行了收集整理和评估工作。《中国地方政府互联网服务能力发展报告（2022）》的网络数据采集由专业采集人员根据评价指标和采集点位，对各地方政府网站、政务服务网、信用网站、新媒体平台等进行数据的精准定向采集。[③]

---

① 北京师范大学政府管理研究院，江西师范大学管理决策评价研究中心. 中国地方政府效率研究报告（2022）. 社会科学文献出版社，2023：20.
② 中国政法大学法治政府研究院. 中国法治政府评估报告（2021—2022）. 社会科学文献出版社，2023：6.
③ 汤志伟，李金兆，等. 中国地方政府互联网服务能力发展报告（2022）. 社会科学文献出版社，2022：7.

(3) 申请信息公开

除了政府官方网站等公开信息渠道外，政府还有部分数据采用依申请公开的方式。《中国法治政府评估报告（2021—2022）》通过向被评估城市的相关部门申请政府信息公开，在获得评估所需信息数据的同时，测评地方政府依申请公开信息的效率与质量。

(4) 政府各类数据库

在实践中，多数地方政府，尤其是城市政府都成立了政府数据管理的专门部门，并且2023年中央政府机构改革新设立了国家数据局，未来地方政府的数据库建设、大数据管理工作将进一步向法制化、正规化方向发展，从而为各类评价提供更为有力的数据支撑。以《中国法治政府评估报告（2021—2022）》为例，其使用了中国司法大数据研究院开发的中国司法大数据库，将司法大数据的适用范围由之前的行政诉讼扩展到行政规范性文件、行政执法、监督问责、营商环境等指标。

2. 主观数据获取

主观数据与客观数据相比，对于研究方法的要求更高，方法的科学性直接决定了数据的信度与效度。目前常用的方法包括角色扮演、实地调查、媒体监测、问卷调查、访谈等。本次所选择的6部报告主要使用的方法如下。

(1) 问卷调查

问卷调查作为常用的主观数据收集法，常用于对满意度、重要程度等的调查。《中国法治政府评估报告（2021—2022）》实行分类调查原则，针对普通市民和法律专家发放问卷，调查法治政府建设的公众满意度，并且明显加大了样本量，每个被调查城市发放问卷700余份，回收问卷71152份，有效样本量为70627份。

(2) 判断打分

实地调查法的应用往往需要结合调研员自身的判断获取资料，结合能力评价的需要，将各类判断进行编码从而应用于评价之中。《政府电子服务能力指数报告（2022）》组织测评人员广泛收集网站、微博、微信、App、政务短视频相关资料，在制定指标体系、量化指标的基础上，通过指标打分培训、测评，记录和研讨问题并给出解决方案，开展数据清洗、判断有无可疑数据等流程，最终确定得分结果，①最大限度降低个体评价差异。

（3）实地调查

实地调查更加突出调研员的"第一人称"视角，所采集信息具有一手、直接等特征。例如《中国法治政府评估报告（2021—2022）》项目组委派了调研员到被评估城市开展实地调查，进行执法体验，形成执法体验报告，作为相关指标评测的依据。②《中国地方政府互联网服务能力发展报告（2022）》采用用户模拟采集方式，由专业采集人员对需进行用户注册、办理提交、查询搜索等人机交互的点位进行全程模拟操作以采集数据，如智能回答、智能搜索、诉求回复等。③《中国政务热线服务能力发展报告（2021）》则采用了电话拨测的方式获取热线服务相关数据。

（四）数据处理

在有关政府能力的各种评价中，由于指标类型、计量单位和数据收集方法不同，导致在数据统计处理过程中必然面临数据标准化的问题。

1. 单项指标得分

有些指标本身对应相应分值，可采用指标绝对值法，例如客观指标中的GDP、主观指标中的满意度等，有些则需要进一步进行赋值与编码。

第一类为"0""1"编码，例如《中国法治政府评估报告（2021—2022）》中"推进行政裁决"指标中，发布了行政裁决事项与适用范围的，得4分，未发布的不得分。④ 第二类为计算法，例如《中国地方政府互联网服务能力评价（2022）》按照三级指标权重和评价原则，共研究设计20多个计算公式，对按指标采集的全部样本数据进行分值转化计算，形成各项指标的评价结果。第三类为反向扣分法，例如《中国法治政府评估报告（2021—2022）》中，"在法治轨道上统筹推进疫情

---

① 胡广伟，等. 政府电子服务能力指数报告（2022）. 中国社会科学出版社，2023：240.
② 中国政法大学法治政府研究院. 中国法治政府评估报告（2021—2022）. 社会科学文献出版社，2023：419.
③ 汤志伟，李金兆，等. 中国地方政府互联网服务能力发展报告（2022）. 社会科学文献出版社，2022：7.
④ 中国政法大学法治政府研究院. 中国法治政府评估报告（2021—2022）. 社会科学文献出版社，2023：209.

防控工作"的评分标准为"每发现一个不符合依法防疫要求的典型事例扣3分"。第四类为赋值法,例如《中国法治政府评估报告(2021—2022)》中"行政规范性文件平台智能化水平落实情况",赋分值为20分,评分标准为建立行政规范性文件专栏的,得10分,建立行政规范性文件专栏且信息全面、更新及时的,得15分,建立行政规范性文件专栏、信息全面、更新及时,且包含部分制定过程的,得18分,建立行政规范性文件专栏、信息全面、更新及时,且包含所有制定过程信息的,得20分。① 第五类为量表法,《中国政务热线服务能力发展报告(2021)》在评估中对电话拨测获得的数据采用了5级量表法,根据评估值计算规则分别对4次电话拨测的录音数据进行赋值。②

2. 数据标准化

数据标准化的方法总体可以分为主观判断法与模型转换法两种。

(1) 主观判断法

以《中国法治政府评估报告(2021—2022)》为例,在打分过程中已经根据各项指标的权重进行赋值,例如一级指标中行政决策赋值为80分,行政执法130分,数字法治政府100分,各二级、三级指标也均有明确的赋值。③ 因此该报告中的各项指标无须再通过运算方式进行标准化处理,可直接用于后续评价。

(2) 模型转换法

《中国地方政府效率研究报告(2022)》采取标准离差法将测度指标原始数据进行标准化处理,④ 其标准差和标准化值计算公式为:

$$S = \sqrt{\frac{1}{n}\sum_{i=1}^{n}(X_i - \overline{X})^2}$$

$$(STD)_i = (X_i - \overline{X})/S$$

---

① 中国政法大学法治政府研究院. 中国法治政府评估报告(2021—2022). 社会科学文献出版社, 2023: 24.
② 黄国彬, 等. 建设服务型政府: 中国政务热线服务能力发展报告(2021). 海洋出版社, 2021: 72.
③ 中国政法大学法治政府研究院. 中国法治政府评估报告(2021—2022). 社会科学文献出版社, 2023: 419–422.
④ 北京师范大学政府管理研究院, 江西师大学管理决策评价研究中心. 中国地方政府效率研究报告(2022). 社会科学文献出版社, 2023: 20.

X_i 为指标的原始值，$\overline{X}$ 为 i 指标的平均值；n 为地方政府效率测度样本数量；$(STD)_i$ 为标准化值，S 为标准差。

《中国数字政府发展研究报告（2021）》将三级指标分为两类：当三级指标为二分类型变量（0 或 1）时，直接使用其得分；当三级指标为连续变量时，采用如下公式进行标准化[①]：

$$y_i = \sum_{i=1}^{n} \frac{\frac{x_i}{N_i}}{\frac{x_i^{\max}}{N_i^{\max}}} f_i$$

其中，y_i 表示某三级指标的最终得分；x_i 表示某省或地级市该项指标的具体数值；N_i 表示某省或地级市的人口总数；$x_i^{\max}$ 表示各省或地级市该项指标得分的最高值；$N_i^{\max}$ 表示各省或地级市人口数的最高值；f_i 为三级指标的权重值。

3. 综合评价方法

综合评价总体上可以分为两种方法，即加权平均法和综合指数法。

（1）加权平均法

以《中国数字政府发展研究报告（2021）》为例，在根据权重计算得出三级指标得分后，通过加总的方式，顺次得到二级指标得分、一级指标得分和数字政府发展总指数。

（2）综合指数法

以《政府电子服务能力指数报告（2022）》为例，其省份政府电子服务能力指数，是综合考虑省级政府电子服务能力指数与所辖各地级市政府电子服务能力指数的结果，由省级及所辖各地级市政府电子服务能力综合指数平均得到[②]，计算公式为：

$$EGSAI_{p^i} = \frac{1}{n+1}\left(EGSAI_p + \sum_{i=1}^{n} EGSAI_c\right)$$

其中，$EGSAI_p$ 为省级政府电子服务能力指数，$EGSAI_c$ 为省辖地级市政府电子服

[①] 孟天广，张小劲，等. 中国数字政府发展研究报告（2021）. 经济科学出版社，2021：45.
[②] 胡广伟，等. 政府电子服务能力指数报告（2022）. 中国社会科学出版社，2023：5-6.

务综合能力指数，n 为省辖市个数。

三、对本报告研究工作的启示

对本年度公开发布的典型报告进行梳理可以发现，各研究团队在开展研究工作中具有一些共性之处，这些共性往往代表了最新的研究动向，对本报告未来的研究工作具有一定的借鉴价值。

（一）提升客观数据在评价中的占比

从 2021—2022 年发布的多项与地方政府发展能力相关的报告来看，客观数据的占比显著提升，其原因总体包含如下三个方面。

一是客观数据具有稳健性特征，尤其是在进行时间维度的纵向研究时，客观数据的稳健性提升了跨年度比较结果的可靠性。相比之下，主观数据受到各种环境因素、抽样因素等的影响，跨年度比较的说服力总体有限。二是客观数据获取的可行性强，尤其是通过各类官方发布的统计年鉴、政务公开等渠道获取的客观数据，随着政务公开范围扩大与时效性的持续增强，统计口径也日益标准化，数据资料的连续性与准确性总体上更有保障。相比之下，主观数据则更加不可控，例如受到疫情等因素的影响，各类问卷的发放与回收受到了很大限制。三是客观数据获取成本显著低于主观数据，随着大数据技术的应用，通过爬虫等方法可批量获取客观数据。反观主观数据，随着人力资源成本的提升，大规模问卷调查往往缺少足够的经费支撑，从而制约了主观数据获取的数量，并且影响了抽样的科学性。

基于客观数据所具有的稳健性、可行性和低成本等特征，本课题组采取了加大客观数据权重的方法，同时保留主观数据以体现居民满意度等，从而从整体上提升评价结果的信度与效度。

（二）注重指标体系的与时俱进

对于一项评估工作而言，指标的稳定性是数据结论可靠性的保障，在理想状态下，指标体系应当连续且稳定，从而使不同年份的数据之间具有绝对的可比性。但是就政府能力相关的评价体系而言，指标体系的科学性受到很多因素的共同影响。

一是法律法规和政策文件的影响，尤其是与评价内容直接相关的法律法规和政策文件。例如《法治政府建设实施纲要（2021—2025 年）》发布后，《中国法治政府评估报告（2021—2022）》所采用的指标体系就需要相应进行修订。二是技术进步的影响。一方面体现在技术进步对评价对象的影响上，例如在考察数字政府建设时，"最多跑一次"比率逐渐被"一次都不跑"比率所替代；另一方面体现在技术进步对评价方法的响应上，例如通过运用大数据技术，以往无法获取的海量数据具备了纳入评价指标体系的可能性。三是各种客观环境的影响，例如在 2021—2022年的相关评估中纳入疫情应对相关指标，又如随着社会对政务公开的要求日益强烈，政务公开有关指标被纳入评估指标体系，并且其权重以及指标层级均不断提升。

从本次选择的 6 部报告来看，在保持指标体系稳定可比和指标体系与时俱进之间，学者们普遍认为"反映现实发展"是各类评价的首要价值。因此在每一年度评价工作开展之前，首先对指标体系进行评价与修正，以充分反映政府相关工作的发展变化。在评价结果可比性方面的处理方法为：尽可能保持一级指标的相对稳定，结合现实发展对二、三级指标进行微调。

（三）注重数据的积累与推动数据共享

相关研究报告，尤其是连续发布的研究报告，在持续的调研与数据收集中积累了大量数据资料，这些数据资料对于开展研究工作具有突出重要的价值。

第一，持续性的数据积累为开展时间序列的纵向研究提供了基础。与单一时点的横向研究相比，时间序列的纵向研究所反映的信息具有动态性特征，并且可以进行预测性研究，从而对相关政策等起到决策支持作用。第二，不同课题组之间的数据可形成互补关系，从而支撑更具复杂性的研究工作。对于社会科学研究而言，数据是重要的基础性研究资料，然而获取数据受到人力、物力、财力等因素制约，使得很多学者在研究中面临数据匮乏的难题。通过使用相关研究所积累的数据，可以有效弥补数据资源不足的缺陷，并且可以开展交叉检验等工作。第三，数据资源的共享机制将使数据资源体现更高的价值。目前政务公开数据已经显示出其对于相关研究的支撑作用，使以往的"沉默数据"活起来，提升了数据价值。西方发达国家对于政府资助项目通常都有数据公开的要求，各类评估工作所积累起来的数据，通过公开、共享等机制扩大其使用范围是学术研究发展的必然要求。

(四) 对最佳实践进行深度剖析

学者们对政府能力进行评价，其目的不仅是反映现实情况，更希望对未来政府能力提升提出对策建议。最佳实践（best practice）是一个管理学概念，认为存在某种技术、方法、过程、活动或机制可以使生产或管理实践的结果达到最优，并减少出错的可能性。

在管理实践中，最佳实践的价值在于：一方面为实践的发展提供了努力的方向，另一方面可以通过与最佳实践的对标，帮助管理者找出当前发展中存在的问题并进行改进。《政府电子服务能力指数报告（2022）》分别针对直辖市、省级市、地级市和省份四个维度分析电子服务能力的最佳实践，所得到的结论对于指导其他地方政府，尤其是同级地方政府的实践能力提升具有较高的启发价值。最佳实践这一分析方法在具体操作过程中还可以进行细分，例如梳理总结综合指数的最佳实践，各一级指标的最佳实践，各二级指标的最佳实践甚至各三级指标的最佳实践，并且分析的指标层级越下沉，越能反映出差异化的特征。以地级市政务短视频的最佳实践为例，盐城市委宣传部官方抖音号"盐城发布"日常发布的视频内容广泛，实用性强，互动性佳，[①] 对于其他城市开展政务短视频工作具有较强的借鉴价值。《中国数字政府发展研究报告（2021）》以典型案例的方式对浙江省"最多跑一次"改革、北京市"接诉即办"改革等进行了深入分析，其中很多建设经验对于其他地方政府具有突出的启发意义。

对于最佳实践的剖析一方面为其他地方政府的能力提升树立了标杆，通过建立"比学赶帮超"机制，带动地方政府相关能力的整体性提升；另一方面通过解剖麻雀的方式对其形成机理进行深入研究，可以梳理和提出有效的能力提升路径，并对存在的问题提出进一步对策建议。

(五) 进一步开展解释性研究

评价总体上是描述性研究，侧重于对现状进行分析描述，而现状产生的原因、

[①] 胡广伟，等. 政府电子服务能力指数报告（2022）. 中国社会科学出版社，2023：187.

存在的问题等需要进行进一步分析，方可对实践产生更加直接的影响。公共管理学科的研究十分重视"问题意识"，即通过对当前存在的各种问题进行分析，提出对策建议，以期不断改进现有工作方法、工作内容和工作效果。以《中国地方政府效率研究报告（2022）》为例，在对地方政府效率"十高省""百高市""百高县""百高区"排名和分析的基础上，进一步结合其发展经验，针对省级政府、地级市政府、县级政府和区级政府效率的提升分别提出了有针对性的对策建议。

在前期与其他课题组沟通过程中发现，如何对评估过程中积累的数据进行更深入的分析是各团队思考的共同问题。课题组可以在每年开展评价并出版报告的基础上，针对报告数据所反映出来的突出问题、特殊问题、特色实践等展开进一步研究，分析其产生的原因，对经验进行总结，对问题提出对策建议，使报告的内容更加丰富，并对实践工作产生更大参考价值。

第二章
研究方法的改进与探索

李鑫涛

基于地方政府发展能力评价的延续性和动态性,课题组采用了纵贯性研究(longitudinal study)和动态特性研究(dynamic characteristics study)的策略,经过2015—2021年7个年度的持续研究,已从宏观层面对我国地方政府的发展能力进行总体分析。但研究发现,单纯依靠定量的数据分析,虽能较好地反映地方政府发展能力的整体情况,却对于细节的解释能力较为有限;网络调查问卷所得数据的可靠性和稳定性较难把握;受新冠疫情的影响,部分城市调查的样本量较小,社会调查统计问卷难免出现同质性、均一性等问题,需要与其他方式获取的问卷数据进行比对,以多因素验证其饱和度和等效性。针对这些问题,对2022年度的研究框架与评估方法作了进一步调整与改进。

一、研究框架的调整

基于2015—2020年6个年度的研究,2021—2022年度的调研框架总体保持了延续性,由调研员按照不同工作性质人群比例分布作为抽样框整体控制,再通过雪球抽样(snowball sampling)的方法开展网络问卷调查,获取主观指标的评价数据,按照满足问卷采样数量标准来确定研究样本,再通过统计年鉴、政府报告等资源获取客观数据,最后使用统计学方法确定指标权重,继而得到样本城市的地方政府发展能力指数。这一研究框架将定量和定性的研究方法进行了整合,力图进一步提升本研究的科学性和可靠性,如图2-1所示。

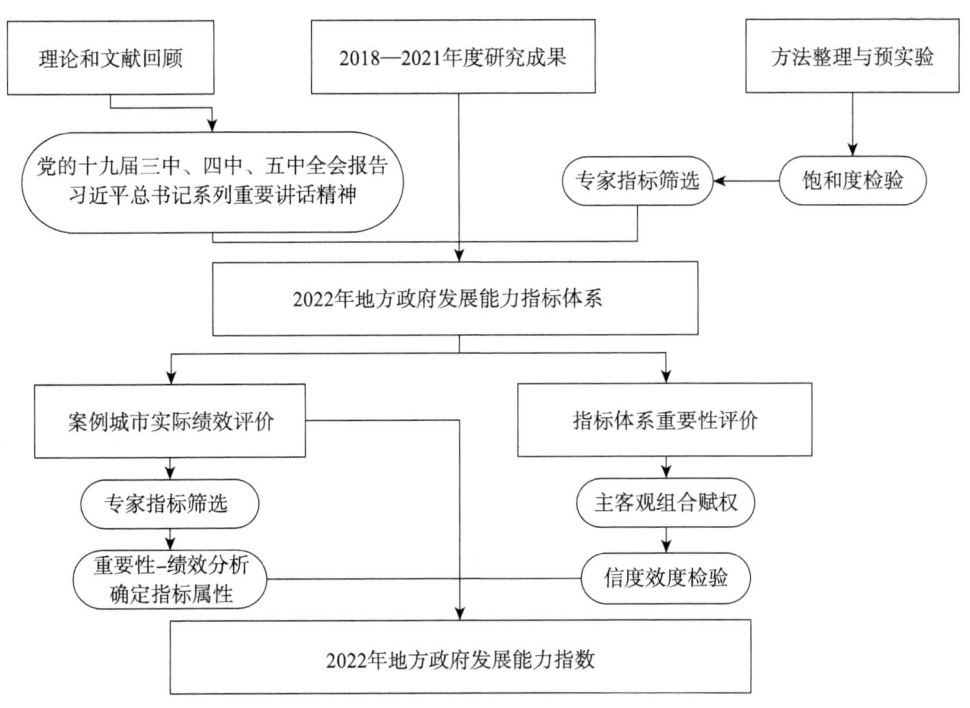

图 2-1　2022 年度研究框架

2022 年度的总问卷数量为 4226 份，有效问卷为 3569 份，问卷收集有效率为 84.5%，符合调查问卷有效数比例，也证明调查量表设计具备一定的合理性。运用专家调查法与信度效度检验后，筛选分析研究样本数量分别是问卷 2994 份和城市 50 个，如表 2-1 所示。由于新冠疫情的影响和网络调查问卷的可控性较弱，导致七个年度的有效问卷数量和样本城市数量差别较大，这也是本研究框架需要后期检验和进一步优化计算方法的重要影响因素。

表 2-1　2015—2022 年度有效问卷数量与研究样本数量

年度	有效问卷数量（份）	研究样本数量（个）	样本平均有效问卷数量（份）
2015	574	23	25
2016	11756	119	99
2017	3903	62	63
2018	2851	32	89
2019	6159	65	95
2021	4196	37	113
2022	2994	50	60

基于选定的 50 个样本城市，课题组收集了相关案例城市的经济社会发展数据，最终通过主客观组合赋权法确定指标权重，并通过计算回归系数法得到各样本城市的地方政府发展能力指数。

二、研究方法的改进

2021—2022 年度的研究，将原有的较为被动的数据导向方法，调整为目标选定与数据导向相结合的方法。一方面，选定核心研究样本城市，由调研员开展线上面对面、一对一的问卷+访谈方式的参与式调研；另一方面，通过大规模的问卷调查广泛采集主观数据，按照问卷回收情况，设定样本城市选取标准并确定扩展研究样本城市，再根据两种方式得到的城市名单收集客观数据，最后将主、客观数据整合分析，确定各指标的权重，获取样本城市的各级指标得分和综合指数，从而量化、直观地呈现研究案例城市政府发展能力各方面的表现和总体的水平。在此基础上，进一步通过数据挖掘和统计分析，从不同视角对地方政府发展的各类能力进行比较，揭示其内在的逻辑、联系及规律。

（一）数据收集方法

1. 指标设计原则的更新

当前的公共管理研究中，由于改革的持续深化，地方政府发展能力较难量化测量，尚未建立起具有针对性、科学性、系统性的测度评价体系，不利于把控地方政府发展的实际情况。因此，本研究首先根据习近平新时代中国特色社会主义思想和新时代地方政府发展能力的特点，确立指标体系的构建原则；之后在结合文献和开放式实地调查等基础上，运用专家分析法和隶属度评价对指标进一步筛选，以期为各地区政府发展提供理论支撑和决策参考。

测度指标体系是由一系列既区别又关联的要素或指标，按照一定的逻辑顺序与层次类别进行系统组合的体系。地方政府发展能力测度指标体系的构建，一是要遵守客观科学的原则，严格依据研究目的，保证主客观结合，逻辑层次明晰；二是要求构建指标体系的基本程序必须体现测度对象的状态和变化，具备内在逻辑联结性，以便于准确地、完整地对测度对象进行质化或量化分析。此外，为了采用客观、科学的方法精准地测度地方政府发展能力，设计指标时需遵循以下几个原则。

一是目的性原则。选取时应以地方政府发展能力的相关理论和已有案例为指导，确保指标体系的逻辑合理，进而可以对具体指标进行筛选以确定最终的指标体系，使指标具有代表性、典型性，保证评价的全面性和可信度。

二是可比性原则。地方政府发展能力以一些要素为特定目的综合而成，对其进行测度也是一项系统性、综合性极强的研究与工作，涉及多种结构联系、领域交叉、跨学科综合，也涉及不同地区、不同时期、不同阶段指标体系的相互比较。因此，设计指标体系需要具有明确的内涵、统一的标准，要体现一定的可比性。

三是层次性原则。地方政府发展能力指标的设置应在分类标准、指标口径等方面协调一致，并应在设计指标时从整体上把握评价目标的协调程度。

四是主客观相结合的原则。在设计地方政府发展能力指标体系时，应通过测试、调查、评议等方式选择能够得出明确结论的定性或定量指标，并能让指标落实到具体数据的采集上。

地方政府发展能力指标体系构建是一项复杂性系统工程，加之其研究是一个较新的领域，选择适宜的方法是体系构建的关键环节，是确保指标体系科学性、正当性以及测度质量的重要前提。2021—2022年地方政府发展能力指标体系的构建依据主要来源于实践调查、案例和科学理论三个层面：一是在文献梳理的基础上选取指标；二是根据案例分析所提炼出的关键要素设计指标；三是结合电子通信或实地走访座谈等方式，邀请从事相关方面研究的专家、政府官员、学者补充指标。具体如表2-2所示。

表2-2 专家访谈相关资料

所在部门	数据收集方式	时长（小时）	字数（个）
社科院	深度访谈	1	1672
高校	深度访谈	2	2308
研究院	座谈会	1	1864
政府部门	座谈会	1.5	3011
社会组织	深度访谈	1.5	2965

2. 测度指标体系的修正

纳尔逊、范柏乃等学者认为指标构建是测量制度化和规范化的基础，指标不仅要有理论基础，而且各指标均应得到客观性检验和实践性检验。[1][2] 本次调整了之前的指标体系，有些指标之间存在一定的相关性，语义较为模糊，在实际操作中难以把握，有的辨别力偏低，需要运用定量评估的分析方法对该指标体系进行筛选和优化。因此，为确保评估的科学性与客观性，本文遵循丘吉尔[3]的量表开发程序，利用计算机质性分析软件 ATLAS.ti8 的分析功能对指标相互之间并列、功能、过程等关系进行分析，对已有指标进行进一步检验和修正，建立起了更适合中国特色的地方政府发展能力测度的量表，以期为各级政府的决策提供参考。

专家调查法是对某一特定主题，按照规定的程序，通过向专家调查、征询的方式来取得共识的方法，这样可以避免集体讨论时产生的"随声附和""固执己见"，同时也可以较快地收集各位专家的意见。模糊统计法是运用模糊集合理论解决实际问题的方法，其中隶属函数是对模糊概念的定量描述，一般是根据专家经验或统计进行确定，在解决和处理实际模糊信息的问题中可以做到殊途同归。因此，本研究采用专家调查法与模糊统计法相结合的方法来检验和筛选地方政府发展能力的指标体系。

一是选取了多年从事相关研究领域的 11 位专家，通过深度访谈和座谈会相结合的形式，邀请相关领域专家学者（来自高校、研究机构、政府机关、社会组织等机构）依据自身的学识与研究经验，选择其认为地方政府发展能力最重要的指标，以了解他们的观点与看法，并收集建设性的意见。此次共收回专家筛选调查表 11 份，其中有效调查表 10 份，问卷回收率和有效率都在 90% 以上。

二是通过对专家给出的信息进行分析与提炼汇总，采用模糊统计分析剔除隶

---

[1] Nelson R. Technology, Institutions, and Innovation Systems. Research Policy, 2002, 31 (2): 265 – 272.
[2] 范柏乃，单世涛，陆长生. 城市技术创新能力评价指标筛选方法研究. 科学学研究，2002, 20 (6): 663 – 668.
[3] Churchill, G. A., Iacobucci, D. Marketing Research: Methodological Foundations. South Carolina: Create Space Independent Publishing Platform, 2018: 13 – 17.

属度较低的题项后确定指标体系。具体操作是,将地方政府发展能力指标体系视为一个模糊集合:{R} 定义为指标集,把地方政府发展能力指标体系中的每个指标,作为该集合中的一个元素,运用专家调查法来进行指标隶属度分析,即计算得出地方政府发展能力指标的隶属度值,以确定是否将其保留在指标体系内。假设在第 i 个指标 R_i 上,各个专家确认的总次数为 Z',即共有 Z_i 位专家确认 R_i 是评估地方政府发展能力的一项重要评价指标,测评的总人数为 10,其指标的隶属度为:

$$R_i = \frac{Z_i}{10} \quad (i = 1, 2, \cdots, 10) \tag{2-1}$$

测度指标 Z_i 的取舍取决于其隶属度 R_i 是大于还是小于临界隶属度,大于则增加或保留测度指标,小于则删除;临界隶属度 = 专家选择次数的临界值 $Z/10$。专家确认次数的临界值 Z 为:

$$Z = \varepsilon + \frac{D}{\sqrt{Z'}} x_{0.01} = 8.2 \tag{2-2}$$

式(2-2)中,D 表示专家确认次数的标准差,ε 表示专家确认次数的期望值,Z' 表示专家确认总次数。通过数据计算分析得出,当专家确认次数的临界值 $Z = 8.2$ 时,临界隶属度为 81.3%。因此,当某个指标的隶属度小于 81.3% 时,表明该指标作为地方政府发展能力指标不具有统计显著性差异,应予以删除。

经过专家检验和修正后,建立了 2022 年度地方政府发展能力指标体系,如表 2-3 所示。该体系将地方政府发展能力逐级分解为 6 项一级指标(核心发展能力)、15 项二级指标(分解发展能力)和 70 项三级指标(主、客观数据)。与 2020 年度相比,增加了 7 项三级指标。具体来看,在三级指标中,包括 40 项主观指标和 30 项客观指标。主观指标分为外部评价指标(20 项)和内部评价指标(20 项),分别通过针对当地居民和政府工作人员的调查问卷获取数据。客观指标则分为三类:一是常规统计数据,通过统计年鉴和政府网站等资源查询获取;二是非常规统计数据,通过调查问卷采集;三是综合数据,是由课题组定义的指数,根据第三方数据进行计算获得。

表2-3 地方政府发展能力指标类型、数据来源和隶属度情况

一级指标 (核心发展能力)	二级指标 (分解发展能力)	三级指标 (主、客观数据)	指标类型	数据来源	隶属值 (%)
经济发展能力	保证生产能力	地区生产总值	客观指标	年鉴	92
		地区生产总值增长率	客观指标	年鉴	95
		地区货物进出口总额(新增)	客观指标	年鉴	85
		外商外资总额(新增)	客观指标	年鉴	87
		有效引导地方经济健康运行的能力	主观指标	居民调查问卷	86
		有效改善当地基础设施建设的能力	主观指标	居民调查问卷	84
	促进消费能力	城镇居民人均可支配收入增长率	客观指标	年鉴	93
		居民消费价格指数	客观指标	年鉴	95
		社会消费品零售总额	客观指标	年鉴	93
		稳定当地物价水平的能力	主观指标	居民调查问卷	87
		有效搭建消费平台的能力	主观指标	居民调查问卷	82
		提高家庭消费水平的能力	主观指标	居民调查问卷	93
	推动转型能力	第三产业比重	客观指标	年鉴	98
		规模以上工业企业利润(新增)	客观指标	年鉴	95
		促进产业升级的能力	主观指标	居民调查问卷	86
		促进民营企业发展的能力	主观指标	居民调查问卷	88
		促进科技创新的能力	主观指标	居民调查问卷	89
社会发展能力	推动发展能力	预期寿命	客观指标	年鉴	97
		当地生活的幸福感	主观指标	居民调查问卷	98
		参与公共事务的渠道	主观指标	居民调查问卷	96
		当地社会组织在公共事务中发挥的作用	主观指标	居民调查问卷	89
	秩序维护能力	城镇登记失业率	客观指标	年鉴	99
		城乡居民可支配收入比	客观指标	年鉴	88
		应急管理相关文件发布数(新增)	客观指标	政府网站	95
		社会治安状况(安全感)	主观指标	居民调查问卷	97
		有效调解社会矛盾的能力	主观指标	居民调查问卷	86
		个人发展机会的公平性	主观指标	居民调查问卷	85

续表

一级指标 （核心发展能力）	二级指标 （分解发展能力）	三级指标 （主、客观数据）	指标类型	数据来源	隶属值 （%）
服务提供能力	保障基本公共服务能力	千人口卫生技术人员数	客观指标	年鉴	92
		千人口医疗床位数	客观指标	年鉴	94
		政府在教育方面的财政支出占比	客观指标	年鉴	97
		就业、养老等公共保障制度建设	主观指标	居民调查问卷	97
		公共服务设施建设	主观指标	居民调查问卷	92
		教育、卫生等社会事业的发展	主观指标	居民调查问卷	99
	均等化区域公共服务能力	公共服务设施均等化程度	主观指标	居民调查问卷	95
		医疗服务均等化程度	主观指标	居民调查问卷	97
		教育资源均等化程度	主观指标	居民调查问卷	97
	环境保护能力	城市建成区绿地率	客观指标	年鉴	92
		城市空气质量达二级以上的天数	客观指标	年鉴	92
		城市污水处理率	客观指标	年鉴	94
		环境质量	主观指标	居民调查问卷	92
		环境治理能力	主观指标	居民调查问卷	92
资源利用能力	资源获取能力	税收收入增长率	客观指标	年鉴	96
		一般性公共服务支出占财政支出的比重	客观指标	年鉴	97
		财政收入增长率	客观指标	年鉴	98
		吸引外来人才的能力	主观指标	公务员调查问卷	97
		有效引进项目的能力	主观指标	公务员调查问卷	97
	资源整合能力	财政支出占GDP比重	客观指标	年鉴	95
		与智库展开有效合作的能力	主观指标	公务员调查问卷	95
		与媒体构建良好关系的能力	主观指标	公务员调查问卷	97
		与企业实施有效协作的能力	主观指标	公务员调查问卷	98
科学履职能力	政策制定能力	全年发布政策文件数量	客观指标	政府网站	90
		决策的科学性	主观指标	公务员调查问卷	98
		政策制定过程中公众参与的有效性	主观指标	公务员调查问卷	99
	政策执行能力	环境支持度指数	客观指标	课题组开发指标	94
		部门间协同能力	主观指标	公务员调查问卷	99
		政策执行效果	主观指标	公务员调查问卷	97

续表

一级指标 （核心发展能力）	二级指标 （分解发展能力）	三级指标 （主、客观数据）	指标类型	数据来源	隶属值（%）
科学履职能力	政府机构运行能力	公众留言数量（新增）	客观指标	政府网站	96
		机构设置合理性	主观指标	公务员调查问卷	96
		各部门职位分工权责合理性	主观指标	公务员调查问卷	98
		依法依程序履职的能力	主观指标	公务员调查问卷	98
		各部门的工作效率	主观指标	公务员调查问卷	98
		工作人员服务态度	主观指标	公务员调查问卷	96
学习创新能力	主动学习能力	公务员年度参加培训次数	客观指标	公务员调查问卷	90
		公务员年度参加学习培训的天数	客观指标	公务员调查问卷	86
		激励公务员学习措施	主观指标	公务员调查问卷	89
		组织内部信息共享机制	主观指标	公务员调查问卷	92
	管理和服务的创新能力	技术吸收和创新能力（政府专利授权数量）（新增）	客观指标	年鉴	93
		政府出台关于创新的法规和政策数量（新增）	客观指标	政府网站	91
		政府对创新的重视程度	主观指标	公务员调查问卷	89
		政府的创新意识	主观指标	公务员调查问卷	83

3. 指标的信度效度检验

选择 Scott's Pi 指数进行地方政府发展能力指标体系的信度检验，公式如下：

$$Pi = \frac{X\% - Y\%}{1 - Y\%} \qquad (2-3)$$

其中，X 表示两位编码员对共同编码结果完全认可的分析栏目数，Y 表示对编码结果一致性的期望值。三个编码阶段均由两位编码员独立进行，每个阶段的一致性程度值如表 2-4 所示。

表 2-4 地方政府发展能力指标体系编码各阶段一致性程度

类目	开放式编码	主轴编码	核心编码	总计
编码总数	70	15	6	91
一致性编码数量	63	15	6	84
X%	90%	100%	100%	92.3%

经过计算得出 Scott's P_i 值为 0.923，一般该值超过 0.8 表示信度较好。因此，地方政府发展能力指标体系具有满意的信度值。最后，为了保证编码的有效性和更进一步检验地方政府发展能力指标体系的理论饱和度，通过逐一编码和分析后没有发现新的范畴和类属关系，指标体系通过了指标效度检验。

4. 调查问卷设计与调查方式

调查问卷沿用了以往年度的基本架构，包括八个部分：卷首语、答卷人的人口学信息、对所在地方政府发展能力的总体评价、对一级指标的实际绩效评价、对二级指标的实际绩效评价、对三级指标的实际绩效评价、对二级指标的重要性评价，以及对一级指标的重要性评价。卷首语对调查问卷的目的、数据的用途、个人信息的保护等均作了说明；人口学信息涵盖了性别、受教育程度、户籍状况、居住情况和工作单位性质等多项指标；随后是对所在地方政府发展能力的总体评价，以及对一、二级指标实际表现的综合评价；继而是对所在城市三级指标的实际表现进行评价，根据调查对象的工作属性，在政府和事业单位工作的调查对象将同步对政府内部指标进行主观评价，以及提供两项客观指标数据，即公务员年度参加培训次数和每年参加学习培训的天数。最后是分别就一级指标和二级指标的重要性作出评价。指标体系中，由于二级指标内容较多因此仍然采用量表的方式进行提问，一级指标自身内容较少可以采取排序的方式进行提问，以此课题组可以更好地明确城市市民对不同指标的重要性排位与取舍。

本年度，课题组对问卷界面设计进行了优化，提问的方式更为口语化，并对专业词汇进行了说明，降低了问卷的理解难度。所有主观评价问题均采用五级李克特量表（Likert scale）。在进行正式的问卷发放前，课题组完成了小范围的预调研，对量表题目理解的一致性进行检验，并根据反馈情况对问卷进行了调整。同时就语言表达等问题对问卷进行了微调，以便其更好地在网络等公开环境传播。

问卷调查采用了调研员面对面、"一对一"式的问卷+访谈和网络问卷相结合的方式。基于国内最大的网络调研平台问卷星（www.sojump.com）发布，充分利用网络调研的低成本、高效率、易扩散等优势，在有限的时间内获取尽可能多的样本。由经过培训的南开大学相关专业学生出任调研员，通过电子邮件、微信、微博等 SNS 媒介方式推送问卷，并利用学生寒假返回原籍的时机开展针对性问卷调查，要求调查对象必须涵盖政府和事业单位工作人员、国有及私营企业工作人员、社会组织从业人员和自由职业者等，以确保调查对象的多样性。另外，由调研员开展的调查也可以提高问卷的实际填答率及样本的相关性和专业性。

5. 样本城市的选取与客观数据的采集

由于三级指标中对地方政府发展能力的评价包含以市民为对象的外部评价和以政府公务员为对象的内部评价两部分，这种将内部评价和外部评价相结合的方式，决定了样本城市的选取必须同时满足两类问卷的数量要求。根据2022年度调查问卷的回收情况，共计回收4226份问卷，涵盖206个城市，按照每个样本城市至少包含30份以上有效问卷，而且至少5份有效问卷是由政府工作人员填写，确定了50个样本城市。如表2-5所示，共涵盖4个直辖市，2个计划单列市，9个副省级城市，11个普通省会城市，24个普通地级市，纳入统计的有效问卷2994份。

针对50个样本城市，进一步通过文献资料收集客观数据，具体渠道包括2022年出版的各类统计年鉴、官方网络数据平台、政府工作报告、公开发表的学术论文和研究报告，以及第三方权威评估成果等资源。对少数城市难以获得的数据，采用以下方法依照优先级代替：一是用该城市该指标近三年的平均值代替，二是用该城市地理邻近的周边城市均值代替，三是用该城市所在省份的该项指标均值代替。另外，有些数据非常重要，但又难以直接获得，因此，本研究团队专门开发了环境支持度指数，作为政策支持度的三级客观指标。环境支持度指数具体的操作方法为：选取城市级别、区位条件和资源禀赋三个综合指标作为环境支持度指数的核心指标。在权重设置上，城市级别占40%，区位条件占30%，资源禀赋占30%。三个指标的赋值标准是：第一，城市级别，直辖市10分，副省级市8分，省会城市6分，一般地级市4分；第二，区位条件，参照由BBIC发布的《中国各省资源禀赋及战略地位》的结论进行赋值；第三，资源禀赋，根据国务院公布的资源型城市分类名单赋值，其中成熟型城市10分、成长型城市8分、再生型城市6分、非资源型城市5分、衰退型城市4分。

表 2-5　50 个样本城市及调查问卷数量

城市等级	样本城市	总问卷数（份）	城市等级	样本城市	总问卷数（份）
直辖市	北京	54	普通地级市	安庆市	40
	天津	172		漳州市	37
	上海	30		金昌市	44
	重庆	83		陇南市	32
计划单列	深圳市	33		东莞市	38
	厦门市	30		遵义市	106
副省级城市	杭州市	60		保定市	77
	广州市	52		邯郸市	49
	武汉市	43		南阳市	82
	哈尔滨市	44		周口市	61
	沈阳市	36		株洲市	47
	南京市	31		吉林市	37
	成都市	116		延边朝鲜族自治州	56
	西安市	39			
	济南市	58		淮安市	44
普通省会城市	长沙市	68		景德镇市	141
	贵阳市	30		宜春市	53
	南宁市	55		赤峰市	138
	郑州市	147		菏泽市	31
	合肥市	30		晋城市	96
	海口市	36		汉中市	50
	呼和浩特市	48		自贡市	88
	昆明市	68		丽水市	150
	太原市	32		温州市	30
	南昌市	31		黑河市	40
	石家庄市	30			

6. 问卷数据的信效度检验

课题组在正式调查之前，进行了多次预测试，并对问卷进行了多轮修改，直到显示出良好的内部有效性。信度检验适用于问卷前后表达的可靠性，一般选择克朗巴哈系数（Cronbach's alpha）来对问卷的内部信度进行判断。克朗巴哈系数越接近 1，信度越高，一般认为克朗巴哈值最好在 0.7 以上，如果该数值低于

0.6 就应考虑对量表进行重新设计或是增删处理。本次问卷中各项核心指标的克朗巴哈值（见表 2-6）均具备较高的信度水平。与此同时选取 CITC（项目与整体相关系数）对量表进行净化，如果问项 CITC 值低于 0.5，意味着该问题与总体不太相关，删除问项时克朗巴哈值显著提高，则判定此问题应该删去，达到量表净化的效果。本次问卷的 40 个主观题项均通过检验，即各个指标的克朗巴哈系数均大于 0.7 这一临界值，具有较高的可靠性，因此无须对问卷进行净化处理。

表 2-6 问卷调查的信度检验（节选）

指标	克朗巴哈系数	项数
对当地政府经济发展能力的总体评价	0.731	7
对当地政府社会发展能力的总体评价	0.724	7
对当地政府服务提供能力的总体评价	0.709	5
对当地政府资源利用能力的总体评价	0.711	6
对当地政府科学履职能力的总体评价	0.705	5
对当地政府学习创新能力的总体评价	0.705	5

问卷测度指标不仅要有较高的信度，还要有较好的效度。对调查问卷的效度检验采用 KMO 测量值和巴特立特球形检验。当 KMO＞0.6 时，效度成立，并且数值越大则效度越好。对巴特立特球形检验要求必须达到显著性水平。检验问卷 KMO 值以及巴特立特球形检验结果归纳汇总详见表 2-7，可以看出 6 项核心指标的 KMO 值均大于 0.6，问卷具备显著的结构效度。巴特立特球形检验的显著性为 0.00，因此可以判定该问卷具备较高效度。

表 2-7 问卷调查的效度检验（节选）

指标	KMO 值	巴特立特球形检验
		显著性
对当地政府经济发展能力的总体评价	0.735	0.000
对当地政府社会发展能力的总体评价	0.722	0.000
对当地政府服务提供能力的总体评价	0.686	0.000

续表

指标	KMO值	巴特立特球形检验
		显著性
对当地政府资源利用能力的总体评价	0.637	0.000
对当地政府科学履职能力的总体评价	0.619	0.000
对当地政府学习创新能力的总体评价	0.611	0.000

（二）数据分析方法

地方政府发展能力是一个抽象系统，对其的测度也是一种理性的社会选择和群体决策问题。社会选择、群体决策是拥有共同利益、不同信息和不同决策能力的群体成员如何联合起来作出最佳决策的过程。准确地、合理地获得群体决策真实的偏好与属性信息往往是困难的，因为群体效用函数由定义良好的个体效用函数决定。如何集结个体效用函数为群体效用函数是测度的关键环节。随着随机非线性效用的发展，大多数研究倾向于将多个评价指标值"合成"为一个整体性的综合评价值，进而得到群体偏好关系和群体决策结果。属性权重反映了测评者对测评目标的重视程度、测评指标值的差异程度、测评目标属性值的可靠程度。本研究在采用基本的描述性统计分析方法基础上，进一步引入重要性－绩效分析法和主客观综合赋权法，对数据进行深入挖掘，并提高整体研究的科学性。

1. 重要性－绩效分析法

重要性－绩效分析法广泛应用于服务领域，用于评判某项服务或设施的实施或使用效果，继而指导企业有针对性地进行服务改进。重要性－绩效分析法的核心理念在于：服务对象对某项服务或设施的满意程度是其对该项服务或设施的某些重要属性的期望值和对相应属性的实际绩效的评判的函数。重要性－绩效分析法的数据呈现和分析方法如图2－2所示。在以重要性评价为x轴和以绩效评价为y轴的二维坐标系上，将每个评价指标依据其重要性和绩效评价值绘入相应位置，形成二维散点图。根据研究需要确定四象限图分割线的位置，再根据每个指标所落入的象限来判断指标属性，包括优势指标、劣势指标、过度供给指标、低优先级指标，继而形成评价结论。相较于传统的针对绩效的满意度评价，这种方法可以获取更全面深入的数据，一方面考察指标设置的合理性并为具体的分析提供帮助，另一方面，通过对不同指标的重要性分析，考察居民的关注对象，从而就居民普遍关注的部分进行进一步的指标增补修订，为今后的调查研究提供进一步完善的建议。

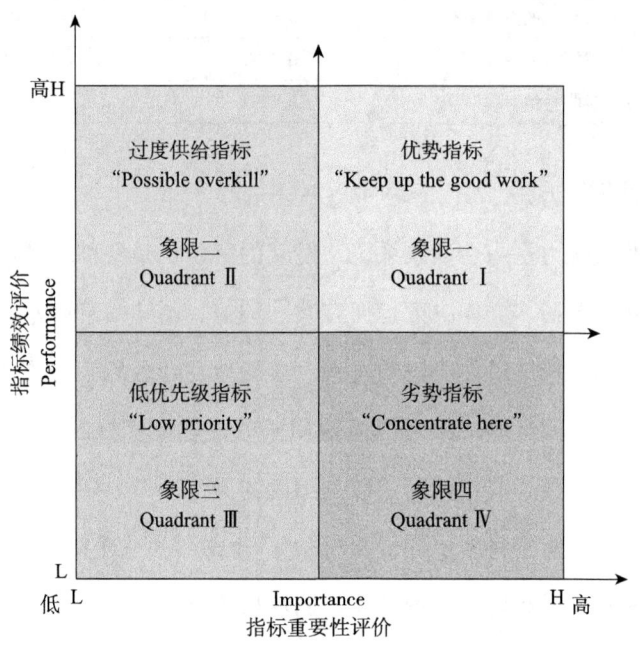

图 2-2　重要性-绩效分析法（IPA）四象限

2. 主客观综合赋权法

属性权重的获取方法很多，分为两类：一类称为主观赋权法，即根据专业人士对各指标的主观重视程度赋权，如 Delphi 法、二项系数法、G1 法、AHP 法等；另一类为客观赋权法，即依据客观信息数据进行赋权，如主成分分析法、熵值法、差异系数法等。前者能够反映专家、学者、决策者和参与者的意志，但权重结果具有很大的主观随意性；后者具有较强的数学理论依据，可以避免评估结果的主观随意性，但是同时又难以体现专业人士的意愿。主客观赋权法均具备将社会选择、群体决策的多目标决策问题转化为单目标决策问题的功能，但也都存在一定的局限性。需要采用合理的权重分配方法，提高权重分配精度。

因此，为避免单一使用主观或客观赋权法造成结果的偏差与片面性，课题组以属性值为模糊数的多属性决策问题为出发点，采用了主客观相结合的综合赋权法。因为主观层面没有专家赋分，均为问卷，所以用熵权法确定主观权重系数，并采用差异系数法确定客观权重系数,进而通过主客观赋权的组合方法,确定指标体系的最优组合权重。其一,用熵值法将问卷中各级指标的相对重要性排序,经过归一化和熵值赋权处理,得到一级指标的权重。其二,将50个样本城市的三级指标数据进行标准化,利用差异系数法,求得每一项三级指标的权重,通过求和得出各项二级指标权重,继而得到基于客观赋权法的6项一级指标权重。其三,将两种方法得到的一级指标权重进行均值处理,得到最终的一级指标权重,而后利用回归系数法,求出二级指标和三级指标权重。主客观组合赋权的步骤主要如下。

(1) 熵权法步骤

熵权法是通过突出局部差异来确定研究指标的权重,即计算各样本综合得分,属于相对数值。该方法避免了主观因素的掺杂,可以较为真实地确定指标的权重,适用于多指标的相对评价。由于有关地方政府发展能力重要性的数据来源于问卷调查所获得的主观数据,所以无须进行数据的无量纲化处理,计算公式如下:

Step 1:指标信息熵

$$e_j = -k\sum_{i=1}^{n} Y'_{ij}, \ j=1, 2, 3, \cdots, m \tag{2-4}$$

指标冗余度:

$$d_j = 1 - e_j, \ j=1, 2, 3, \cdots, m \tag{2-5}$$

Step 2:指标熵值

$$w_j^s = d_j / \sum_{i=1}^{m} d_j, \ j=1, 2, 3, \cdots, m \tag{2-6}$$

式中:e_j 为指标 j 的信息熵;$Y'_{ij} = Y_{ij} / \sum_{i=1}^{n} Y_{ij}$;$d_j$ 为指标 j 的冗余度;w_j^s 为指标 j 指数的熵权;m 为指标数量,n 为问卷数量,k 为调整系数 ($k = 1/\ln n$)。

(2) 差异系数法步骤

差异系数法是通过计算数据中所包含的信息来确定各指标的权重,本质上属于客观赋权方法。

差异系数法的赋权逻辑是:如果某项指标的数值差异较小,那么该指标对于评价对象的评价能力就比较弱,这样的指标就应该赋予较小的权重。反之,如果某项指标的数值差异较大,那么该指标就能较为明显地把评价对象区分开来,这样的指标就应该赋予较大的权重。即,数据沿着平均值的波动幅度越大,权重越高。

Step 1：数据标准化

因为不同指标的衡量单位可能不一样，无法直接进行运算，所以需要去除单位的影响，即所谓消除量纲，具体方法为极差法。在消除量纲之前需区分正向指标与负向指标，正向指标的数值越大评价越好，而负向指标则是数值越小评价越好。对于正向指标的处理如公式（2-7）所示：

$$y_{ij} = \frac{x_{ij} - \min\limits_{i} x_{ij}}{\max\limits_{i} x_{ij} - \min\limits_{i} x_{ij}} \tag{2-7}$$

对于负向指标的处理如公式（2-8）所示：

$$y_{ij} = \frac{\max\limits_{i} x_{ij} - x_{ij}}{\max\limits_{i} x_{ij} - \min\limits_{i} x_{ij}} \tag{2-8}$$

其中，X_{ij} 表示第 i 个评价对象的第 j 项指标原始值，Y_{ij} 表示标准化后的指标值。

Step 2：计算差异系数

差异系数（Coefficient of Variation）的公式为：标准差/平均值。先计算每个指标的平均值：

$$Y_j = \frac{1}{n}\sum_{i=1}^{n} Y_{ij},\ j = 1,\ 2,\ \cdots,\ m \tag{2-9}$$

之后计算每个指标的标准差：

$$S_j = \sqrt{\frac{1}{n-1}\sum_{i=1}^{n}(Y_{ij} - Y_j)^2},\ j = 1,\ 2,\ \cdots,\ m \tag{2-10}$$

接着计算每个指标的差异系数：

$$V_j = \frac{S_j}{Y_j},\ j = 1,\ 2,\ \cdots,\ m \tag{2-11}$$

通过上述运算，可以得到各级指标的变异差数。

Step 3：计算各指标权重

每个指标的权重（W）就是单个指标的差异系数除以所有指标差异系数之和：

$$W_j = \frac{V_j}{\sum\limits_{j=1}^{m} V_j},\ j = 1,\ 2,\ \cdots,\ m \tag{2-12}$$

通过上述运算，可以得到各级指标的权重，一级指标的权重等于二级指标权重之和。本文存在多级指标，即一级指标、二级指标、三级指标，同样可以利用差异系数值的可加性原理逐级推算出更高一级指标的权重。

Step 4：计算综合得分

将标准化处理后的二级指标数值按线性加权法加总就可以得到综合指数值：

$$w_j^g = \sum_{j=1}^{m} Y_{ij} W_j, \quad i = 1, 2, \cdots, n \quad (2-13)$$

（3）组合赋权法步骤

w_j^z 是对两种赋权方法进行线性组合后得到的第 j 项指标权重，计算公式为：

$$w_j^z = \lambda w_j^g + (1 - \lambda) w_j^s \quad (2-14)$$

式中：λ 为差异系数法确定的指标权重占组合权重的比例。以差异系数法确定的指标权重与组合权重之间的偏差，以及熵权法确定的指标权重与组合权重的偏差的平方和最小为目标构建目标函数：

$$\min z = \sum_{i=1}^{n} [(w_j^z - w_j^g)^2 + (w_j^z - w_j^s)^2] \quad (2-15)$$

由公式（2-14）可以得到：

$$\min z = \sum_{i=1}^{n} [\lambda w_j^g + (1-\lambda) w_j^s - w_j^g]^2 + [\lambda w_j^g + (1-\lambda) w_j^s - w_j^s]^2 \quad (2-16)$$

对公式（2-16）求关于 λ 的导数且令一阶导数为 0，可得 $\lambda = 0.5$，将 $\lambda = 0.5$ 代入公式（2-16），可得到组合赋权后的权重值：

$$w_j^z = 0.5 w_j^g + 0.5 w_j^s \quad (2-17)$$

采用主客观相结合的模糊评价方法对地方政府发展能力进行确认和精准测度，避免了主观性偏差，提升了测度的科学性、合理性，优化了以往研究方法的不足，为地方政府分析自身发展能力问题提供了新的工具方法和研究范式。

02

PART　第二部分

中国地方政府发展能力评估结果综合分析

第三章
地方政府发展能力评估数据总体情况

许 晓

一、数据收集的总体情况

通过问卷调查数据的收集分析,确定符合分析条件的 50 个样本城市后,组织课题组成员对这些城市的统计数据进行收集整理。统计数据的主要来源包括各个城市的统计公报、统计年鉴、政府官方网站等。

(一) 问卷调查数据的总体情况

通过问卷采集,共获得来自全国所有省份主要城市的 4226 份问卷。根据问卷回收与城市分布情况,原则上按照该城市的有效问卷数大于 30 份,公务员与事业单位公职人员的问卷数大于 5 份的标准筛选有效城市,最终得到 50 个城市 2994 份有效问卷。其中政府及事业单位公职人员问卷有 1078 份,占全部有效问卷的 36%。

1. 调查问卷的可靠性与一致性分析

本研究采用统计学方法克朗巴哈系数,来检测问卷内容的可靠性。问卷调查结果可以划分为三个维度,即对一级指标的综合评价、对二级指标的综合评价以及对三级指标的实际表现评价。本书对此三个维度进行可靠性分析,使用 SPSS 软件来进行测算,结果如表 3-1 所示。

表 3-1 调查问卷的内部一致性分析结果

维度		克朗巴哈系数	项数
对一级指标的综合评价		0.962	6
对二级指标的综合评价		0.982	15
对三级指标的实际表现评价	公务员	0.962	41
	非公务员	0.987	41

通常可以接受的克朗巴哈系数值是大于等于 0.8，本研究所使用的问卷各个维度的克朗巴哈系数值均大于 0.96，表明本调查问卷的内容可靠性和内部的一致性达到了较高水准。

2. 调查对象的人口信息分析

对于调查对象进行人口信息的描述性分析是为了了解本次调查对象的基本信息及其覆盖范围能否满足实际的研究需要，并了解其所作评价的性别差异。

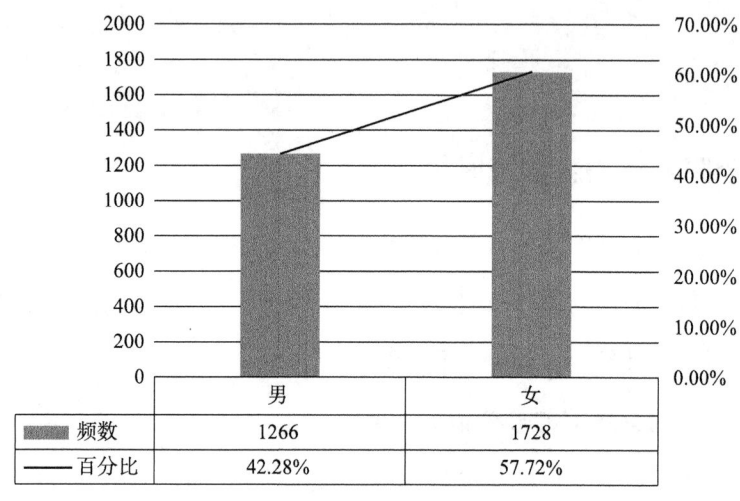

图 3-1　调查对象性别分布情况

如图 3-1 所示，在参与本研究的 2994 位调查对象中，1266 位（占总数的 42.28%）为男性，1728 位（占总数的 57.72%）为女性，男女比例相对均衡。这在一定程度上减少了调研结果中的性别偏差，也有利于在样本量相近的情况下，评估男性与女性对各项指标评价的差异。

本次问卷调查对象的年龄分布如图 3-2 所示。在 2994 位调查对象中，678 位（占总数的 22.65%）为 20 岁以下，627 位（占总数的 20.94%）为 21~35 岁，1225 位（占总数的 40.92%）为 36~50 岁，429 位（占总数的 14.33%）为 51~65 岁，35 位（占总数的 1.17%）为 66 岁以上。调查对象主要集中于 21~50 岁的年龄区间。调查对象年龄分布的相对广泛性在一定程度上减少了调查结果分析过程中的年龄偏差，同时也有利于分析位于不同年龄层的调查对象对各项指标的评价差异。

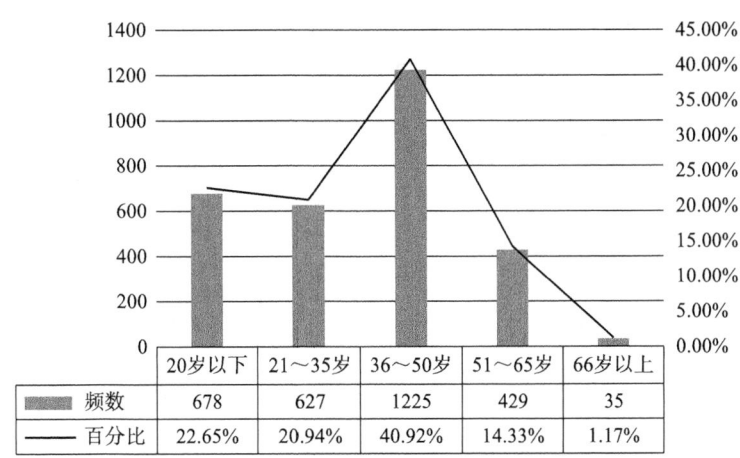

图 3-2 调查对象年龄分布情况

本次问卷调查对象的学历分布如图 3-3 所示。在 2994 位调查对象中，196 位（占总数的 6.55%）为初中及以下学历，461 位（占总数的 15.40%）为高中学历，2115 位（占总数的 70.64%）为大专及本科学历，185 位（占总数的 6.18%）为硕士学历，37 位（占总数的 1.24%）为博士学历。调查对象主要集中于大专及本科学历。调查对象的学历分布具有相对广泛性，这在一定程度上有利于避免调研分析结果中所产生的学历偏差，同时也利于分析不同学历层次的调查对象对各项指标评价的差异。

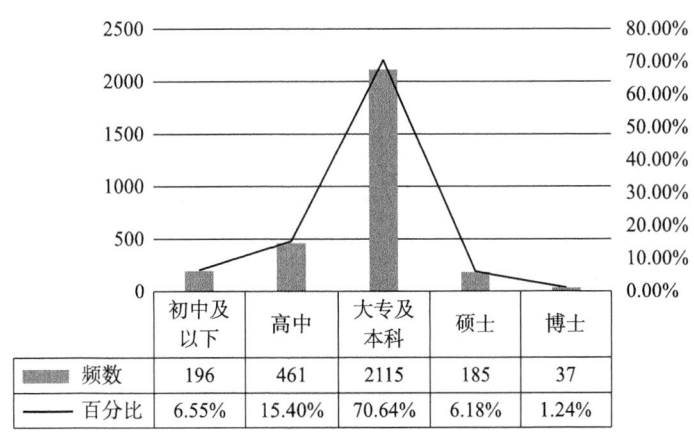

图 3-3 调查对象学历分布情况

本次问卷调查对象所在城市生活时长的分布情况如图 3-4 所示。在 2994 位调查对象中，295 位（占总数的 9.85%）为 5 年以下，259 位（占总数的 8.65%）为

6~10年，283位（占总数的9.45%）为11~15年，637位（占总数的21.28%）为16~20年，1520位（占总数的50.77%）为20年以上。调查对象主要集中于在所调研城市生活了16年以上的人，这有利于增强调查对象对所在城市各项指标评价的可靠性。

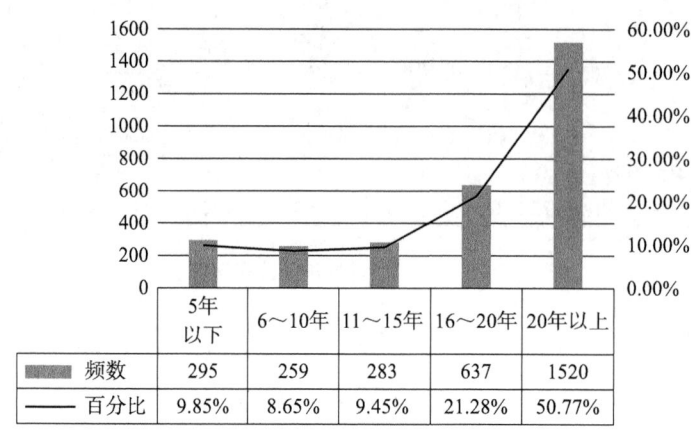

图3-4 调查对象生活城市时长分布情况

本研究主要通过分析调查对象对于其所在城市了解程度的主观评价来检验此次问卷调查的可信度。如图3-5所示，在参与本研究的2994位调查对象中，664位（占总数的22.18%）表示对所在城市非常了解，有1239位（占总数的41.38%）表示对所在城市是了解的，900位（占总数的30.06%）表示对所在城市的了解程度为一般，69位（占总数的2.30%）表示对所在城市不了解，122位（占总数的

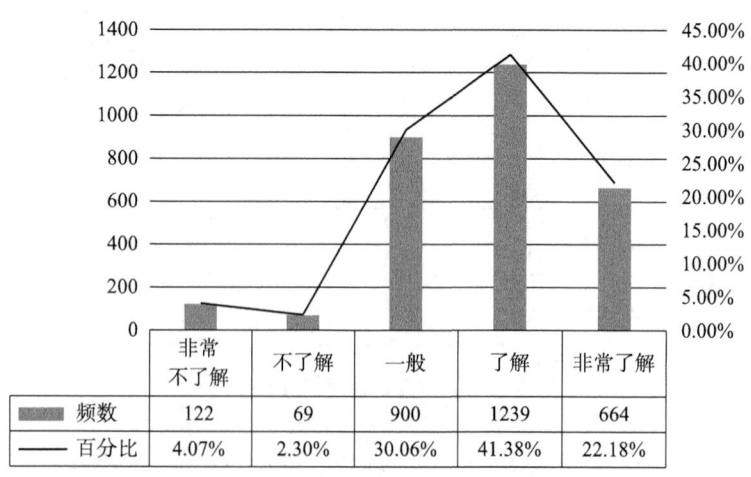

图3-5 调查对象生活城市了解程度分布情况

4.07%）表示对所在城市非常不了解。调查对象主要集中在对其所在城市了解的基础上。因此，总体来看，调查对象对所在城市各项指标的评价具有较高的可靠性。

本次问卷调查对象的月收入分布状况如图 3-6 所示。在 2994 位调查对象中，117 位（占总数的 3.91%）月收入为 1500 元以下，324 位（占总数的 10.82%）为 1501~3000 元，637 位（占总数的 21.28%）为 3001~5000 元，542 位（占总数的 18.10%）为 5001~7500 元，473 位（占总数的 15.80%）为 7501~10000 元，393 位（占总数的 13.13%）为 10001~15000 元，192 位（占总数的 6.41%）为 15001~20000 元，110 位（占总数的 3.67%）为 20001~25000 元，206 位（占总数的 6.88%）为 25001 元以上。调查对象主要集中在 1500~10000 元的月收入区间内，调查对象收入分布较广泛，这在一定程度上有利于分析不同收入的调查对象对于各项指标的评价差异。

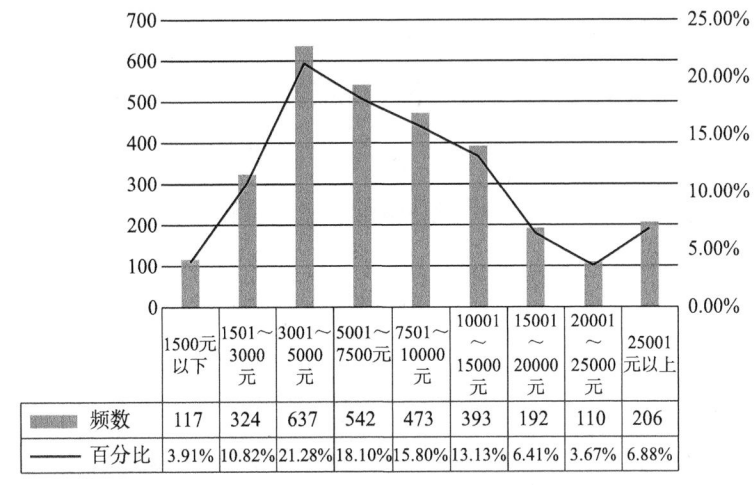

图 3-6 调查对象月收入分布情况

本次问卷调查对象所在的单位性质分布状况如图 3-7 所示。在 2994 位调查对象中，388 位（占总数的 12.96%）就职于政府部门，690 位（占总数的 23.05%）就职于事业单位，282 位（占总数的 9.42%）就职于国有企业，314 位（占总数的 10.49%）就职于私企，45 位（占总数的 1.50%）就职于社会组织，443 位（占总数的 14.80%）为自由职业者，832 位（占总数的 27.79%）从事其他职业。调查对象工作性质的差异较为显著，这在一定程度上有利于分析不同单位性质的调查对象对各项指标评价的差异。

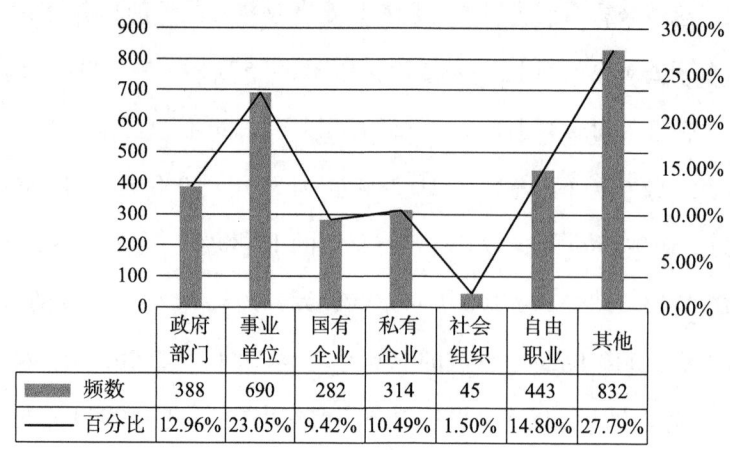

图 3-7 调查对象工作单位性质分布情况

（二）客观数据的总体情况

课题组首先对统计数据进行整理与统计，由于统计数据的计量单位差异较大，无法直接进行横向对比分析，因此课题组将统计数据特征分析的重点放在数据的离散性上。在计算统计数据标准差的基础上，分别对不同指标的变异系数（变异系数＝标准差/均值）进行计算，以此克服由于数据计量单位差异而带来的标准差差异。统计数据的离散性如表 3-2 所示。

表 3-2 统计数据的离散性

客观指标	均值	标准差	变异系数
地区生产总值（亿元）	9273.10	10213.10	1.10
地区生产总值增长率（%）	3.28	2.72	0.83
地区货物进出口总额（亿美元）	890.68	1622.77	1.82
外商外资总额（亿美元）	22.13	44.67	2.02
城镇居民人均可支配收入增长率（%）	3.90	1.64	0.42
居民消费价格指数	101.88	0.43	0.00
社会消费品零售总额（亿元）	3623.22	3763.07	1.04
第三产业比重（%）	54.39	11.11	0.20
规模以上工业企业利润（亿元）	854.78	2152.83	2.52
预期寿命（岁）	78.40	8.66	0.11
城镇登记失业率（%）	3.45	1.16	0.34
城乡居民可支配收入比	2.15	0.38	0.18

续表

客观指标	均值	标准差	变异系数
应急管理相关文件发布数（个）	59.56	64.01	1.07
千人口卫生技术人员数（人）	9.05	2.55	0.28
千人口医疗床位数（个）	7.22	1.51	0.21
政府在教育方面的财政支出占比（%）	16.36	4.12	0.25
城市建成区绿地率（%）	39.64	4.44	0.11
城市空气质量达二级以上的天数（天）	307.13	46.11	0.15
城市污水处理率（%）	96.79	6.13	0.06
税收收入增长率（%）	-5.15	12.49	-2.42
一般性公共服务支出占财政支出的比重（%）	8.74	2.22	0.25
财政收入增长率（%）	1.57	11.21	7.14
财政支出占GDP比重（%）	17.76	8.28	0.47
全年发布政策文件数量（个）	334.80	416.79	1.24
环境支持度指数	6.59	0.89	0.13
公众留言数量（条）	1927.29	3230.18	1.68
技术吸收和创新能力（政府专利授权数量）（个）	38773.29	58702.31	1.51
政府出台关于创新的法规和政策数量（个）	19.02	22.17	1.17

二、样本城市评估数据总体分析

基于地方政府发展能力指标体系和收集数据的方法，最终获得的数据包括：受访者对样本城市地方政府发展能力的总体评价和总体满意度、6项一级指标的重要性评价和样本城市的绩效评价、15项二级指标的重要性评价和样本城市的绩效评价、40项主观三级指标的样本城市绩效评价和29项客观三级指标的样本城市数据。因此，本节就从以上四个层级对数据进行总体分析。

（一）地方政府发展能力总体评价和总体满意度

通过问卷调查获取数据时，问题的设定和表述方式可能会影响获取的结果。结合本研究以获取调研对象对当地地方政府发展能力的评价为目标，因此，在调查问卷中，分别采用了总体评价和总体满意度两种方式请答卷人就居住地的地方政府发展能力进行主观评价。50个样本城市的统计结果如表3-3所示。

表 3-3　样本城市地方政府发展能力总体评价和总体满意度的基本情况

主观评价	极小值	极大值	均值	标准差
对当地政府发展能力的总体评价	3.11	4.67	3.8501	0.3957
对当地政府发展能力的总体满意度	3.03	4.58	3.8382	0.3913

通过配对样本 T 检验，比较两种提问方式的均值，可以发现，如表 3-4 所示，总体评价与总体满意度的相关系数达到 0.882，在统计上显著相关，而且并不存在显著不同（p=0.001）。因此，可以得到结论，即从统计学上来看，"对当地政府发展能力的总体评价"和"对当地政府发展能力的总体满意度"这两种提问方式，并不会对最终的结果产生显著影响。

表 3-4　两种提问方式的均值比较配对样本 T 检验

成对样本相关系数			
		N	相关系数	显著性
对1	总体评价 & 总体满意度	50	0.882	0.000

a. 除非另行注明，bootstrap 结果将基于 1000 bootstrap samples。

成对样本检验								
		成对差分				t	自由度	显著性
		均值	标准差	均值的标准误差	差分95%置信区间				
					下限	上限			
对1	总体评价 & 总体满意度	-0.015	0.191	0.027	-0.068	0.038	-0.558	49	0.579

（二）核心发展能力（一级指标）评估数据分析

问卷调查获取了调查对象对一级指标的重要性排序，按照排名第一得 5 分，第二得 4 分，第三得 3 分，第四得 2 分，第五得 1 分，第六得 0 分的标准，通过分值转化得到重要性得分，结果如表 3-5 所示。调查对象对 6 个指标的重要性排序依次为：社会发展能力（3.97）、服务提供能力（3.97）、经济发展能力（3.93）、资源利用能力（3.93）、科学履职能力（3.91）、学习创新能力（3.89）。由此可见，调查对象首先关注城市社会发展情况与公共服务，其次是经济发展，最后是政府的实际运行情况。其原因在于指标与调查对象之间关系的密切程度。调查对象自身体会越强、关联越大的指标越会被排在相对重要的位置，而调查对象自身体会越弱、关联越小的指标则越会被排在不重要的位置。在 50 个样本城市中，对科学履职能力的重要性排序差异最大，标准差达到了 0.38，而对社会发展能力的重要性排序差异最小，这也说明不同城市的居民对地方政府核心发展能力的重要性评价表现出了明显的不同，受到了调查对象所处环境的影响。

表 3-5 样本城市一级指标重要性评估结果

指标名称	最大值	最小值	均值	标准差
经济发展能力	4.67	3.22	3.93	0.37
社会发展能力	4.64	3.25	3.97	0.36
服务提供能力	4.67	3.28	3.97	0.38
资源利用能力	4.69	3.28	3.93	0.37
科学履职能力	4.67	3.22	3.91	0.38
学习创新能力	4.61	3.19	3.89	0.38

问卷调查也获取了被调查对象对一级指标的实际绩效评价，结果如表 3-6 所示，6 个指标在不同城市中的最大值与最小值较为接近，且数据离散程度也较为接近。从具体的指标评价来看，服务提供能力在所有一级指标评价中的均值最高，达到 3.87，这说明调查对象对城市地方政府的服务提供能力相对最为满意。经济发展能力的均值最低，为 3.73，这说明调查对象认为城市地方政府的经济发展能力尚有较大提升空间。

表 3-6 样本城市一级指标实际绩效评估结果

指标名称	最大值	最小值	均值	标准差
经济发展能力	4.73	2.98	3.73	0.43
社会治理能力	4.61	3.16	3.82	0.39
服务提供能力	4.55	3.00	3.87	0.35
资源利用能力	4.52	3.13	3.82	0.34
科学履职能力	4.64	3.03	3.81	0.40
学习创新能力	4.55	3.06	3.81	0.36

从标准差来看，经济发展能力的标准差最高，达到 0.43，这说明不同城市间的调查对象对政府的经济发展能力评价的差异性较大。其可能的原因是我国经济发展地区间不平衡，造成调查对象对城市地方政府的经济发展能力的认知具有较大差异性。资源利用能力的标准差最低，为 0.34，说明调查对象对政府资源利用能力的评

价差异较小。对于政府学习创新能力与服务提供能力这两项指标，调查对象的评估结果差异也相对较小。因此，未来城市地方政府在自身经济发展的同时应建立社会治理与科学履职三位一体的规划体系，推广先进技术并鼓励创新，打造环境与经济一体化发展的健康、可持续、服务型城市。

（三）分解发展能力（二级指标）评估数据分析

问卷调查获取了调查对象对居住城市地方政府发展能力二级指标的实际绩效评价和重要性评价，均采用了五级李克特量表，结果如表3-7所示。具体来看，二级指标中的秩序维护能力（3.98）的绩效均值最高，说明样本城市的调查对象对城市地方政府在维护社会秩序与公平方面较为满意，而城市地方政府的推动转型能力（3.86）的绩效均值最低，说明调查对象高度重视城市转型问题，而推动转型能力则直接影响城市发展的未来潜力，因此城市地方政府在做好公共服务均等化的基础上，还要积极推动自身转型能力，加强区域合作与协同发展，为城市未来发展奠定基础。

表3-7 样本城市二级指标重要性-绩效评估结果

一级指标	二级指标	评价类型	最大值	最小值	均值	标准差
经济发展能力	保证生产能力	绩效	4.60	3.22	3.92	0.35
		重要性	4.58	3.20	3.87	0.38
	促进消费能力	绩效	4.62	3.20	3.87	0.37
		重要性	4.64	3.22	3.83	0.37
	推动转型能力	绩效	4.55	3.09	3.86	0.37
		重要性	4.52	2.88	3.69	0.39
社会发展能力	推动发展能力	绩效	4.67	3.25	3.91	0.38
		重要性	4.60	3.24	3.86	0.38
	秩序维护能力	绩效	4.60	3.16	3.98	0.36
		重要性	4.70	3.22	4.05	0.36
服务提供能力	保障基本公共服务能力	绩效	4.56	3.22	3.96	0.35
		重要性	4.67	3.22	3.94	0.34
	均等化区域公共服务能力	绩效	4.56	3.22	3.90	0.37
		重要性	4.50	3.06	3.85	0.34
	环境保护能力	绩效	4.60	3.22	3.96	0.37
		重要性	4.80	3.22	3.95	0.36

续表

一级指标	二级指标	评价类型	最大值	最小值	均值	标准差
资源利用能力	资源获取能力	绩效	4.60	3.16	3.90	0.36
		重要性	4.55	3.19	3.84	0.36
	资源整合能力	绩效	4.56	3.22	3.90	0.36
		重要性	4.66	3.08	3.79	0.40
科学履职能力	政策制定能力	绩效	4.67	3.19	3.90	0.36
		重要性	4.70	3.10	3.88	0.38
	政策执行能力	绩效	4.64	3.13	3.92	0.37
		重要性	4.60	3.10	3.86	0.38
	政府机构运行能力	绩效	4.67	3.16	3.92	0.37
		重要性	4.56	3.03	3.86	0.37
学习创新能力	主动学习能力	绩效	4.56	3.22	3.87	0.35
		重要性	4.67	3.03	3.84	0.38
	管理和服务的创新能力	绩效	4.70	3.13	3.89	0.38
		重要性	4.62	3.00	3.82	0.41

从绩效指标标准差方面来看，推动发展能力、管理和服务的创新能力的绩效指标离散程度最高，标准差达到0.38，其原因主要是50个样本城市的经济发展类型差异较大，结合其自身经济发展特点和地理优势确定的发展路径、方向有所区别，因此评价分数可能会由此而分散。管理和服务的创新能力的差异则与疫情的影响程度、范围等相关。不同城市的调查对象对保证生产能力（0.35）、保障基本公共服务能力（0.35）、主动学习能力（0.35）的评价相对较为集中，这说明城市地方政府在主抓经济建设与政府运行等方面建设能力的公众感知差异较小，也就是说城市地方政府在这些二级指标方面所采取的措施可能具有较高的同质性。

从表3-7的数据可以看出，调查对象对二级指标的重要性排序依次为：秩序维护能力、环境保护能力、保障基本公共服务能力、政策制定能力、保证生产能力、推动发展能力、政策执行能力、政府机构运行能力、均等化区域公共服务能力、资源获取能力、主动学习能力、促进消费能力、管理和服务创新能力、资源整合能力、推动转型能力。这与各指标所属的一级指标的排序略有不同，调查对象认为秩序维护能力和环境保护能力的重要性较为突出，而资源整合能力和推动转型能力的重要性相对较低，说明调查对象在现阶段更注重政府在秩序维护和环境治理领域发挥的作用。如何保障基本公共服务与制定科学的政策也是市民考察城市地方政府的重要标准，城市地方政府应当在上述方面给予足够的重视。

（四）主、客观数据（三级指标）总体分析

1. 主观数据总体分析

主观数据是对地方政府发展能力三级指标的绩效评价，本研究根据问卷发放对象的类型差异分成两个部分进行探讨，分别是针对所有对象的通用指标和针对公务员的内部指标。

本研究的三级通用指标共有 40 个，在问卷中以城市市民对政府发展能力指标的满意度评价的方式呈现，经过回收统计 50 个样本城市的基本情况如表 3-8 所示。

表 3-8 政府发展能力三级通用指标综合评价的基本情况

一级指标	二级指标	三级指标	最大值	最小值	均值	标准差
经济发展能力	保证生产能力	有效引导地方经济健康运行的能力	4.52	3.14	3.83	0.35
		有效改善当地基础设施建设的能力	4.55	3.31	3.90	0.34
	促进消费能力	稳定当地物价水平的能力	4.56	3.09	3.82	0.36
		有效搭建消费平台的能力	4.59	3.13	3.82	0.36
		提高家庭消费水平的能力	4.48	3.13	3.75	0.34
	推动转型能力	促进产业升级的能力	4.55	3.03	3.77	0.40
		促进民营企业发展的能力	4.58	3.13	3.76	0.39
		促进科技创新的能力	4.61	3.00	3.74	0.42
社会发展能力	推动发展能力	当地生活的幸福感	4.50	2.94	3.89	0.37
		参与公共事务的渠道	4.44	3.06	3.78	0.37
		当地社会组织在公共事务中发挥的作用	4.52	3.13	3.82	0.37
	秩序维护能力	社会治安状况（安全感）	4.73	3.28	4.16	0.31
		有效调解社会矛盾的能力	4.56	2.94	3.92	0.37
		个人发展机会的公平性	4.55	3.00	3.81	0.36
服务提供能力	保障基本公共服务能力	就业、养老等公共保障制度建设	4.56	3.31	3.90	0.32
		公共服务设施建设	4.52	3.28	3.93	0.33
		教育、卫生等社会事业的发展	4.53	3.22	3.88	0.33
	均等化区域公共服务能力	公共服务设施均等化程度	4.50	3.16	3.88	0.34
		医疗服务均等化程度	4.55	3.19	3.84	0.35
		教育资源均等化程度	4.50	3.19	3.77	0.33
	环境保护能力	环境质量（水、空气等）	4.80	3.25	3.92	0.36
		环境治理能力	4.80	3.28	3.91	0.35

续表

一级指标	二级指标	三级指标	最大值	最小值	均值	标准差
资源利用能力	资源获取能力	吸引外来人才的能力	4.59	2.98	3.69	0.40
		有效引进项目的能力	4.66	2.94	3.76	0.39
	资源整合能力	与智库展开有效合作的能力	4.70	2.91	3.77	0.41
		与媒体构建良好关系的能力	4.62	3.15	3.84	0.36
		与企业实施有效协作的能力	4.70	3.09	3.83	0.37
科学履职能力	政策制定能力	决策的科学性	4.52	3.00	3.83	0.38
		政策制定过程中公众参与的有效性	4.56	3.00	3.79	0.39
	政策执行能力	部门间协同能力	4.50	3.11	3.81	0.36
		政策执行效果	4.57	2.97	3.84	0.38
	政府机构运行能力	机构设置合理性	4.67	3.16	3.84	0.36
		各部门职位分工权责合理性	4.60	3.11	3.83	0.35
		依法依程序履职的能力	4.67	3.06	3.88	0.40
		各部门的工作效率	4.52	3.06	3.84	0.36
		工作人员服务态度	4.67	2.97	3.88	0.38
学习创新能力	主动学习能力	激励公务员学习措施	3.43	2.64	3.09	0.13
		组织内部信息共享机制	4.30	2.75	3.27	0.26
	管理和服务的创新能力	政府对创新的重视程度	4.67	3.03	3.88	0.40
		政府的创新意识	4.67	2.94	3.85	0.40

从具体的指标来看，社会治安状况（安全感）（4.16）与公共服务设施建设（3.93）的评分最高，而政府激励公务员学习措施（3.09）与组织内部信息共享机制（3.27）得分偏低，与二级指标相近的是公众对政府推动发展的评价较高，说明近年来政府在改善民生与促进社会与经济平衡发展方面作出较大贡献，但是激励公务员学习和组织内部信息共享，即政府的主动学习能力提升仍是未来地方政府必须面对的问题。

从标准差方面来看，促进科技创新能力（0.42）、与智库展开有效合作的能力（0.41）的标准差最大，其次，促进产业升级的能力（0.40）、吸引外来人才的能力（0.40）、依法依程序履职的能力（0.40）、政府对创新的重视程度（0.40）以及政府的创新意识（0.40）的标准差也较大，激励公务员学习措施（0.13）的标准差相对较小，大部分的三级指标标准差都较为接近并处在0.40以下。三级指标与二级指标的离散程度相似的是，由于各城市的经济发展模式不同，推动转型二级指标及所属三级指标差异较大；管理和服务的创新能力二级指标与所属三级指标均具有较强的离散性，其原因可能与疫情应对等外部环境的影响有关。有的地方政府能根据环境变化迅速进行创新，例如优化流程，开展"线上办、不见面"等改革，有的城市政府则缺乏创新意识与能力。

2. 客观数据总体分析

课题组首先对客观数据进行整理与统计，由于客观数据的计量单位差异较大，无法直接进行横向的相互对比，因此课题组将客观数据特征分析的重点放在数据的离散性上。

对于数据离散性的分析，课题组在计算客观数据标准差的基础上，分别对不同指标的变异系数（变异系数＝标准差/均值）进行计算，以此克服由于数据计量单位差异而带来的标准差差异。客观数据的基本情况如表3－9所示。

表3－9 客观指标数据基本情况

客观指标	均值	标准差	变异系数
地区生产总值（亿元）	9273.10	10213.10	1.10
地区生产总值增长率（%）	3.28	2.72	0.83
地区货物进出口总额（亿美元）	890.68	1622.77	1.82
外商外资总额（亿美元）	22.13	44.67	2.02
城镇居民人均可支配收入增长率（%）	3.90	1.64	0.42
居民消费价格指数	101.88	0.43	0.00
社会消费品零售总额（亿元）	3623.22	3763.07	1.04
第三产业比重（%）	54.39	11.11	0.20
规模以上工业企业利润（亿元）	854.78	2152.83	2.52
预期寿命（岁）	78.40	8.66	0.11
城镇登记失业率（%）	3.45	1.16	0.34
城乡居民可支配收入比	2.15	0.38	0.18
应急管理相关文件发布数（个）	59.56	64.01	1.07
千人口卫生技术人员数（人）	9.05	2.55	0.28
千人口医疗床位数（个）	7.22	1.51	0.21
政府在教育方面的财政支出占比（%）	16.36	4.12	0.25
城市建成区绿地率（%）	39.64	4.44	0.11
城市空气质量达二级以上的天数（天）	307.13	46.11	0.15
城市污水处理率（%）	96.79	6.13	0.06

续表

客观指标	均值	标准差	变异系数
税收收入增长率（%）	-5.15	12.49	2.42
一般性公共服务支出占财政支出的比重（%）	8.74	2.22	0.25
财政收入增长率（%）	1.57	11.21	7.14
财政支出占GDP比重（%）	17.76	8.28	0.47
全年发布政策文件数量（个）	334.80	416.79	1.24
环境支持度指数	6.59	0.89	0.13
公众留言数量（条）	1927.29	3230.18	1.68
公务员年度参加培训次数（次）	2.91	0.38	0.13
公务员年度参加学习培训的天数（天）	62.22	9.67	0.16
技术吸收和创新能力（政府专利授权数量）（个）	38773.29	58702.31	1.51
政府出台关于创新的法规和政策数量（个）	19.02	22.17	1.17

从各三级客观指标的变异系数来看，财政收入增长率（7.14）与规模以上工业企业利润（2.52）这两项指标的变异系数最大，税收收入增长率（2.42）和外商外资总额（2.02）这两项指标也存在较大差异，这说明我国城市的经济基础与财政基础仍存在巨大差异，这也是未来政府提供公共服务与提升政府能力受到制约的重要因素，如何通过转移支付等各种方式为地方政府发展提供财力支持是提升政府发展能力的基础，也是中国地方政府与中央政府应当共同面对的问题。

居民消费价格指数（0.00）、城市污水处理率（0.06）、预期寿命（0.11）和城市建成区绿地率（0.11）这几项指标的变异系数差别很小。居民消费价格指数总体同国家整体的货币发行与经济发展状况密切相关，因此城市间的差别不大。另外，由于我国的城市污水处理率基本上都超过90%，预期寿命和城市建成区绿地率主要受到国家总体医疗与环保发展情况的影响，发展具有整体性，因此城市间的差别不大。

综上所述，通过客观数据的分析，地方政府的财政收入增长能力存在较大差异，这与城市所处区域、资源禀赋、发展路径依赖等均有密切关系。面对这一不均衡问题，一方面应加强地方政府自身能力建设，尤其是经济发展与转型能力建设，从而持续提升其财政收入增长能力；另一方面应在合理设计转移支付机制方面加强制度与机制建设，为各城市政府发展能力增强提供财政支持。

（五）样本城市地方政府发展能力指数与总体排名

基于 50 个样本城市的数据，通过主客观综合赋权法，得到各级指标的权重，结果如表 3-10 所示。

表 3-10 地方政府发展能力各级指标权重

一级指标	权重	二级指标	权重	三级指标	权重
经济发展能力	0.27	保证生产能力	0.09	地区生产总值	0.0087
				地区生产总值增长率	0.004
				地区货物进出口总额	0.00007
				外商外资总额	0.0008
				有效引导地方经济健康运行的能力	0.069
				有效改善当地基础设施建设的能力	0.011
		促进消费能力	0.089	城镇居民人均可支配收入增长率	0.0083
				居民消费价格指数	0.00009
				社会消费品零售总额	0.0035
				稳定当地物价水平的能力	0.01
				有效搭建消费平台的能力	0.0296
				提高家庭消费水平的能力	0.0379
		推动转型能力	0.0925	第三产业比重	0.0002
				规模以上工业企业利润	0.007
				促进产业升级的能力	0.0391
				促进民营企业发展的能力	0.0382
				促进科技创新的能力	0.008
社会发展能力	0.11	推动发展能力	0.052	预期寿命	0.0042
				当地生活的幸福感	0.0026
				参与公共事务的渠道	0.0376
				当地社会组织在公共事务中发挥的作用	0.008
		秩序维护能力	0.058	城镇登记失业率	0.0004
				城乡居民可支配收入比	0.0026
				应急管理相关文件发布数	0.0005
				社会治安状况（安全感）	0.0288
				有效调解社会矛盾的能力	0.0052
				个人发展机会的公平性	0.0201

续表

一级指标	权重	二级指标	权重	三级指标	权重
服务提供能力	0.17	保障基本公共服务能力	0.06	千人口卫生技术人员数	0.002
				千人口医疗床位数	0.005
				政府在教育方面的财政支出占比	0.001
				就业、养老等公共保障制度建设	0.04
				公共服务设施建设	0.01
				教育、卫生等社会事业的发展	0.0008
		均等化区域公共服务能力	0.05	公共服务设施均等化程度	0.03
				医疗服务均等化程度	0.002
				教育资源均等化程度	0.02
		环境保护能力	0.062	城市建成区绿地率	0.0022
				城市空气质量达二级以上的天数	0.0036
				城市污水处理率	0.0004
				环境质量	0.008
				环境治理能力	0.048
资源利用能力	0.12	资源获取能力	0.072	税收收入增长率	0.006
				一般性公共服务支出占财政支出的比重	0.001
				财政收入增长率	0.007
				吸引外来人才的能力	0.01
				有效引进项目的能力	0.048
				财政支出占GDP比重	0.002
		资源整合能力	0.048	与智库展开有效合作的能力	0.002
				与媒体构建良好关系的能力	0.02
				与企业实施有效协作的能力	0.024
科学履职能力	0.15	政策制定能力	0.043	全年发布政策文件数量	0.0009
				决策的科学性	0.03
				政策制定过程中公众参与的有效性	0.012
		政策执行能力	0.038	环境支持度指数	0.003
				部门间协同能力	0.023
				政策执行效果	0.012
		政府机构运行能力	0.068	公众留言数量	0.0004
				机构设置合理性	0.019
				各部门职位分工权责合理性	0.006
				依法依程序履职的能力	0.0286
				各部门的工作效率	0.011
				工作人员服务态度	0.003

续表

一级指标	权重	二级指标	权重	三级指标	权重
学习创新能力	0.24	主动学习能力	0.155	公务员年度参加培训次数	0.041
				公务员年度参加学习培训的天数	0.002
				激励公务员学习措施	0.022
				组织内部信息共享机制	0.09
		管理和服务的创新能力	0.085	技术吸收和创新能力	0.003
				政府出台关于创新的法规和政策数量	0.013
				政府对创新的重视程度	0.0015
				政府的创新意识	0.0676

将样本城市的主客观数据（三级指标）标准化，再加权求和，可以得到分解发展能力（二级指标）、核心发展能力（一级指标）和地方政府发展能力指数。为了便于直观比较，本研究按照功效系数法将样本城市的标准化数值转换成 5~95 的数据列，转换公式如下所示：

$$Z_i = \frac{X_i - X_{min}}{X_{max} - X_{min}} \times 90 + 5$$

Z_i：第 i 项三级指标的转化得分；

X_i：第 i 项三级指标的标准化得分；

X_{min}：样本城市中该三级指标的最低标准化得分；

X_{max}：样本城市中该三级指标的最高标准化得分。

根据最终结果，本年度 50 个样本城市中排名前 20 的城市如表 3-11 所示。

表 3-11　50 个样本城市中地方政府发展能力指数排名前 20 的城市

排名	地方政府所在地名称	地方政府发展能力指数	排名	地方政府所在地名称	地方政府发展能力指数
1	合肥	95.00	8	上海	73.96
2	深圳	92.24	9	石家庄	72.10
3	邯郸	92.11	10	北京	72.04
4	景德镇	81.57	11	温州	69.89
5	南昌	80.30	12	武汉	66.92
6	厦门	79.46	13	丽水	64.23
7	南京	76.03	14	漳州	62.74

续表

排名	地方政府所在地名称	地方政府发展能力指数	排名	地方政府所在地名称	地方政府发展能力指数
15	遵义	62.15	18	天津	55.77
16	淮安	59.24	19	成都	55.28
17	杭州	57.74	20	郑州	51.69

由于本研究所提出的地方政府发展能力具有综合性特点，既包括政府自身的发展能力也包括对本地区经济社会发展的支持能力，既包括客观指标也包括主观指标，因此，城市政府在各项能力维度上发展的均衡性将对评价结果产生较大影响。并且从评价结果来看，主观指标的得分并不一定与客观指标成正比，客观指标总体较高，但主观评价一般的情况时有发生，其原因在于主观评价在很大程度上受到期望值的影响。换言之，虽然某城市总体发展情况良好，但民众的总体期望值更高，因此就会产生主观评价偏低的结果。

需要特别说明的是，排名并不是目的，而是为了发现最佳实践。本研究所得出的发展能力指数均为基于2023年度主客观数据标准化后的结果，可以通过横向比较，并基于对最佳实践的分析，为其他城市政府的发展提出可供借鉴的思路与方法。也可以有针对性地分析某一城市政府发展能力的结构性缺陷等，目的是持续提升城市政府的发展能力。

第四章
地方政府核心发展能力总体分析

李晨光

本章将对2022年度中国地方政府的6项核心发展能力（6个一级指标）进行分析。其中，经济发展能力、社会发展能力和服务提供能力侧重于对政府施政效果的评估，资源利用能力、科学履职能力和学习创新能力侧重于对政府内部运行绩效的测量。以下对地方政府核心发展能力的分析，具体包括由主客观指标构成的综合性绩效评价（以下简称"综合绩效评价"）、问卷主观满意度打分评价（以下简称"主观绩效评价"）和问卷主观重要性打分评价（以下简称"主观重要性评价"）三个方面。

一、地方政府核心发展能力的综合绩效评价

考虑到数据之间量纲的差异和各地区经济发展水平的差异，研究对数据进行了Z值标准化处理。为了更直观地反映数据，用功效系数法将地方政府核心发展能力指标最终得分转换成分值分布区间为5~95分的数据列。地方政府核心发展能力的综合绩效评价的基本概况，如表4-1所示。

表4-1 地方政府核心发展能力得分概况

评价指标	最大值城市	最小值城市	均值	标准差
经济发展能力	合肥	自贡	45.26	22.22
社会发展能力	合肥	陇南	53.32	21.31
服务提供能力	邯郸	陇南	49.12	22.96
资源利用能力	合肥	陇南	45.27	20.00
科学履职能力	邯郸	陇南	53.45	22.37
学习创新能力	邯郸	海口	45.87	19.19

在 50 个样本城市中,合肥市的地方政府核心发展能力指标表现最为突出,经济发展能力、社会发展能力和资源利用能力均排在首位,服务提供能力和科学履职能力排名第二,学习创新能力排名第五。值得注意的是,邯郸市在服务提供能力、科学履职能力和学习创新能力方面排名第一,其余各项能力均位列前五。陇南市则在绝大部分能力上均排最末,自贡市的经济发展能力得分最低,海口市的学习创新能力位居末席。

通过对 50 个城市核心发展能力得分的分布情况进行分析,如图 4-1 所示,社会发展能力、资源利用能力和学习创新能力较为接近正态分布,说明地方政府在这三项能力上的表现较为均衡。相对而言,地方政府在经济发展能力、服务提供能力和科学履职能力方面的表现均衡性较差,特别是经济发展能力,受新冠疫情影响,得分普遍偏低,而服务提供能力和科学履职能力在疫情中得到了加强,得分高的城市占比较高。

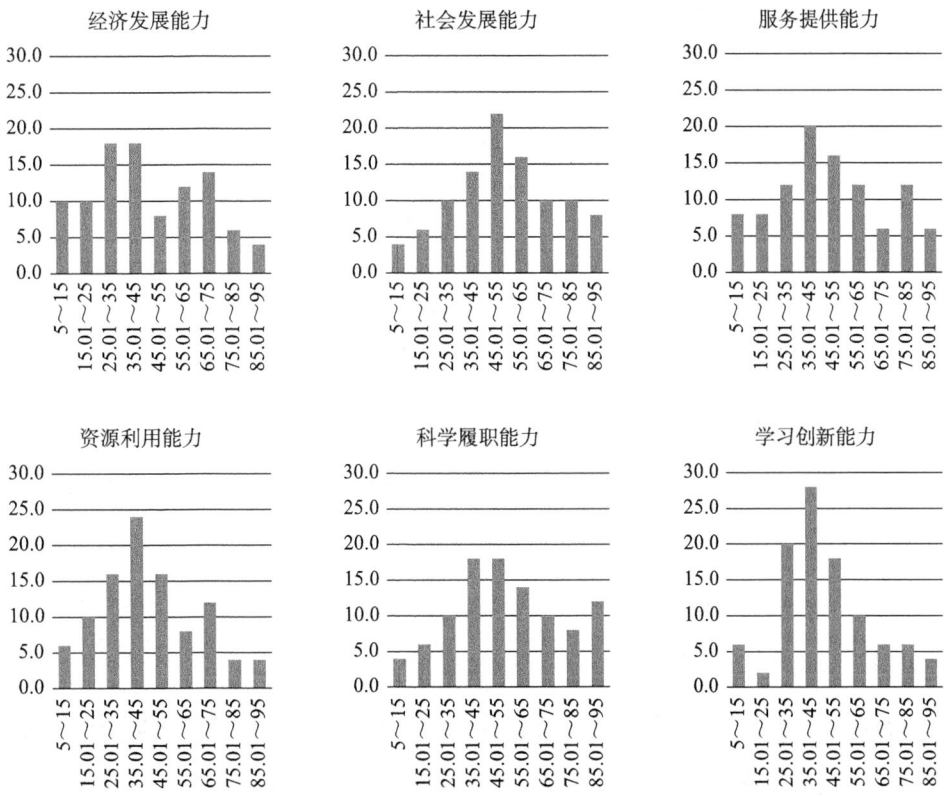

图 4-1 核心发展能力综合绩效分布

表 4-2 显示了各项一级指标之间的相关程度，两个指标的相关系数越接近于 1，表明其联系越紧密。根据统计检验得出，一级指标之间的相关性通过了置信度为 99% 的显著性检验，且均为正相关。这表明不同指标在整体上呈同向变动，即政府经济发展、社会发展、服务提供、资源利用、科学履职和学习创新六项核心能力的提高可以相互促进。从政府综合发展能力角度看，经济发展能力、社会发展能力和科学履职能力与其相关性最高，相关系数分别为 0.983、0.979 和 0.971，说明在疫情的大背景下，这三项能力的提升最有助于地方政府发展能力的增强。

表 4-2 一级指标相关系数

评价指标	地方政府发展能力	经济发展能力	社会发展能力	服务提供能力	资源利用能力	科学履职能力	学习创新能力
地方政府发展能力	1	0.983**	0.979**	0.960**	0.969**	0.971**	0.832**
经济发展能力	0.983**	1	0.953**	0.928**	0.970**	0.945**	0.776**
社会发展能力	0.979**	0.953**	1	0.952**	0.954**	0.935**	0.797**
服务提供能力	0.960**	0.928**	0.952**	1	0.935**	0.916**	0.723**
资源利用能力	0.969**	0.970**	0.954**	0.935**	1	0.921**	0.730**
科学履职能力	0.971**	0.945**	0.935**	0.916**	0.921**	1	0.795**
学习创新能力	0.832**	0.776**	0.797**	0.723**	0.730**	0.795**	1

注：** 表示 1% 显著性水平。

二、地方政府核心发展能力的主观绩效评价

（一）评价结果总体情况

通过调查问卷的方法，采用五级李克特量表获取了各样本城市居民对当地政府六项核心发展能力（一级指标）的主观评价得分。如表 4-3 所示。上海市和深圳市表现突出，分别在四项和两项发展能力上排名第一，这与综合绩效得分所反映的信息不同，综合绩效各有三项指标居于首位的合肥市和邯郸市，在主观评价中均未能成为首位。这说明地方政府发展的实际能力与居民的感受或要求之间存在一定程度偏差。另外值得注意的是，西安市的服务提供能力和贵阳市的资源利用能力在居民主观评价中得分最低，这可能与其应对疫情中的表现相关。

表4-3 地方政府核心发展能力主观绩效评价情况

评价指标	最大值城市	最小值城市	均值	标准差
经济发展能力	上海市	自贡市	42.23	21.66
社会发展能力	深圳市	陇南市	44.49	23.20
服务提供能力	上海市	西安市	54.61	19.94
资源利用能力	深圳市	贵阳市	48.87	21.62
科学履职能力	上海市	陇南市	47.24	21.73
学习创新能力	上海市	陇南市	48.85	21.56

图4-2显示了样本城市各项一级指标主观绩效得分的分布情况。可以观察到，服务提供能力主观绩效得分的中位数最高，达到51.74，经济发展能力得分的中位数最低，为25.80。比较而言，多数城市的居民对政府的经济发展能力具有较为一致的评价（离散度最小），对社会发展能力的评价较为分散（离散度最大）。

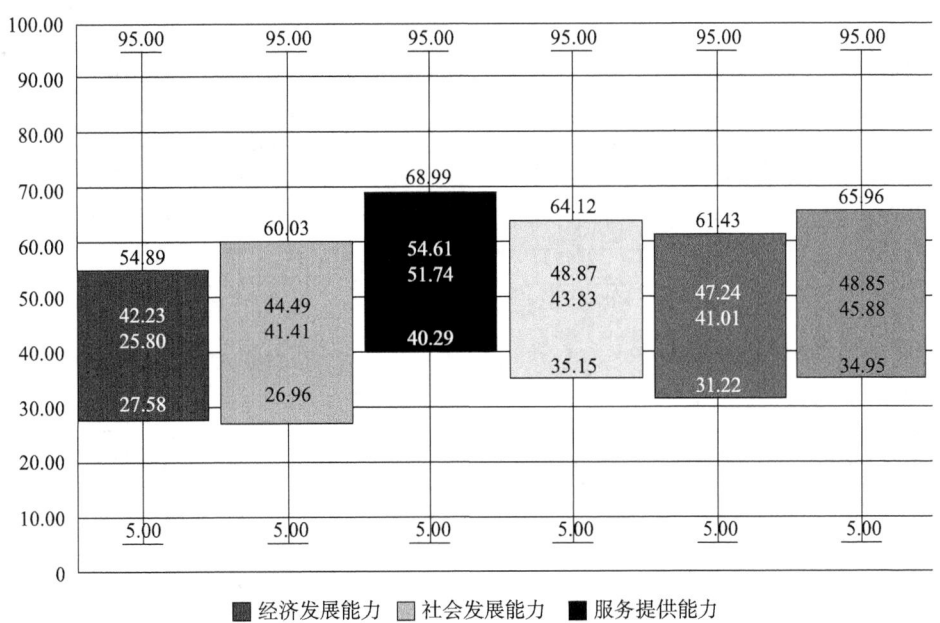

图4-2 核心发展能力主观绩效分布

图4-3显示了样本城市6项核心发展能力的综合绩效和主观绩效评价的散点图。从图中可观察得出，各项指标的综合绩效与主观绩效评价得分之间基本呈显著的正相关关系，这表明指标评价体系本身有较强的合理性。但部分城市的综合得分

与主观得分呈现差异性的特点，例如学习创新能力，其主观绩效分布相对分散，说明各城市政府的学习创新能力的离散性较强，且与综合绩效之间差异较大。

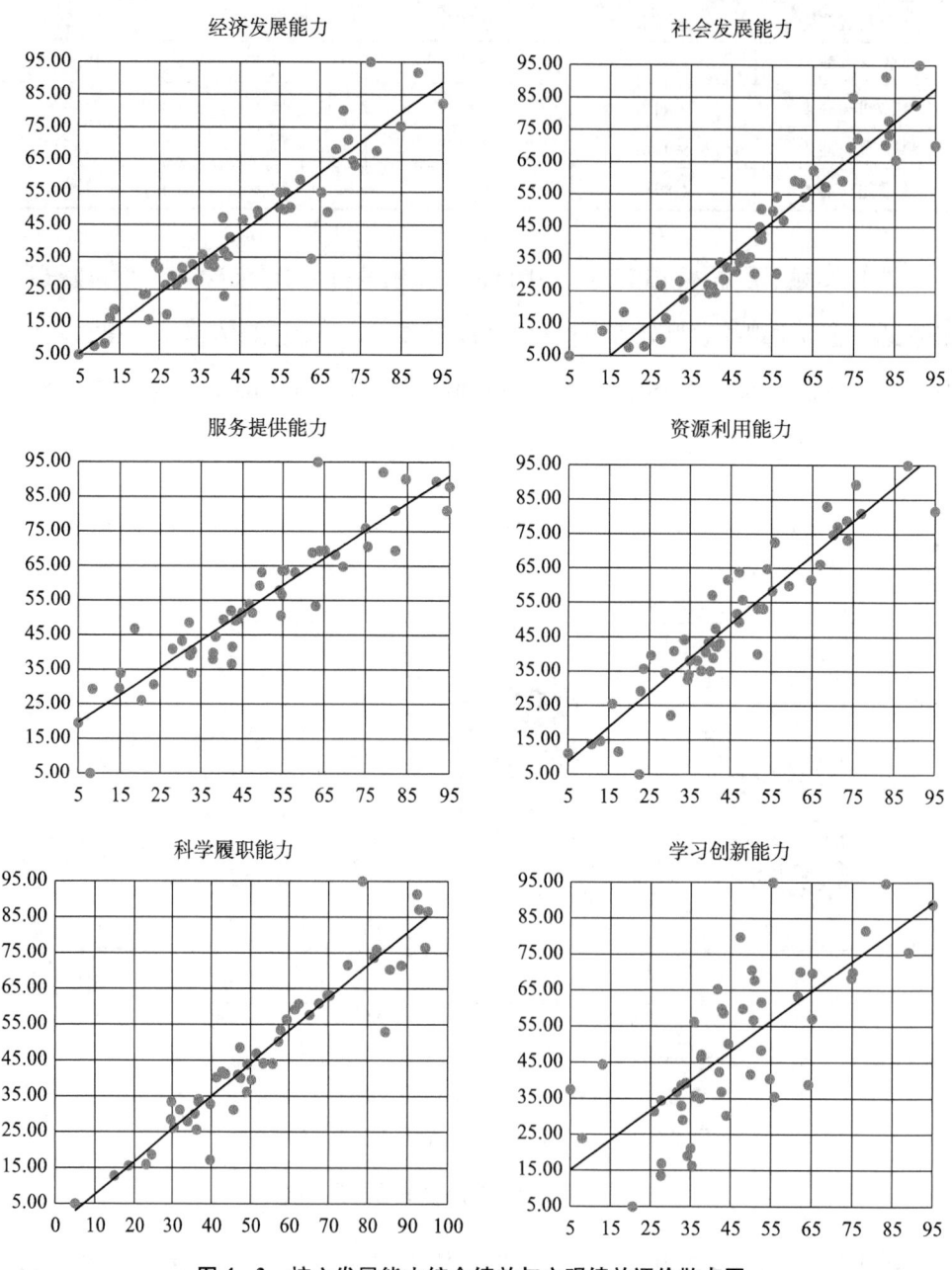

图4-3 核心发展能力综合绩效与主观绩效评价散点图

（二）评价结果的比较分析

对政府核心发展能力的具体分析，是以地方政府核心发展能力的主观绩效得分作为因变量,以居民不同的人口学特征作为解释变量,来研究城市中不同特征人群对政府核心发展能力评价的差异性。

1. 描述性统计分析

通过对2994份问卷数据进行主观绩效-重要性评价分析(见图4-4),以主观绩效和重要性评价的均值划分四象限图(3.78,3.95),可以发现在6项核心发展能力中,社会发展能力是主观绩效评价低、重要性评价高的高优先级指标,应该是当前各地方政府着力提高的核心能力。服务提供能力是主观绩效高、重要性高的优势指标,资源利用能力、科学履职能力和学习创新能力是主观绩效高、重要性低的低优先级指标,经济发展能力则成为主观绩效低、重要性低的相对短板指标。

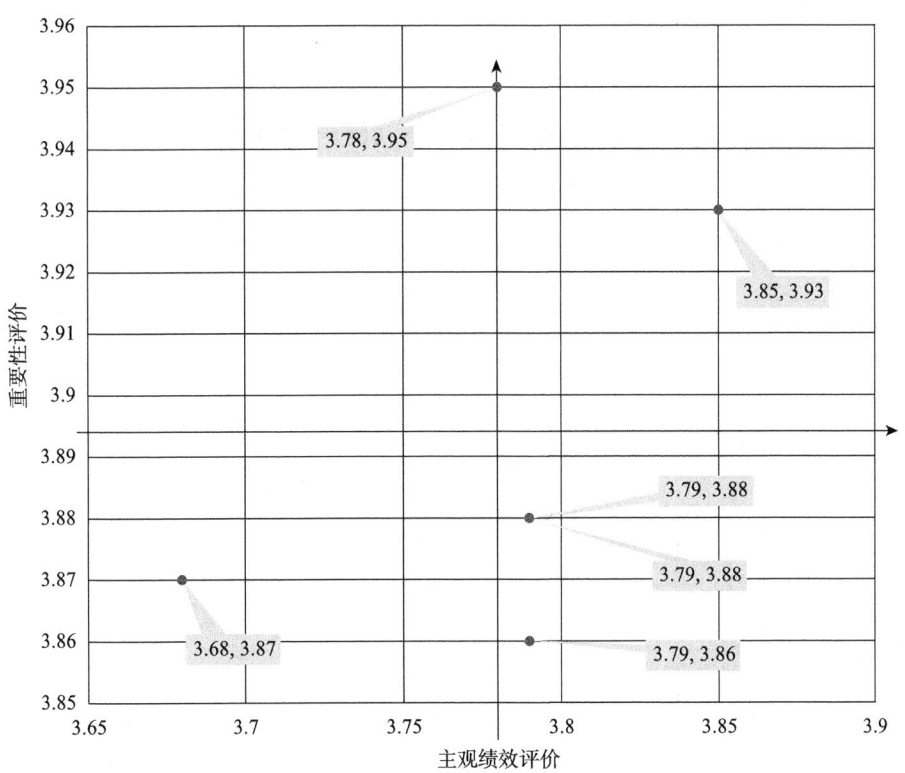

图4-4 核心发展能力的主观绩效-重要性评价四象限分析

表4-4以基本人口学变量作为分组依据,对不同组别受访者的主观绩效评价得分均值进行分析。统计结果显示,女性受访者对政府各项核心能力的评价均高于男性受访者,但这种差异并不显著。从年龄方面来看,青年人和老年人给出的绩效

评价高于中青年和中年人。不同受教育程度人群对发展能力的评价呈现中间高两头低的分布，初中及以下的受访者和具有博士学历的受访者对政府社会发展能力的评价显著低于其他群体。值得注意的是，外地农村户口的受访者主观绩效评价显著高于其他群体，作为城市居住的新移民和相对弱势人群，他们对于自己工作和生活的城市通常经过慎重选择，这也可以一定程度上解释这一现象。不同收入水平的人群，基本呈现了收入越高的受访者，对当地政府各项发展能力评价越高的趋势。不同居住时间的受访者，其主观评价呈现两头高中间低的分布形态，新移民和老居民给出的评价更高。在政府和事业单位工作的受访者对政府各项能力的评价普遍较高，国企、社会组织和自由职业者给出的评价较低。从受访者的居住地分布来看，生活在中心城区的居民给出的评价要高于近郊和远郊的居民，基本上居住地离市中心越远的受访者给出的评价越低。

表 4-4　政府发展能力及核心发展能力主观绩效评价

分组变量		政府发展能力	经济发展能力	社会发展能力	服务提供能力	资源利用能力	科学履职能力	学习创新能力
性别	男	3.77	3.66	3.75	3.81	3.75	3.78	3.75
	女	3.87	3.70	3.80	3.88	3.82	3.79	3.81
年龄分组	20 岁以下	3.77	3.59	3.73	3.84	3.76	3.75	3.70
	21~35 岁	3.95	3.77	3.90	3.98	3.91	3.93	3.92
	36~50 岁	3.82	3.70	3.77	3.82	3.78	3.76	3.79
	51~65 岁	3.76	3.65	3.67	3.75	3.68	3.67	3.70
	66 岁以上	3.89	3.94	3.86	3.92	4.03	4.08	3.94
教育水平	初中及以下	3.56	3.54	3.56	3.57	3.54	3.50	3.56
	高中	3.83	3.68	3.75	3.83	3.80	3.72	3.77
	大专及本科	3.86	3.70	3.81	3.89	3.82	3.83	3.82
	硕士	3.82	3.65	3.75	3.85	3.72	3.75	3.72
	博士	3.51	3.59	3.68	3.68	3.84	3.68	3.62
户口类型	当地农村	3.79	3.64	3.69	3.78	3.74	3.72	3.74
	当地城市	3.83	3.68	3.78	3.86	3.80	3.79	3.79
	外地农村	4.01	3.91	4.02	4.02	3.93	3.98	3.91
	外地城市	3.87	3.77	3.83	3.87	3.85	3.81	3.86

续表

分组变量		政府发展能力	经济发展能力	社会发展能力	服务提供能力	资源利用能力	科学履职能力	学习创新能力
个人月收入水平（元）	1500元以下	3.54	3.47	3.46	3.52	3.58	3.42	3.49
	1501~3000	3.71	3.58	3.64	3.71	3.66	3.62	3.67
	3001~5000	3.80	3.69	3.77	3.85	3.79	3.77	3.80
	5001~7500	3.90	3.72	3.77	3.85	3.82	3.82	3.80
	7501~10000	3.84	3.67	3.78	3.86	3.80	3.80	3.79
	10001~15000	3.84	3.66	3.82	3.89	3.82	3.82	3.82
	15001~20000	3.86	3.68	3.91	3.98	3.87	3.90	3.82
	20001~25000	3.86	3.77	3.84	3.90	3.82	3.87	3.89
	25001元以上	4.00	3.89	3.96	4.04	3.94	3.93	3.86
居住时间	5年以下	4.04	3.97	3.98	4.02	3.98	3.98	4.01
	6~10年	3.82	3.68	3.76	3.87	3.80	3.78	3.80
	11~15年	3.75	3.58	3.73	3.82	3.73	3.71	3.69
	16~20年	3.74	3.53	3.66	3.80	3.71	3.70	3.64
	21年以上	3.84	3.72	3.80	3.84	3.80	3.80	3.82
工作单位性质	政府部门	3.99	3.79	3.93	4.00	3.92	3.96	3.97
	事业单位	3.88	3.72	3.84	3.91	3.85	3.84	3.86
	国有企业	3.75	3.68	3.75	3.78	3.73	3.74	3.73
	私有企业	3.82	3.71	3.78	3.83	3.77	3.78	3.73
	社会组织	3.78	3.64	3.69	3.82	3.73	3.73	3.76
	自由职业	3.77	3.68	3.74	3.78	3.79	3.75	3.75
	其他	3.78	3.60	3.68	3.81	3.73	3.69	3.70
居住地	市辖区	3.85	3.70	3.80	3.88	3.83	3.82	3.82
	近郊区	3.85	3.72	3.77	3.84	3.76	3.78	3.77
	远郊县	3.61	3.48	3.57	3.63	3.62	3.57	3.56

2. 定序回归模型分析

以下课题组将通过建立定序回归模型，系统地考察不同因素如何影响受访者对政府核心发展能力的评价，包括统计显著性与影响程度分析。以"政府发展能力总体评价"及其他各项核心发展能力主观绩效评价作为因变量，以样本中的人口学变量作为解释变量进行回归分析，以城市为聚类单元进行聚类稳健标准误差估计。总体而言，模型整体显著且均通过遗漏变量检验（linktest），表4-5显示了政府发展能力的总体评价指标和各项一级指标的模型估计结果。

表 4-5 政府发展能力与核心发展能力主观绩效评价的模型估计结果

分组变量		Ⅰ 综合发展能力	Ⅱ 经济发展能力主观绩效	Ⅲ 社会发展能力主观绩效	Ⅳ 服务提供能力主观绩效	Ⅴ 资源利用能力主观绩效	Ⅵ 科学履职能力主观绩效	Ⅶ 学习创新能力主观绩效
性别	女	0.07	0.14	0.15	0.01	0.01	0.12	0.13
		-2.09	-3.46	-3.05	-1.15	-1.51	-3.27	-3.03
年龄	21~35岁	0.04***	-0.07	-0.08***	-0.02***	-0.17	0.05	-0.02
		-0.23	0.08	0.34	-0.02	0.61	0.09	-0.13
	36~50岁	-0.05	-0.03	-0.21	0.03	-0.23*	0.12	0.17
		-0.19	-0.89	-1.15	-0.19	-1.37	-0.09	0.3
	51~65岁	0.18	0.11	0.05	0.43	-0.02	0.49	0.26
		0.66	-0.03	-0.4	1.77	-0.76	1.76	0.59
	66岁以上	0.51	0.29**	1.30	0.15	0.12***	0.94**	0.79**
		-0.81	0.37	1.42	-0.63	-0.67	1.22	-0.51
教育水平	初中及以下	-0.01	-0.12	-0.04	0.02	-0.25	-0.11	-0.13
		-0.65	-0.83	-1.69	-0.75	-0.82	-0.78	-0.56
	高中	-0.03	-0.20	-0.14	-0.12	-0.12	-0.12	-0.16
		-0.77	-0.97	-1.93	-0.93	-0.95	-0.92	-0.67
	大专及本科	-0.47*	-0.62**	-0.7***	-0.45**	-0.48**	-0.43**	-0.39*
		-1.01	-1.93	-1.38	-2.95	-2.81	-1.58	-2.08
	硕士	-0.41*	-0.58**	-0.8***	-0.26	-0.39*	-0.37*	-0.10
		0.13	-0.23	0.23	-1.61	-1.62	-1.03	-1.13
	博士	0.42*	0.04	0.36	0.49*	0.93**	0.03	0.79
		-0.21	-1.28	-1.19	-0.54	-1.12	-0.62	-0.7
户口	当地城市	0.02	0.08	0.19	-0.05	0.10	-0.04	-0.03
		-2.16	-2.13	-1.75	-0.44	-1.68	-0.35	-0.85
	外地农村	-0.43***	-0.42***	-0.01***	-0.3***	0.07***	0.01***	-0.32***
		2.02	1.64	-1.13	0.99	-0.77	-0.55	0.73
	外地城市	0.03	0.15	-0.03	-0.04	0.05	-0.09	-0.07
		-1.86	-1.69	-0.18	-0.29	-0.62	-0.64	-0.52
居住时间	5年以下	-0.67***	-0.52***	-0.47***	-0.36**	0.15**	-0.25**	-0.53***
		-2.68	-2.35	-3.86	-2.69	-2.13	-3.57	-4.28
	6~10年	-0.44*	-0.02	-0.39*	-0.02	-0.14	-0.16	-0.35*
		0.47	-0.64	-1.16	-0.23	-0.02	0.94	-0.14
	11~15年	-0.15	-0.03	-0.28	0.04	0.06	-0.21	0.05
		0.31	-0.63	0.08	0.10	0.15	0.22	-0.11

续表

分组变量		I 综合发展能力	II 经济发展能力主观绩效	III 社会发展能力主观绩效	IV 服务提供能力主观绩效	V 资源利用能力主观绩效	VI 科学履职能力主观绩效	VII 学习创新能力主观绩效
居住时间	16~20年	-0.21	0.11	-0.12	-0.08	0.20	0.01	-0.12
		-2.01	-0.58	-1.76	-1.08	-0.08	-1.25	-1.79
	21年以上	-0.42**	-0.13	-0.35*	-0.25	0.07	-0.19	-0.31*
		-2.25	-1.93	-3.70	-3.37	-1.88	-3.27	-4.06
单位性质	政府部门	0.25**	0.37***	0.52***	0.35***	0.29**	0.26**	0.33**
		1.33	0.36	0.86	-0.21	0.18	-1.12	1.38
	事业单位	0.11	0.23	0.43	0.23	0.20	0.16	0.26
		-0.85	0.16	1.18	-0.17	0.06	-1.26	0.83
	国有企业	-0.15	-0.06	0.01	0.05	-0.20	-0.26	-0.16
		-1.70	-1.52	-1.55	-0.70	-2.31	-3.80	-2.20
	私有企业	0.01	0.05	0.18	0.20	-0.05	-0.03	0.13
		-1.22	-1.41	-0.52	-0.72	-1.73	-3.35	-0.45
	社会组织	-1.18***	-0.42	-0.46	-0.76**	-1.06***	-0.22	-0.93**
		-4.11	-5.64	-4.25	-5.65	-3.15	-5.81	-2.46
	自由职业	-0.08	0.28	0.57**	0.61**	0.73**	0.65**	0.58**
		-0.21	1.63	2.90	2.32	2.22	2.79	1.93
	其他	-0.26	0.00	-0.03	0.03	-0.09	0.11	0.09
		-3.6	-2.65	-2.10	-1.90	-2.55	-2.97	-1.2
个人月收入水平（元）	1501~3000	-0.28	-0.29	-0.21	-0.02	0.18	0.21	-0.02
		0.68	1.03	-1.05	-0.04	0.08	1.03	-0.1
	3001~5000	-0.41*	-0.35*	-0.24	-0.04	0.17	0.13	0.15
		1.13	0.61	-0.04	-0.48	-1.86	-0.16	0.49
	5001~7500	-0.35	-0.42*	-0.39*	0.06	-0.09	-0.04	0.15
		0.87	0.82	1.05	-0.59	0.16	-0.45	0.40
	7501~10000	-0.26	-0.25	-0.29	-0.17	0.11	0.04	0.02
		0.07	-0.08	1.02	-0.54	-1.43	-1.16	-0.33
	10001~15000	-0.05	-0.03	-0.06	0.10	0.36*	0.44**	0.40
		-1.34	-1.93	-0.92	-1.72	-2.96	-2.47	-1.59
	15001~20000	0.08	0.03	-0.16	0.30	0.35*	0.42**	0.19
		-1.40	-1.04	0.19	-2.67	-1.81	-0.21	-0.58
	20001~25000	-0.54**	-0.58**	-0.29	-0.04	0.28	0.29	0.44
		1.14	0.88	0.61	-0.94	-1.27	-1.56	-0.98
	25001元以上	-1.26**	-1.33**	-1.22**	1.21**	1.41***	1.34**	1.31**
		-1.58	-2.06	-0.77	-1.96	-3.25	-2.35	-1.76

续表

分组变量		I 综合发展能力	II 经济发展能力主观绩效	III 社会发展能力主观绩效	IV 服务提供能力主观绩效	V 资源利用能力主观绩效	VI 科学履职能力主观绩效	VII 学习创新能力主观绩效
截断点	Cut 1	2.96	1.73	2.17	4.07	3.93	4.29	4.44
		3.24	-9.86	-3.06	-8.34	-7.96	-5.91	-7.07
	Cut 2	1.89	0.80	1.02	2.89	2.78	3.14	3.32
		1.86	-9.04	-4.84	0.53	0.78	-6.95	-8.00
	Cut 3	0.72	-0.37	-0.18	1.71	1.66	1.88	2.23
		-3.05	-0.28	-0.06	0.86	-0.24	1.10	3.02
	Cut 4	-1.17	-2.16	-2.12	-0.36	-0.14	-0.04	0.42
		-0.19	3.09	2.77	-1.17	-2.83	-2.24	-3.1
统计量	N	2994	2994	2994	2994	2994	2994	2994
	伪 R^2	0.038	0.047	0.045	0.042	0.034	0.034	0.03
	AIC	11258.39	11772.39	11455.58	11335.09	11371.19	11423.23	11455.67
	BIC	11517.08	12031.1	11721.1	11559.44	11595.52	11647.6	11714.36

注：t statistics in parentheses $^* p<0.1$，$^{**} p<0.05$，$^{***} p<0.01$。

从年龄角度分析，青年人和老年人对政府各项发展能力评价显著高于其他年龄组。相比于初中及以下学历和博士，本专科群体对政府发展能力的评价更高。相比于本地和外地城市的受访者，持有外地农村户口的居民对当地政府发展能力持有更高的评价，且在1%的统计水平上显著。居住时间对政府发展能力评价的影响，体现在5年以下居住者的评价显著高于其他群组。在政府部门工作的受访者对政府发展能力的评价显著高于在事业单位、国有企业和私有企业工作的受访者。另外，收入水平越高的个体对政府发展能力评价越高，但并不显著。

三、地方政府核心发展能力的主观重要性评价

1. 描述性统计分析

通过问卷调查，获取了居民对6项核心发展能力重要性的评价，本节以基本人口学变量作为分组依据，对不同组别受访者的主观重要性评价进行分析。如表4-6所示，女性受访者对政府各项核心能力的重要性评价均高于男性受访者。青年人和老年人给出的重要性评价高于其他年龄组的受访者。受教育程度在初中及以下的受

访者，对各项核心能力重要性的评价低于其他组别。有趣的是，持有外地户口的受访者给出的重要性评价要高于本地户口的受访者。另外，低收入人群给出的核心发展能力重要性评价要低于高收入人群，而中、高收入群体间没有明显差异。在政府和社会组织工作的受访者给出了更高的重要性评价。同时，生活在远郊的受访者给出的重要性评价明显低于生活在近郊和城中心的受访者。

表4-6 各核心发展能力的重要性评价均值分析

分组变量		经济发展能力重要性	社会发展能力重要性	服务提供能力重要性	资源利用能力重要性	科学履职能力重要性	学习创新能力重要性
性别	男	3.84	3.93	3.88	3.84	3.84	3.81
	女	3.88	3.97	3.96	3.92	3.91	3.89
年龄分组	20岁以下	3.91	3.97	3.96	3.90	3.95	3.86
	21~35岁	4.02	4.09	4.06	4.03	3.99	4.00
	36~50岁	3.83	3.91	3.89	3.85	3.84	3.84
	51~65岁	3.66	3.81	3.77	3.73	3.72	3.70
	66岁以上	4.11	4.22	4.00	4.06	4.17	4.03
教育水平	初中及以下	3.63	3.70	3.67	3.65	3.68	3.69
	高中	3.84	3.94	3.91	3.88	3.85	3.85
	大专及本科	3.90	3.98	3.96	3.91	3.91	3.88
	硕士	3.83	3.97	3.89	3.87	3.81	3.78
	博士	3.86	3.86	3.86	3.92	3.78	3.76
户口类型	当地农村	3.81	3.90	3.86	3.85	3.84	3.82
	当地城市	3.86	3.94	3.93	3.87	3.86	3.85
	外地农村	4.12	4.20	4.11	4.11	4.18	4.11
	外地城市	4.03	4.06	4.03	4.03	4.01	3.95
个人月收入水平（元）	1500元以下	3.68	3.68	3.60	3.64	3.61	3.65
	1501~3000	3.65	3.73	3.71	3.69	3.71	3.65
	3001~5000	3.89	3.95	3.95	3.91	3.91	3.91
	5001~7500	3.86	3.98	3.96	3.89	3.89	3.85
	7501~10000	3.90	3.98	3.95	3.91	3.87	3.88
	10001~15000	3.88	3.99	3.95	3.94	3.92	3.90
	15001~20000	3.91	3.99	3.96	3.89	3.88	3.88
	20001~25000	3.95	4.11	4.06	3.97	4.05	3.96
	25001元以上	4.07	4.13	4.10	4.01	4.03	3.99

续表

分组变量		经济发展能力重要性	社会发展能力重要性	服务提供能力重要性	资源利用能力重要性	科学履职能力重要性	学习创新能力重要性
居住时间	5年以下	4.13	4.15	4.12	4.13	4.11	4.07
	6~10年	3.93	3.98	3.99	3.93	3.94	3.95
	11~15年	3.89	3.96	3.92	3.87	3.90	3.85
	16~20年	3.82	3.87	3.89	3.82	3.82	3.78
	21年以上	3.82	3.94	3.89	3.86	3.85	3.84
工作单位性质	政府部门	4.00	4.11	4.10	4.03	4.03	4.02
	事业单位	3.89	3.97	3.95	3.92	3.89	3.87
	国有企业	3.85	3.91	3.87	3.86	3.82	3.81
	私有企业	3.84	3.97	3.90	3.84	3.85	3.83
	社会组织	3.96	4.20	4.04	4.09	4.16	3.93
	自由职业	3.78	3.83	3.86	3.81	3.84	3.82
	其他	3.85	3.92	3.88	3.84	3.84	3.81
居住地	市辖区	3.86	3.95	3.93	3.89	3.88	3.86
	近郊区	3.90	3.97	3.95	3.88	3.91	3.87
	远郊县	3.40	3.60	3.33	3.27	3.33	3.27

2. 定序回归模型分析

通过构建以政府发展能力总体满意度和核心发展能力重要性评价为因变量的模型进行分析，结果如表4-7所示。总体而言，各模型下的自变量系数大小与方向均无较大差别，整体显著性较高，并通过遗漏变量检验，因此模型较为稳健。

具体来看，女性较男性对各项指标的重要性评价更高，但这一差异并不显著。从年龄变量上看，整体而言，受访者对各项指标的重要性评价随年龄增长而呈现先下降后上升的趋势，青年人和老年人受访者给出的重要性评价更高。从教育水平变量看，初中及以下的受访者重要性评价显著低于其他群组，而其他群组之间并没有显著差异。受访者的户口类别变量对各项指标的影响总体而言不显著，但是外地户籍的受访者给出的重要性评价相对更高。

对于不同收入的群体，随着收入的提高，受访者给出的重要性评价越高。居住时间在5年以下的受访者重要性评价最高，表明城市新移民普遍更加关注当地政府的各项发展能力。另外，受访者的工作单位性质是影响各指标评价的重要变量，不同工作单位性质的受访者表现出对各项指标评价的明显差异,政府部门和社会组织的工作人员相较于其他单位的受访者对于各项指标重要性的打分相对较高。

表 4-7 政府发展能力总体满意度与核心发展能力重要性评价的模型估计结果

分组变量		I 综合发展能力	II 经济发展能力重要性	III 社会发展能力重要性	IV 服务提供能力重要性	V 资源利用能力重要性	VI 科学履职能力重要性	VII 学习创新能力重要性
性别	男	0.14	0.08	0.06	0.08	-0.02	0.02	-0.01
		-1.88	-2.17	-1.6	-2.19	-0.98	-2.24	-1.45
年龄	21~35岁	0.12	0.07	0.02	0.01	0.06	0.25	0.04
		-0.58	-0.36	-0.55	-0.05	-0.44	-1.38	-0.94
	36~50岁	-0.31	-0.50	-0.43	-0.54	-0.35	-0.36	-0.42
		-1.94	-3.33	-2.14	-3.1	-2.48	-2.37	-2.13
	51~65岁	-0.45	-0.68***	-0.53	-0.89***	-0.50	-0.51	-0.64**
		-2.40	-2.11	-1.95	-3.41	-1.87	-1.92	-1.98
	66岁以上	0.62***	0.63***	0.56**	-0.68***	0.71***	-0.95***	0.62***
		-2.09	-2.07	-2.82	-1.14	-2.12	-2.99	-0.6
教育水平	初中及以下	-0.03	-0.02	-0.03	0.08	-0.03	-0.02	-0.01
		-2.37	-1.15	-0.48	-0.61	-0.53	-0.25	-0.57
	高中	-0.27	-0.17	-0.19	0.12	-0.15	-0.16	-0.17
		-2.37	-1.15	-0.48	-0.61	-0.53	-0.25	-0.57
	大专及本科	-0.12	0.11	0.17	0.03	0.19	0.02	0.09
		-3.83	-1.45	-1.47	-2.81	-2.22	-3.29	-3.47
	硕士	-0.27	0.68**	0.51**	0.46	0.54**	0.48**	0.53**
		-1.28	-3.12	-2.2	-2.09	-2.31	-2.27	-2.37
	博士	-0.71***	0.27	0.6***	0.49***	0.47***	-0.16	0.07
		-2.21	-1.55	-1.60	-1.49	-1.53	-0.45	-0.30
户口	当地城市	0.23	0.28	0.22	0.37	0.25	0.21	0.21
		-2.3	-2.81	-2.17	-3.75	-2.52	-2.45	-2.5
	外地农村	0.35***	0.31***	0.07	0.33***	0.25	0.36***	0.17
		-2.66	-1.41	-0.60	-2.36	-1.64	-2.19	-1.25
	外地城市	0.32***	0.36***	0.37***	0.17	0.20	0.32***	0.27
		-1.94	-1.78	-2.00	-1.07	-1.3	-2.08	-1.79
居住时间	6~10年	0.08	-0.06	-0.18	-0.18	-0.09	0.07	-0.18
		-2.08	-0.59	-1.68	-1.82	-1.01	-0.72	-1.64

续表

分组变量		I 综合发展能力	II 经济发展能力重要性	III 社会发展能力重要性	IV 服务提供能力重要性	V 资源利用能力重要性	VI 科学履职能力重要性	VII 学习创新能力重要性
居住时间	11~15年	-0.05	-0.10	-0.27***	-0.28***	-0.29***	-0.19	-0.36***
		-2.12	-1.56	-2.31	-2.63	-2.61	-1.87	-2.94
	16~20年	-0.41***	0.12	-0.04	-0.14	0.10	0.12	-0.07
		-2.87	-1.35	-0.75	-1.18	-1.19	-0.70	-1.2
	21年以上	-0.37***	0.05	-0.22***	-0.25***	-0.15	-0.12	-0.34***
		-4.57	-5.51	-4.9	-4.25	-4.2	-3.63	-3.53
单位性质	政府部门	-1.13**	-1.27**	-1.16**	-0.93	-1.32**	-1.44***	-0.96
		-4.88	-7.12	-5.77	-6.78	-6.85	-8.79	-6.66
	事业单位	-0.89	-0.87	-0.9	-0.77	-0.62	-0.82	-0.63
		-5.87	-7.08	-8.18	-5.94	-5.04	-6.83	-5.23
	国有企业	-1.12	-0.94	-0.95	-0.94	-0.7	-0.93	-0.86
		-6.96	-6.81	-7.42	-6.9	-5.46	-6.92	-6.2
	私有企业	-1.44	-0.74	-0.75	-0.76	-0.58	-0.94	-0.59
		-9.94	-6.09	-6.4	-6.47	-4.88	-8.16	-5.08
	社会组织	-1.06	-1.07**	-0.96	-0.87	-1.12**	-1.34**	-0.89
		-4.82	-6.93	-6.71	-6.68	-6.39	-8.66	-6.53
	自由职业	-1.17	-0.64	-0.70	-0.53	-0.28	-0.70	-0.55
		-5.79	-3.62	-4.00	-3.62	-2.41	-3.54	-3.00
	其他	-1.35	-0.76	-0.82	-0.62	-0.48	-0.74	-0.63
		-8.02	-6.76	-7.14	-5.85	-4.17	-6.5	-5.02
个人月收入水平（元）	1501~3000	0.21	0.51	0.42	0.61	0.43	0.35	0.53
		-1.55	-2.53	-2.03	-2.65	-1.92	-1.66	-2.23
	3001~5000	0.13	0.45	0.42	0.57	0.27	0.23	0.47
		-1.67	-2.64	-2.41	-3.12	-1.73	-1.47	-2.76
	5001~7500	0.24	0.51	0.58	0.67	0.36	0.49	0.52
		-1.67	-2.64	-2.91	-3.26	-2.32	-2.57	-2.77
	7501~10000	0.50	0.93	0.93	1.04	0.70	0.74	0.91
		-3.59	-4.51	-4.4	-4.9	-3.83	-3.62	-4.44
	10001~15000	0.31	1.06	0.94	1.16	0.98	0.87	1.03
		-2.83	-5.34	-4.48	-5.45	-5.33	-4.32	-4.99
	15001~20000	0.58	1.19	1.08	1.38	0.81	1.05	1.20
		-3.63	-6.05	-5.58	-6.57	-4.50	-5.49	-5.88

续表

分组变量		I 综合发展能力	II 经济发展能力重要性	III 社会发展能力重要性	IV 服务提供能力重要性	V 资源利用能力重要性	VI 科学履职能力重要性	VII 学习创新能力重要性
个人月收入水平(元)	20001~25000	0.65	1.47	1.21	1.41	1.16	1.38	1.23
		-3.28	-6.43	-5.44	-5.96	-5.67	-6.51	-5.92
	25001元以上	0.72*	1.44***	1.23***	1.39***	1.02**	0.93**	1.35***
		-3.64	-6.22	-5.16	-5.43	-4.72	-4.16	-5.38
截断点	Cut 1	-7.71	-6.25	-6.40	-5.48	-5.91	-6.42	-6.85
		-12.68	-9.61	-7.08	-6.44	-10.10	-12.44	-14.21
	Cut 2	-5.97	-4.81	-4.92	-3.72	-4.45	-4.68	-5.32
		-8.26	-8.24	-15.41	-12.95	-16.7	-20.07	-12.03
	Cut 3	-3.18	-1.75	-1.81	-0.82	-1.53	-1.85	-2.36
		-11.23	-8.9	-7.8	-4.58	-8.92	-11.22	-11.56
	Cut 4	-0.25	0.92	0.91	1.86	1.12	0.92	0.29
		-8.33	-3.17	-2.63	-6.30	-4.84	-6.37	-3.04
统计量	N	2994	2994	2994	2994	2994	2994	2994
	伪R^2	0.078	0.075	0.077	0.072	0.06	0.072	0.066
	AIC	22795.4	22626.06	22553.67	22740.6	22702.28	22783.3	23095.27
	BIC	23381.42	23212.11	23139.73	23326.76	23288.34	23369.46	23681.42

注：t statistics in parentheses *$p<0.1$, **$p<0.05$, ***$p<0.01$。

03
PART 第三部分

中国地方政府发展的核心能力分析

第五章
地方政府经济发展能力研究

刘迪一

一、问题提出：中国地方政府经济发展研究脉络

中国幅员辽阔，地理人文条件复杂多样，在自然环境条件、交通位置、政策差异、经济结构差异等多重因素的影响下，区域经济发展水平参差不齐。过去的区域经济基本格局将区域发展前沿的东部沿海地区作为对外开放的先锋阵地，将处于"内陆腹地"的西部地区作为区域发展后方。[1] 总体来看，区域间的经济畅通性严重受阻，经济重心和发展水平长期处于梯度差距分化状态。改革开放以来的40多年，中国的区域经济格局发生显著变化，区域内与区域间畅通性大幅提高。尤其是进入21世纪以来，为了缩小区域发展差距，推进区域协调发展，国家实施了西部大开发、中部崛起和振兴东北老工业基地等区域发展战略。但仍因自然条件限制、市场发展不足、资源流向不均等客观条件的限制，使得缩小地区经济发展能力水平差异的进程受到阻碍。

因此，党的十八大以来，党和政府提出并贯彻新发展理念，着力推进高质量发展，推动构建新发展格局，实施供给侧结构性改革，制定了一系列具有全局性意义的区域重大战略，我国经济实力实现历史性跃升。但同时也应充分意识到我国区域经济发展仍面临不平衡不充分的现实问题。马茹等学者从高质量供给、高质量需求、发展效率、经济运行和对外开放五个维度构建了中国经济高质量发展评价指标体系。据此测量后的结果表明，中国经济高质量发展存在明显的区域非均衡态势，

---

[1] 金碚. 中国式现代化新时代的区域经济发展新态势. 区域经济评论，2023，(1)：5-10.

大致呈现东部、中部和东北部、西部依次递减态势。① 同一时期，中国地方政府发展能力报告课题组的研究则利用推动转型能力、促进消费能力和保证生产能力以及14个二级指标得出了大致相似的结论，即东部地区政府经济发展能力最为突出，中部地区次之，东北地区和西部地区较不乐观。②

立足于以上区域经济发展现状，党的二十大针对性地提出了深入实施区域协调发展、优化重大生产力布局、构建优势互补的区域经济布局的重大战略。具体要求东部地区加快推进现代化，继续发挥其产业聚集效应和创新能力的优势，形成具有国际竞争力的先进产业及产业集群，同时也要大力促进中部地区加快崛起，推动西部大开发形成新格局和东北全面振兴取得新突破，打破发展滞后地区对于传统资源型产业的依赖，培养高附加值产业以充分发挥经济潜力。除此之外，还需密切关注区域经济带及经济圈的协同一体化发展，以城市群、都市圈为依托构建大中小城市协调发展格局。

对地方经济发展能力的衡量，以往研究已经体现区域经济高质量发展的内在要求，并且测量不再局限于单一指标，发展出了较全面的评价指标体系。但是大部分研究对于区域差异和多样性的重视程度仍然不足，研究个体地理范围过大或者样本数量过少则是较普遍的问题。从时效性角度来看，数据样本缺乏近三年的数据支撑，难以真实准确反映当下地方政府经济发展能力。因此，本研究在深入贯彻国家区域发展战略内涵的基础上，利用2022年27个省、自治区、直辖市和46个非省级市涉及经济发展水平各项指标的公开数据，严格遵循目的性、科学性、可操作性、动态性等原则，构建了6个一级指标、15个二级指标以及70个三级指标，力图对地方政府经济发展能力的衡量兼具时效性、客观性、真实性；通过深入研究地方经济发展能力的根本问题，找出制约因素并提出有效的解决方案，为政策制定者提供更科学的参考，促进地方经济的均衡发展和可持续增长。

---

① 马茹, 罗晖, 王宏伟, 等. 中国区域经济高质量发展评价指标体系及测度研究. 中国软科学, 2019, (7): 60–67.
② 李晨光. 中国地方政府发展能力报告 (2019). 南开大学出版社, 2019.

二、评估结果：区域经济整体发展与局部间差异

本章主要研究不同地区地方政府经济发展能力，通过对不同地区地方政府经济发展能力进行总体评价与具体分析，为政策制定者提供准确可靠的数据信息，协助其了解地方经济的发展状况和潜力，制定更有效的政策和发展战略；通过评估地方经济发展能力，可帮助政府确定和优化资源配置，合理引导投资，指导决策者提高资源利用效率和经济效益，由此促进区域协调发展，减少地区发展的差距，增强整体经济的韧性和竞争力。关于不同地区的划分，本章采用国家统计局作出的四大地区划分方案，即将我国的经济区域划分为东部、中部、西部和东北四大地区，该地区划分方案在统计数据可比性、决策支持、资源配置和区域协调等方面意义重大，为政府、决策者和研究人员提供了一个共同的框架，以更好理解和管理国内不同地区的发展。

（一）样本选取

在本年度确定的 50 个样本城市中，东部地区覆盖广东、北京、天津和上海等 10 个省和直辖市，共 19 个样本城市；中部地区覆盖山西、河南、江西和湖南等 6 个省，共 13 个样本城市；西部地区覆盖云南、内蒙古和重庆等 8 个省、自治区和直辖市，共 13 个样本城市；东北地区覆盖辽宁、吉林和黑龙江等 3 个省，共 5 个样本城市。样本具体分布情况如表 5-1 所示。

表 5-1 不同地区城市政府样本分布情况

地区	省、自治区、直辖市	样本城市
东部地区	北京、天津、河北、上海、江苏、浙江、山东、广东、福建、海南	北京、厦门、漳州、广州、东莞、深圳、海口、石家庄、保定、邯郸、南京、淮安、济南、菏泽、上海、天津、杭州、丽水、温州
中部地区	山西、安徽、河南、湖北、湖南、江西	合肥、安庆、郑州、南阳、周口、武汉、长沙、株洲、南昌、景德镇、宜春、太原、晋城
西部地区	广西、四川、贵州、云南、陕西、甘肃、内蒙古、重庆	金昌、陇南、南宁、贵阳、遵义、呼和浩特、赤峰、西安、汉中、成都、自贡、昆明、重庆
东北地区	辽宁、吉林、黑龙江	哈尔滨、黑河、吉林、延边朝鲜族自治州、沈阳

（二）不同地区地方政府经济发展能力的总体评价与具体分析

数据是分析的基础和依据，为了更加科学、系统地分析不同地区地方政府经济发展能力，中国地方政府发展能力报告课题组通过问卷调查和结构式访谈等形式全面收集50个样本城市政府发展能力的客观数据和主观数据。经过对样本数据的标准化和操作化处理，课题组计算出了50个样本城市地方政府发展能力指数，并通过计算各项指标的权重，得出了样本城市各级指标的分数，为更加深入地阐述与分析地方政府发展能力提供了数据支撑。同时，为便于进一步直观理解，将发展能力指数转化为5~95数据列，对其进行了描述分析。本章分析的是东部、中部、西部和东北四个地区地方政府经济发展能力。

1. 不同地区地方政府经济发展能力的总体评价

由表5-2可以看出，不同地区地方政府经济发展能力间存在着一定差异。其中，东部地区地方政府经济发展能力均值高达58.04，超过中部、西部和东北地区地方政府经济发展能力的均值。中部地区仅次于东部地区，这与国家近些年实施的中部崛起战略以及税收优惠、财政转移支付、产业引导基金等扶持政策息息相关。中部地区在此保障下充分发挥位于东西部交汇处的区位优势，推进基础设施建设，提升交通网络发展水平，加强区域内外互联互通，为中部地区的产业发展、资源配置和市场拓展提供了便利条件。不同于《中国地方政府发展能力报告（2019）》中的西部地区政府经济发展能力稍强于东北地区结果显示，2022年的样本城市数据显示，东北地区地方政府经济发展能力强于西部地区。近些年，东北地区发展局势的改观主要得益于其在面对旧有重工业产能过剩和环境压力的挑战时，积极进行产业结构调整，加大对高新技术、现代服务业等新兴产业的扶持和发展。通过转变经济发展方式，东北地区实现了部分产业的升级和转型，推动了经济的持续增长。西部地区由于起点较低，产业结构调整相对困难，还需进一步加大投资力度和创新推动，尽可能减弱地理、自然资源等客观条件限制造成的对发展不利的影响。

通过比较不同地区地方经济发展能力的标准差可以发现，中部地区近些年虽经济发展能力整体提升，但区域协调性仍有较大进步空间，不同样本城市之间政府经济发展能力差别较大。

表 5-2　不同地区地方政府经济发展能力基本情况

地区	最大值（城市）	最小值（城市）	标准差	均值
东部地区	88.97（深圳）	24.11（东莞）	19.32	58.04
中部地区	95（合肥）	12.62（安庆）	23.57	45.66
西部地区	56.59（成都）	5（自贡）	15.55	30.52
东北地区	42.15（吉林）	11.37（哈尔滨）	11.63	34.00

其原因是中部地区经济结构仍然缺乏高技术、高附加值产业，使得其在经济结构转型和提质增效方面相对滞后，高科技产业占比较大的地区自然会与以传统产业为经济支柱的地区间存在较大差距。同时，由于东部地区的经济发达和相对更好的发展机会，一些中部地区的企业和人才选择向东部地区或者较为发达的中部地区部分城市迁徙，使得投资短缺和人才流失问题日益凸显，加大了中部地区发展的不协调，阻碍了经济发展潜力的释放。

通过上述分析可知，从均值上看，四类地区地方政府经济发展能力存在较大的差异。但为了评估两个独立样本的均值之间是否存在显著差异，避免观察到的差异由随机性引起，本章将通过独立样本 T 检验，对四类地区地方政府经济发展能力间的差异进行检验。如表 5-3 所示，从统计学意义上看，在 95% 的置信区间内，东部地区地方政府经济发展能力显著强于西部地区和东北地区。从均值差上看，东部地区地方政府经济发展能力的均值高于中部、西部和东北地区。表 5-3 可以初步表明，东部地区地方政府经济发展能力一定程度上强于其他三类地区，尤其是西部地区；中部、西部和东北地区地方政府间的差异也不显著。

表 5-3　不同地区地方政府经济发展能力独立样本均值 T 检验结果

分组变量		均值 T 检验					95% 置信区间	
		t	自由度	显著性（双尾）	平均值差值	标准误差差值	下限	上限
东部地区	中部地区	1.574	30	0.126	2.86942	1.82250	-0.85263	6.59148
	西部地区	4.138	30	<0.001	6.37883	1.48254	3.34649	9.41115
	东北地区	2.545	22	0.018	5.57195	1.71229	1.73541	9.40849
中部地区	西部地区	1.857	24	0.076	3.50940	1.88967	-0.39069	7.40949
	东北地区	0.997	16	0.334	2.70252	2.71015	-3.04274	8.44779
西部地区	东北地区	-0.428	16	0.674	-0.80688	1.70326	-4.65276	3.03900

2. 不同地区地方政府经济发展能力的具体分析

地方政府经济发展能力包括保证生产能力、促进消费能力和推动转型能力3个二级指标，以及地区生产总值、居民消费价格指数和第三产业比重等17个三级指标。本节将分别从二级指标和三级指标入手，对不同地区地方政府经济发展能力进行具体分析，找出各地区地方政府经济发展能力的深层差别，并对此进行原因分析，为探索提升地方政府经济发展能力的有效路径提供依据。

（1）不同地区地方政府经济发展能力一级指标的具体分析

不同地区的地方政府经济发展中保证生产能力、促进消费能力以及推动转型能力有所不同，如图5-1和表5-4所示。东部地区的上述三种能力仍然明显依次优于中部地区、东北地区和西部地区，同地方政府经济发展能力总体情形大致相同。东部地区优势地位的形成主要有以下几个原因：首先，东部地区位于沿海地带，拥有丰富的自然资源和便利的交通条件，且毗邻亚洲其他重要经济体，为跨国公司和外商投资提供了便利条件。其次，改革开放以来，东部地区是经济改革的先行者和受益者之一。地方政府在早期就积极推动经济发展和吸引外资，形成了较为完善的产业体系和供应链网络，这使得东部地区在制造业、高新技术产业、金融等领域具有显著的竞争优势。最后，东部地区人口密集，拥有高素质的劳动力资源，专业技术人才较为集中，培养了大量的工程师、技术人员和管理人才，提供了充足的人力资源支持。

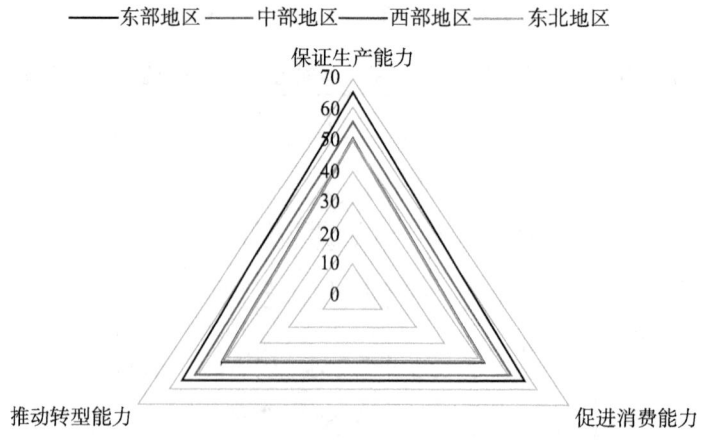

图5-1 不同地区政府经济发展能力一级指标雷达图

表5-4　不同地区地方政府经济发展能力一级指标均值

地区	保证生产能力	促进消费能力	推动转型能力
东部地区	65.28	54.82	55.93
中部地区	56.39	51.18	49.15
西部地区	48.22	40.17	41.67
东北地区	48.22	42.35	42.07

进一步采用独立样本T检验，比较不同地区地方政府经济发展能力二级指标的均值。如表5-5所示，在保证生产能力层面，东部地区与西部地区、东部地区与东北地区、中部地区与东北地区，以及西部地区与东北地区间的差异均比较显著，仅有东部地区与中部地区，以及中部地区和西部地区间的差异不显著，说明各地区地方政府在保证生产能力上的差异整体比较明显；在促进消费能力方面，东部地区与其他三类地区间的差异均比较显著，表明东部地区地方政府的促进消费能力明显强于其他三类地区，而其他三类地区地方政府在促进消费能力上的差异不太明显，普遍不够乐观；在推动转型能力层面，东部地区与西部地区和东北地区地方政府间的差异比较显著，而其他各地区间的差异则不明显。整体上讲，东部地区地方政府在保证生产能力、促进消费能力和推动转型能力上与西部地区和东部地区间的差异比较显著，而其他各地区间的差异总体上不太明显。

表5-5　不同地区地方政府经济发展能力二级指标均值比较T检验结果

分组变量	保证生产能力		促进消费能力		推动转型能力	
	t	显著性（双尾）	t	显著性（双尾）	t	显著性（双尾）
东部-中部	1.382	0.168	2.453	0.014	1.928	0.056
东部-西部	2.067	0.044	3.782	0.001	2.752	0.009
东部-东北	3.643	0.001	3.561	0.000	2.567	0.009
中部-西部	0.233	0.558	0.543	0.550	0.456	0.643
中部-东北	2.456	0.023	1.357	0.209	1.021	0.325
西部-东北	2.160	0.037	1.128	0.301	0.783	0.319

（2）不同地区地方政府经济发展能力三级指标的具体分析

3项二级指标项下的三级指标得分情况如表5-6所示，总体可以看出不同地区之间的经济发展各项具体能力均存在较为显著的差异。

表 5-6（a） 不同地区地方政府经济发展能力三级指标均值

地区	保证生产能力				
	地区生产总值（亿元）	地区生产总值增长率（%）	有效引导地方经济健康运行的能力	有效改善当地基础设施建设的能力	城镇居民人均可支配收入增长率（%）
东部地区	14340.52	2.93	3.99	4.04	3.76
中部地区	7066.86	4.38	3.84	3.91	4.83
西部地区	7201.65	3.85	3.61	3.69	4.07
东北地区	3240.57	2.10	3.63	3.71	2.24

表 5-6（b） 不同地区地方政府经济发展能力三级指标均值

地区	促进消费能力				
	居民消费价格指数	社会消费品零售总额（亿元）	稳定当地物价水平的能力	有效搭建消费平台的能力	提高家庭消费水平的能力
东部地区	101.88	5123.71	3.96	3.56	3.91
中部地区	101.91	2772.66	3.87	3.79	3.76
西部地区	101.94	3105.07	3.55	3.54	3.47
东北地区	101.72	2422.24	3.69	3.71	3.61

表 5-6（c） 不同地区地方政府经济发展能力三级指标均值

地区	推动转型能力			
	第三产业比重（%）	促进产业升级的能力	促进民营企业发展的能力	促进科技创新的能力
东部地区	59.26	3.97	3.95	3.94
中部地区	50.15	3.72	3.71	3.74
西部地区	52.50	3.51	3.51	3.46
东北地区	51.86	3.57	3.57	3.53

从表 5-6（a）可以看出，东部地区保证生产能力的总体水平优势总体突出，地区生产总值以及两个主观绩效评价指标均领先其他区域。但两个增长率指标，即地区生产总值增长率和城镇居民人均可支配收入增长率，中部地区均最高，且中部与西部的城镇居民人均可支配收入增长率均超过东部地区，说明我国腹地区域经济发展状况良好，展现出较为强劲的发展潜力。

从表 5-6（b）可以看出，东部地区在社会消费品零售总额上遥遥领先于其他区域，并且在稳定物价水平与提高家庭消费水平的能力方面均有相对成熟的经验。

与此同时也可以看出，中部地区在搭建消费平台方面的举措受到了被调查者的认可，消费潜力的激发与生产能力的提升出现同步增长的概率较大。

从表 5-6（c）可以看出，东部地区在推动转型能力的 4 项三级指标中均有突出的表现，说明东部地区在地方经济发展转型过程中的做法对其他地区具有较强的参考价值，应对其转型发展路径进行总结，并指导其他区域的实践发展。

三、提升路径：以差异化政策实现区域均衡发展

（一）整体提升地方政府经济发展能力

当前中国地方政府经济发展尚面临一些问题：一是存在东部地区经济相对发达、中西部地区发展相对滞后的地区发展不平衡的现象，难以实现全面协调可持续发展；二是产业结构亟待优化，一些地方政府过度依赖传统产业和资源型产业，缺乏高附加值、技术创新和绿色发展的新兴产业，导致地方经济容易受到宏观经济波动的影响；三是土地资源过度开发，导致土地过度利用和破坏生态环境，进一步加剧了资源的短缺和环境问题；四是金融风险和债务问题，一些地方政府存在债务过高和隐性债务问题，增加了金融风险和财政压力，可能对经济稳定和可持续发展产生负面影响；五是内外部环境不确定性，当前中国面临复杂的国内外环境，如经济增长放缓、贸易摩擦、人口老龄化等问题。这些不确定性因素给地方政府的经济发展带来了挑战，地方政府需要处理好各种风险。

针对以上这些问题，地方政府可以采取一系列措施，包括加强区域协调与合作、推动产业转型升级、注重生态文明建设、控制债务风险、提升创新能力等。此外，政府还应加强法治建设，改进治理体系，提高政府效能和服务水平，推动地方经济可持续发展。要整体提升地方政府制定发展策略和规划，包括产业发展、投资引导、城市规划等方面，为地方经济提供长远的发展方向和目标，引导资源的有序配置和优化布局；关于营商环境，地方政府应优化营商环境，简化行政审批流程，提高办事效率，降低企业成本，提供公平竞争的市场环境，加强知识产权保护，为企业提供稳定可靠的法治环境。除此之外，还需完善监管机制和防控风险，加强监管机制，防范和应对经济风险，建立健全的法规制度，加强市场监管，防范金融风

险，确保经济发展的稳定性和可持续性。

需要注意的是，不同地方存在不同的发展条件和优势，因此，地方政府还应根据自身实际情况，精准施策，因地制宜，注重资源配置和产业特色的培育，才能真正提升地方政府的经济发展能力。

（二）不同地区地方经济发展能力具体提升路径

结合表 5-6 可知，东北地区和西部地区在保证生产能力、促进消费能力和推动转型能力方面相对较弱，因此其应通过优化产业结构、加强创新能力、优化营商环境、加强基础设施建设、注重人才培养和引进等路径全方位提升政府保证生产的能力。通过以上战略规划、政策制定和资源配置，推动经济发展和技术创新，并借此机会创造更多就业机会，提供更多的工作岗位和收入来源，以稳定社会经济环境，维护社会秩序和稳定。同时，政府保证生产能力一定需要注重可持续发展，寻求经济效益、社会效益和环境效益的平衡。通过推动绿色经济、低碳发展、资源节约和环境保护等措施，政府可以促进产业的可持续发展，实现经济发展与环境保护的良性循环。综上所述，政府保证生产能力对于经济发展、社会稳定、民生改善和国家竞争力具有重要意义。通过积极、有序、有效地发挥政府的作用，可以推动产业发展，提高生产力水平，满足人民的需求，实现国家的繁荣和可持续发展。

东北地区和西部地区在经济发展方面也具有一些自身固定优势，应该高效科学运用自身优势实现高质量发展。以东北地区为例，其拥有丰富的自然资源，包括煤炭、石油、天然气、矿产资源等，且在过去几十年的发展中，积累了一定的产业基础和经验，传统重工业、机械制造、冶金等行业在东北地区扎根深厚，为产业升级和新兴产业的发展提供了一定的支撑。同时，东北地区处于中国东北亚经济圈的核心区域，毗邻俄罗斯、朝鲜等国家，地理位置使东北地区在区域经济合作、贸易往来和产业合作方面具备一定的优势。综合来看，东北地区具备丰富的资源优势、劳动力资源、基础设施、地缘优势和产业传统基础，这些优势为东北地区的经济发展提供了一定的条件和潜力。在政府的支持下，通过产业升级、技术创新和对外开放等措施，东北地区可以进一步发挥自身优势，推动经济的转型升级，实现可持续发展。西部地区也要利用自身生态环境优势，如广袤的原始自然景观和生态环境等，抓住西部地区生态旅游、生态农业、清洁能源等绿色产业发展的独特机遇，在党和政府的各类扶持政策和优惠措施下实现经济发展的新突破。

四、结论

本章旨在研究中国不同地区的经济发展能力，并深入探讨了各地区所面临的挑战和机遇。通过对中国东部、中部、西部和东北地区的经济发展情况进行比较分析，我们得出以下结论。

首先，中国东部地区在过去几十年中经济发展迅速，取得了显著的成就。这得益于其优越的地理位置、发达的交通和基础设施，以及较高的人口密度和劳动力资源。东部地区在改革开放初期率先启动了经济改革并吸引了大量的外资，形成了以制造业和服务业为主导的产业体系。然而，随着经济的发展，东部地区也面临产业结构升级、产业转型和环境污染等问题。

其次，中国中部地区正在逐步崛起，成为经济增长的新引擎。中部地区具有较为丰富的资源和劳动力优势，并且具备较低的生产成本。在国家政策的支持下，中部地区加大了对基础设施建设和重点产业的投资，促进了产业升级和经济发展。然而，中部地区仍然面临着与东部地区的差距，需要进一步加大创新和发展的力度，提高科技创新能力和人才引进。

再次，中国西部地区拥有丰富的自然资源和生态环境优势，具有巨大的发展潜力。西部地区在国家政策的引导下，加快了基础设施建设、能源开发和产业升级的步伐。同时，西部地区也面临着落后的交通网络和相对低水平的产业发展问题。解决这些问题需要加大投资力度，加强与东部地区的合作和交流，推动西部地区经济的可持续发展。

最后，中国东北地区曾经是中国的重要工业基地，但在近年来面临着经济下滑和结构调整的挑战。东北地区需要通过进行产业结构调整、推进创新和加大开放力度来实现经济转型和复兴。政府需要加大对东北地区的扶持力度，提供更多的政策优惠和激励措施，吸引更多的投资和创业机会，以推动东北地区的经济发展。

综上所述，中国不同地区的经济发展能力受到多种因素的影响，包括地理位置、资源优势、人力资源、政府政策等。地区之间的差距和挑战不容忽视，但也存在机遇和潜力。为了实现全面的经济发展和区域均衡，政府需要制定差异化的发展政策，加大对中西部地区和东北地区的扶持力度，促进经济的协同发展和共同繁荣。此外，创新和科技进步是推动中国经济发展的关键。政府在推动产业转型升级、创新创业和人力资源培养方面需要继续加大投入和支持，以提升中国各地区的经济发展能力。

第六章
地方政府社会发展能力研究

何里程

    高质量发展是全面建设社会主义现代化国家的首要任务。党的二十大报告明确指出，发展是党执政兴国的第一要务，进入新时代以来，党和国家事业取得了历史性成就，但依然面临发展不平衡不充分、高质量发展瓶颈等诸多挑战。[①] 在全面推进国家治理现代化背景下，政府社会发展能力被视为应对社会转型变局、推进社会治理创新的重要保障，是各级政府共同面临的时代命题。其中，地方政府在缩小社会发展的集群差异、促进社会公平公正、营造良好社会秩序等方面对推动区域社会综合发展发挥着重要引领作用，社会发展能力也因其较高的社会关注度与需求度在地方政府核心发展能力序列中占据着重要地位。

    社会发展的概念具有丰富的理论与实践意涵。在本研究中，作为与其他政府发展能力相平行的概念，政府社会发展能力主要表现为政府在推动地区发展和维护发展秩序等方面的能力，涵盖个人全面自由发展、个人参与社会治理、个人对社会发展的获得感以及社会整体公平秩序等核心原则。相较于其他政府发展能力而言，社会发展能力更具综合性，侧重关照个体在社会整体发展过程之中的参与感、获得感，并着意于实现公正优先、关注弱势、参与包容等价值目标。概言之，政府社会发展能力是指在社会整体协调发展理念下，政府在推动民主、平等、安全等民生需求方面的综合能力。伴随改革进程的不断深入，促进社会全面协调发展关乎经济持

---

① 习近平. 高举中国特色社会主义伟大旗帜　为全面建设社会主义现代化国家而团结奋斗. 人民日报，2022 – 10 – 26.

续增长与社会稳定大局，不断增强公民在发展过程中的参与感、获得感、幸福感、安全感，也成为扎实推动共同富裕的题中应有之义。因此，在新的历史时代背景下，社会发展能力已然成为考察地方政府发展能力的核心要素。

一、问题提出：社会发展的理论意涵与现实情境

伴随经济、技术的迅速发展与改革的持续推进，中国社会既有的社会结构与社会利益格局发生了重大变化，给社会治理带来现实挑战的同时也增加了政府推动社会协同整合的契机。毫无疑问，日益丰富且复杂的社会结构与利益格局激发了社会发展活力、增强了社会发展弹性，但也不可避免地引发了诸如居民收入差距扩大、地区发展不平衡、发展机会不对等等系列难题。事实上，政府着意推动实现社会各主体间的有序协调发展，正是其社会发展能力的具体体现。然而，实现社会发展应当追求何种价值目标？中国式现代化背景下就推动社会发展作出了哪些尝试？如何就地方政府社会发展能力进行评测？本章将围绕以上三大核心问题尝试就基本理论、现实背景以及操作方法进行梳理。首先，在系统回顾社会发展理论的演进脉络基础上析出社会发展的基本目标原则并探究其时代价值；其次，分析当前我国社会发展结构性的新变化以及国家治理体系针对诸多变化尝试作出的新应对与新导向；最后，对比当前地方政府社会发展能力的评测体系与研究方法，结合理论背景、现实需求进一步挖掘研究空间，并展开具体评估以及对策分析。

（一）马克思主义社会发展理论的价值与演进

早在20世纪六七十年代，发展理论作为一门完整学科建立之前，马克思围绕社会发展相关议题就已然形成了较为系统的理论体系。马克思主义社会发展理论为社会主义国家的现代化建设提供了重要的价值指引，也在中国特色社会主义发展进程中不断得以演进，为中国式现代化建设树立了科学的发展理念。概言之，马克思主义社会发展理论清晰准确地揭示了人类社会发展的历史脉络，梳理了人类历史由低级形态向高级形态依次更替的历史进程，还进一步阐明了社会发展的基本价值与核心目标。

马克思主义社会发展理论首先认为"人的自由而全面发展"是社会发展的最高价值追求,[①] 这既肯定了人的自身价值,又强调了人实现其价值所依赖的基本条件,即"自由而全面发展"所需的物质基础。这就要求在社会主义现代化进程中,应当以维护、实现人民根本利益为基本出发点并积极推动人的全面发展,实现人自身发展的统一协调。[②] 其次,马克思主义社会发展理论阐明了人与社会发展之间的关联,认为人的发展必须依赖于经济与社会的协调发展,也即"个人与共同体"之间的协调发展。[③] 人民日益增长的美好生活需要和不平衡不充分的发展之间的矛盾是当前社会发展面临的核心挑战,也是推动社会发展的重要动力。当前,区域发展差距、城乡发展差距、居民收入差距等诸多不协调问题亟待解决,在强调发展的基础上注重各主体间的协调发展应当成为我国战略发展的基本指导思想与价值原则。[④] 最后,马克思主义社会发展理论在中国革命与建设的实践之中得到了进一步的检验与发展,形成了包含发展道路、发展目标、发展阶段、发展动力等在内的理论体系,为中国式现代化的社会发展提供了重要指引。[⑤]

总的来说,马克思主义社会发展理论阐明了社会发展的核心要义,即实现人的自由全面发展,并认为人的全面发展与社会发展是相互推进的历史过程。在此理论指引下,进一步明确了社会发展所必需的公平、参与、秩序等基本要义。此外,良好的社会发展同样依赖于政府提供良好的发展环境,创设、协调为大众所共同认可的公平秩序与参与机制,从而为个人与社会整体发展提供坚实基础。事实上,政府行为深刻影响着社会发展的轨迹,地方政府作为一定区域内社会秩序的管理者、公众参与的组织者、公正平等的协调者以及宏观政策的落实者,在区域社会发展领域内发挥着主导作用。

---

① 张耀灿,周琪. 人的自由而全面发展:马克思主义社会发展理论的人本意蕴. 理论探讨,2005,(2):5-8.
② 于幼军. 马克思的社会发展理论及其当代价值. 中国社会科学,1998,(4):4-14.
③ 李振. 从"中国实践"看马克思主义社会发展理论的"区域转向". 同济大学学报(社会科学版),2020,31(3):90-98+107.
④ 李振. 从五大发展理念看马克思主义发展理论的时代自觉. 思想理论教育,2017,(1):30-35.
⑤ 金伟,杨一凡. 中国化马克思主义社会发展理论的哲学意蕴. 南通大学学报(社会科学版),2021,37(1):1-7.

(二) 中国社会发展的结构性变化与治理应对

党的十八大以来，中国社会结构发生了深刻变化，社会发展面临着更为复杂的国内外环境，迫切需要及时调整发展思路，加强治理应对。首先，社会经济发展进入了新常态，伴随经济增长速度放缓，产业结构亟待转型，自主创新能力有待进一步加强，可持续发展路径尚不健全。其次，随着改革发展的推进，人民日益增长的美好生活需要和不平衡不充分的发展之间的矛盾逐渐成为社会主要矛盾，在此背景下，人民需求不再局限于物质满足，转而集中于对民主、法治、公平、正义、环境等"软需求"层面。① 再次，面对日益复杂的社会治理需求与深层次存在的体制机制问题，国家治理体系和治理能力还有待优化，制度建设任务繁重，特别是在内外风险挑战背景下，健全治理体系、提升治理能力尤为关键。②

基于以上结构性变化，党和政府积极推动构建现代化的治理体系，转变政府治理模式，不断提升社会治理水平。整体来看，确立了由"管理"向"治理"的转变思路，初步构建起了共建共治共享的社会治理机制，提升了社会治理效能。党的十八届三中全会首次提出"创新社会治理体制"，从"社会管理"到"社会治理"，体现的是治理理念和治理方式的转变，多元化的基层社会治理格局初见端倪。③ 具体而言，政府在促进公民政治参与、调节居民收入分配、提升基本公共服务保障、建构基层矛盾化解机制、完善公民利益诉求表达等诸多方面都进行了积极的治理创新，有力维护了社会发展的整体秩序，促进了个人与社会的协调发展。④ 其中，地方政府在完善政府社会治理体系、提升政府社会治理能力进程中扮演着重要角色，被视为解释中国经济社会发展的关键变量。⑤ 一方面，地方政府是诸多社会治理创新的推动者，具有较强的社会治理机制创新能力，诸如浙江省"最多跑一次"改

---

① 赵中源. 新时代社会主要矛盾的本质属性与形态特征. 政治学研究, 2018, (2): 55 - 65 + 126.
② 中共中央关于坚持和完善中国特色社会主义制度推进国家治理体系和治理能力现代化若干重大问题的决定. 人民日报, 2019 - 11 - 06.
③ 夏锦文. 共建共治共享的社会治理格局: 理论构建与实践探索. 江苏社会科学, 2018, (3): 53 - 62.
④ 姜晓萍. 国家治理现代化进程中的社会治理体制创新. 中国行政管理, 2014, (2): 24 - 28.
⑤ 郁建兴, 黄飚. 当代中国地方政府创新的新进展: 兼论纵向政府间关系的重构. 政治学研究, 2017, (5): 88 - 103 + 127.

革、① 北京市"吹哨报到"等机制创新,② 都是地方政府社会治理机制创新的产物并得到了较大范围的推广应用；另一方面，地方政府也是地区社会发展的领导者，肩负着提升社会治理能力的公共使命，在健全基本公共服务、促进社会平等秩序、调节社会矛盾纠纷、引导民主政治参与等方面，地方政府具有不可推卸的责任与作用。③

概言之，面对新时代社会发展的新变化与新需求，党和国家推动了治理现代化的改革，社会治理体系日趋完善，地方政府在社会发展进程中的作用不断凸显。围绕地方社会公共服务体系、公正社会秩序、多元主体共同参与等方面，各地方政府涌现了诸多治理创新，但也存在一定差异，精准有效对地方政府社会发展能力进行评测有助于全面认识我国社会治理体系的基层实践。

（三）地方政府社会发展能力评测的体系与方法

明确了地方社会发展的基本价值目标与地方政府在社会治理中的引领作用，如何就地方政府推动社会发展的能力进行测评？作为一种现代化的理念，地方政府社会发展能力被认为具有利用可操作化、可测量指标体系进行评估的必要性，有关政府治理的评价指标体系也为地方政府社会发展能力的测评提供了有益参考。例如世界银行提出的全球治理指标体系、④ 应用于城市政府治理能力的ACSI模型方法、⑤ 依托地方政府创新提出的中国社会治理评价指标体系等,⑥ 都从不同视角构建了针对政府治理能力的测评指标。

就地方政府社会发展能力测评而言，相关研究在指标设计上各有侧重，极大丰富了测评方式。首先，测评指标体系关照了地方政府推动社会发展的不同能力，既

---

① 何增科. 地方政府创新的微观机理分析：浙江省"最多跑一次"改革案例研究. 理论与改革, 2018, (5)：134-141.
② 孙柏瑛, 张继颖. 解决问题驱动的基层政府治理改革逻辑：北京市"吹哨报到"机制观察. 中国行政管理, 2019, (4)：72-78.
③ 郁建兴. 新时代我国地方治理的新进展. 学习时报, 2019-12-23.
④ 程同顺, 李畅. 世界银行"世界治理指数"对中国的测量与启示. 理论探讨, 2017, (5)：13-20.
⑤ 何艳玲, 郑文强. "回应市民需求"：城市政府能力评估的核心. 同济大学学报（社会科学版）, 2014, 25 (6)：56-65.
⑥ "中国社会管理评价体系"课题组, 俞可平. 中国社会治理评价指标体系. 中国治理评论, 2012, (2)：2-29.

有立足社会治理能力的宏观视角，也有聚焦经济治理①、环境治理②、公共服务③等发展层面的具体分析。可以发现，在考察政府能力时，既有研究大多选择"社会治理"作为统合概念，进一步凸显了新时期社会治理的价值意涵。其次，聚焦政府社会发展与治理能力的各类指标体系在内容设计上呈现较强共性，体现相关研究对于政府社会治理的职责范围界定大致统一。具体而言，大多测量指标将提升民生保障水平、促进社会公平、维护社会秩序、增强社会凝聚力、推动多元主体参与等作为指标体系的核心要素，④并通过参照"五位一体"总体布局、新发展理念等设定的发展目标构建指标模型。⑤此外，在操作化指标的选取过程中既有研究大多利用官方统计数据、组织开展调查等方式提高指标体系的系统性，同时兼顾数据可得性等基本原则。⑥

回顾既有研究可以发现，既有指标体系多从一般意义上的政府或者具体城市政府着手分析，对全国范围内不同级别、不同地区的地方政府在社会发展能力方面的研究较少，对于地方政府社会发展能力缺少大规模、集中化的横向比较与历史分析。在指标设计上，既有体系大多侧重于治理绩效评估、社会治理等宏观层面，抑或聚焦诸如环境治理等微观维度，明确锚定地方政府社会发展能力的对应指标体系还不多见。此外，在指标数据来源上，大多指标体系为增强数据可得性倾向于采用单一客观或主观数据为支撑，一定程度上限制了指标体系对多主体、多维度现实面向的考量效度。

毋庸置疑，当前各地方政府的社会发展能力在某些方面仍然存在短板，区域间差异依旧明显，特别是伴随改革的深入，诸多社会矛盾与风险进一步显现。开展对地方政府社会发展能力的评估与比较，对于明晰地方政府推动社会发展能力的结构

---

① 李华，王银，孙秋柏. 地方政府经济治理能力评价：基于辽宁省的实证. 统计与决策，2019，35（10）：94-97.
② 王玉君，韩冬临. 空气质量、环境污染感知与地方政府环境治理评价. 中国软科学，2019，（8）：41-51.
③ 陈世香，周维. 地方政府公共服务能力差异性的生成机制：基于16个案例的定性比较分析. 南通大学学报（社会科学版），2023，39（4）：99-110.
④ 冯华艳. 地方政府社会治理能力评价指标体系构建与实证. 统计与决策，2022，38（10）：157-161.
⑤ 李旭辉，朱启贵. 基于"五位一体"总布局的省域经济社会发展综合评价体系研究. 中央财经大学学报，2018，（9）：107-117+128.
⑥ 祁海军. 地方政府社会治理能力评估：以河南省为例. 学习论坛，2015，31（8）：73-77.

性特征、更具针对性地提出优化策略，进而提升社会治理现代化水平具有理论与现实意义。

二、评估结果：区域整体差距与局部重点均衡

依据前文所构建的地方政府发展能力指标类型，地方政府社会发展能力又分解为推动发展能力与秩序维护能力，并包含10个主客观结合的三级指标。本章将立足本年度"中国地方政府发展能力"调查数据结果，对50个样本城市的地方政府社会发展能力进行有效评估，立足区域、行政级别等视角描述分析各地方社会发展能力的现状。

（一）大差距、小聚集：地方政府社会发展能力的总体评价

基于对2022年度"中国地方政府发展能力"的调查统计数据，针对50个样本城市政府社会发展能力的主客观评价指标进行了标准化处理，为便于进一步直观理解，随即将其转化为5~95分数据列，并对其进行了描述分析，样本城市地方政府社会发展能力的总体情况如表6-1所示。

表6-1　50个地方政府社会发展能力总体绩效评价

平均值	中位数	最大值	最小值	四分位数		
				25%	50%	75%
53.324	52.162	95.000	5.000	40.128	52.162	69.096

根据处理结果可知，样本城市政府社会发展能力的平均得分为53.324分；得分中位数为52.162分；而从四分位数划分结果来看，高分梯次的前25%的地方政府社会发展能力得分在69.096分以上，与之对应，仍有25%地方社会发展能力得分在40.128分以下，一定程度上显示不同城市地方政府社会发展能力依然存在较大差距。

具体而言，各地方政府社会发展能力在分布上大致呈现"倒U"型，其中得分在40~50、50~60分之间的各有10个城市，数量最多，60分以上的城市合计有18个，80分以上的城市有8个，共有12个城市得分在40分以下。由此可见，虽然地方政府社会发展能力整体水平较高，但城市政府间差距还较为明显，特别是低

分区间，城市数量仍然较多。各地方政府社会发展能力总体绩效得分分布频数如图6-1所示。

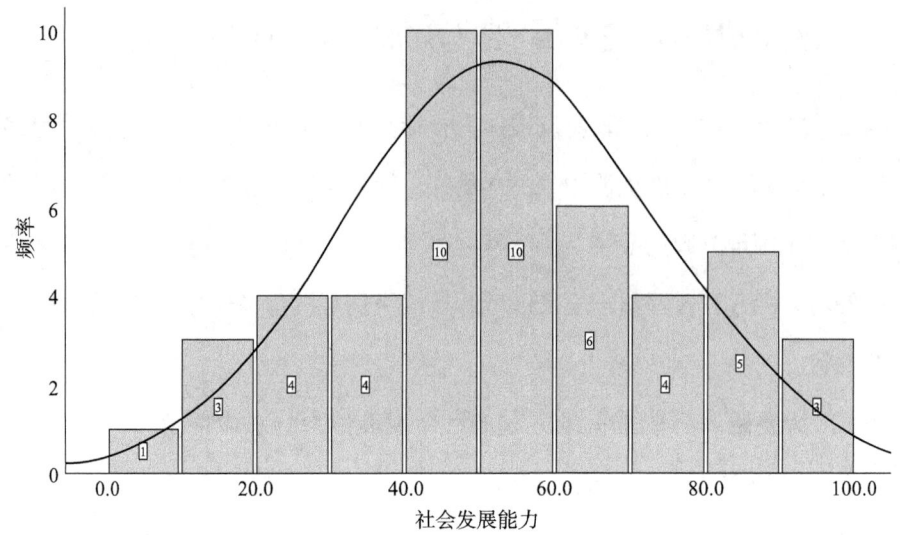

图 6-1 50 个地方政府社会发展能力总体绩效得分频数统计

总的来说，各地方政府社会发展能力总体绩效在分布区间上呈现出"大差距、小聚集"的特点。一方面，不同地方政府之间在社会发展的总体能力上呈现较大差距，极差显著；另一方面，在不同区间段内又呈现地方政府得分聚集的特征，与其所在区域、各自城市级别显示一定关联性。

（二）区域、级别与类型：地方政府社会发展能力的具体解析

1. 快速聚类分析

聚类分析是研究如何将对象按照多个方面的特征进行综合分类的一种统计方法，① 常见的聚类方法包括系统聚类法和 K 均值聚类法。其中，K 均值聚类法更为快捷，可根据样本空间分布特征等自行制定聚类数目，以满足实践操作中的不同需求。在 2022 年度地方政府社会发展能力的指标构建中，地方政府社会发展能力操作化为推动发展能力和秩序维护能力两个二级指标，在对其 5~95 分标准化处理后，可对 50 个样本城市地方政府社会发展能力二级指标的得分情况进行快速聚类

---

① 袁志发，周静芋. 多元统计分析. 科学出版社，2002：241.

分析，以便直观对不同城市实现能力聚类。初始聚类、最终聚类以及方差分析（ANOVA）的分析结果如表6-2所示。

结果显示，对50个地方政府进行推动发展能力和秩序维护能力两个二级指标的快速聚类具有显著性，且通过F检验，表明可以对四类地方政府社会发展能力进行描述性分析。从初始聚类和最终聚类来看，在地方政府社会发展能力上，四类地方政府从强到弱依次为第一类、第三类、第四类和第二类。

表6-2 地方政府社会发展能力的聚类分析和方差分析

二级指标	初始聚类				最终聚类				ANOVA	
	1	2	3	4	1	2	3	4	F检验	显著性
推动发展能力	95.00	5.00	64.03	37.92	87.39	18.55	61.56	42.28	199.121	0.000
秩序维护能力	93.35	5.00	70.26	39.82	82.49	26.21	64.26	49.60	74.167	0.000

可见，划分的四种具体类型在具体指标得分上具有一致性，第一类推动发展能力得分略高于秩序维护能力，其他三类秩序维护能力均高于推动发展能力。详细城市类型划分如下表6-3所示。

表6-3 地方政府社会发展能力的聚类情况

个案号	地方政府	聚类	距离	个案号	地方政府	聚类	距离
1	合肥	1	13.255	26	吉林	3	11.519
2	安庆	2	5.625	27	延边	3	12.905
3	北京	1	13.442	28	南京	3	15.437
4	厦门	1	4.832	29	淮安	3	7.312
5	漳州	3	3.776	30	南昌	1	12.128
6	金昌	4	8.894	31	景德镇	1	4.171
7	陇南	2	25.167	32	宜春	2	6.969
8	广州	4	8.193	33	沈阳	4	13.544
9	东莞	4	9.268	34	呼和浩特	4	5.734
10	深圳	1	12.891	35	赤峰	4	8.392
11	南宁	4	8.622	36	济南	4	8.901
12	贵阳	2	6.619	37	菏泽	4	8.877
13	遵义	3	6.486	38	太原	4	9.722
14	海口	4	5.981	39	晋城	4	10.704
15	石家庄	3	15.752	40	西安	2	20.049

续表

个案号	地方政府	聚类	距离	个案号	地方政府	聚类	距离
16	保定	4	8.758	41	汉中	2	14.546
17	邯郸	1	6.469	42	上海	1	11.489
18	郑州	3	11.012	43	成都	3	2.243
19	南阳	4	8.888	44	自贡	2	12.840
20	周口	2	8.316	45	天津	3	2.372
21	哈尔滨	2	4.669	46	昆明	2	13.130
22	黑河	4	1.801	47	杭州	3	7.076
23	武汉	3	14.209	48	丽水	3	12.001
24	长沙	4	1.244	49	温州	1	4.494
25	株洲	4	10.034	50	重庆	4	4.430

如表6-3所示,第一类地方政府主要包括合肥、北京、厦门、深圳、邯郸、南昌、景德镇、上海、温州9个城市。该类城市整体表现较为突出,社会发展和秩序维护情况较好,可进一步充分利用区位优势和资源禀赋,推动社会发展机制创新,增强可持续性。第二类地方政府主要包括安庆、陇南、贵阳、周口、哈尔滨、宜春、西安、汉中、自贡、昆明10个城市。该类城市在推动地方社会发展方面能力还有待加强,需进一步加强创新并适度增加投入。第三类地方政府则包含漳州、遵义、石家庄、郑州、武汉、吉林、延边、南京、淮安、成都、天津、杭州、丽水13个城市。该类地方政府社会发展能力较强,具有较大的提升潜力,但仍有进一步提升空间。第四类主要包括金昌、广州、东莞、南宁、海口、保定、南阳、黑河、长沙、株洲、沈阳、呼和浩特、赤峰、济南、菏泽、太原、晋城、重庆18个城市。该类城市数量最多,相对而言,地方政府社会发展的综合能力还需进一步补齐短板,不断健全有关体制机制。

2. 区域分析和行政级别分析

地区划分标准沿用了国家统计局颁布的《东西中部和东北地区划分方法》,如表6-4所示,从样本城市的地区分布情况来看,东部地区有19个,中部和西部分别有13个,位于东北地区的则有5个。

表6-4 四个地区地方政府样本分布情况

地区	样本城市
东部地区	北京、厦门、漳州、广州、东莞、深圳、海口、石家庄、保定、邯郸、南京、淮安、济南、菏泽、上海、天津、杭州、丽水、温州
中部地区	合肥、安庆、郑州、南阳、周口、武汉、长沙、株洲、南昌、景德镇、宜春、太原、晋城
西部地区	金昌、陇南、南宁、贵阳、遵义、呼和浩特、赤峰、西安、汉中、成都、自贡、昆明、重庆
东北地区	哈尔滨、黑河、吉林、延边朝鲜族自治州、沈阳

鉴于我国地域辽阔、区域间差异大的实际情况,有必要分析不同地区地方政府在社会发展的驱动活力和有序发展环境的维持能力方面的表现差异。

从图6-2中可以看出,东部地区社会发展基础较好,地方政府在秩序维护和推动发展方面的能力显示较大的优势,中部地区居于其后,但相比东部地区而言仍有较大差距,需要注重社会发展能力提升,为经济社会协调发展提供更为强劲的驱动力。东北地区相较于东部、中部地区仍然有一定差距,但可以看到的是,东北地区秩序维护能力与中部地区差距较小,但推动发展方面还需进一步着力提升。西部地区从二级指标表现来看,目前与其他地区仍存在着明显差距,如何克服区位限制、提升资源利用效率、转变社会发展模式,西部地区还需探索符合地域的社会发展路径。整体而言,我国区域间地方政府社会发展能力呈梯次分布,与其他发展能

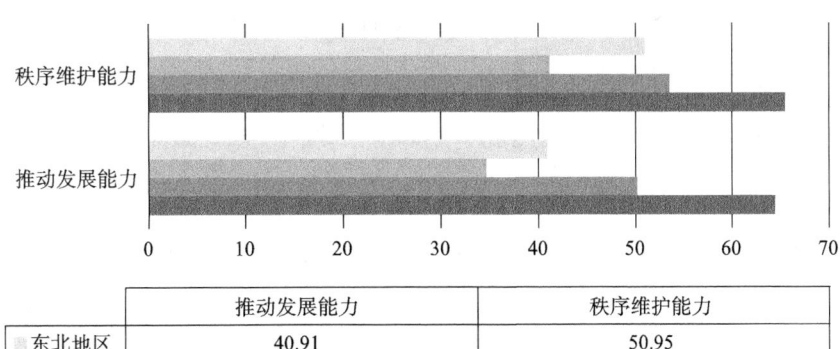

	推动发展能力	秩序维护能力
东北地区	40.91	50.95
西部地区	34.68	41.16
中部地区	50.18	53.61
东部地区	64.51	65.58

图6-2 不同地区地方政府社会发展能力得分情况统计

力评价大致趋同，与经济发展水平高度相关，协调区域均衡发展将仍是未来一段时期内的重要课题。

以不同行政级别为视角，各地方政府社会发展能力又呈现新特点。出于经济实力以及发展规划等方面的差异，不同行政级别的地方政府在社会发展方面的侧重和推进阶段也存在不同。从图6-3中可以看出，直辖市与副省级市政府在社会发展推动和社会秩序维护方面的能力差距并不大。除这两个行政级别的地方政府外，其他级别的政府在推动发展能力和秩序维护能力方面均与直辖市、副省级市存在较大的差距，一定程度上说明"大城市"更具社会发展能力。

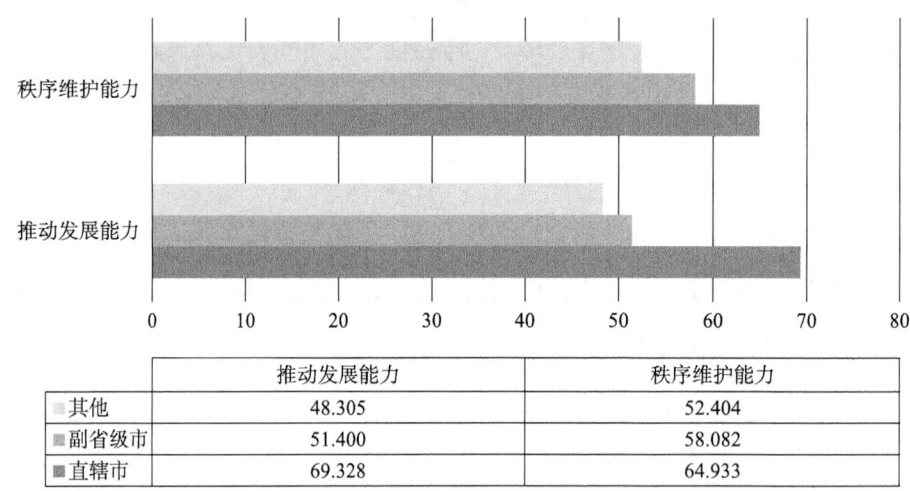

图6-3 不同行政级别地方政府社会发展能力得分情况统计

（三）主观与客观：地方政府社会发展能力的具体分析

对地方政府社会发展能力的考查，其三级指标分为主观和客观两种不同的数据类型，分别从主客观两种层面上分析，不同地方政府社会发展能力呈现明显差异。

1. 客观数据描述性分析

在"中国地方政府发展能力"的调查中，地方政府社会发展能力的三级指标中，包括预期寿命、城镇登记失业率、城乡居民可支配收入比、应急管理相关文件发布数这4项客观指标，对50个样本进行客观数据的描述性分析，得到表6-5中所示结果。

表 6-5　50 个地方政府社会发展能力三级指标客观数据

N		预期寿命（岁）	城镇登记失业率（%）	城乡居民可支配收入比（%）	应急管理相关文件发布数（个）
N	有效	50	50	50	50
	缺失	0	0	0	0
均值		79.5432	3.475	2.134	60.66
中值		79.14	3.275	2.115	35.5
众数		77.5[a]	5.5	1.91[a]	9[a]
极小值		76.00	1.12	1.41	6
极大值		83.63	5.5	3.31	272
四分位数	25%	78.00	2.76	1.91	17.5
	50%	79.14	3.28	2.12	35.5
	75%	81.01	4.46	2.32	76.5

注：a 表示存在多个众数，显示最小值。

从客观数据表来看，我国地方政府社会发展能力存在较大差距。比较各项指标的极大值和极小值，在预期寿命、城镇登记失业率、城乡居民可支配收入比以及应急管理相关文件发布数量等方面均表现出较大差距。预期寿命整体上都得到了较大幅度的提升，但其均值与极值相比，还存在较大差距，凸显出医疗服务等方面的资源倾斜仍然较为明显；城镇登记失业率的极值差距偏大，特别是在经济下行背景下，各地普遍面临缓解失业压力、保障充分就业的难题；从城乡居民可支配收入比的均值来看，收入差距仍较大，极值间差异也很显著，协调居民收入分配力度还需加强；应急管理相关文件发布数均值达 60 余个，显示出地方政府普遍关注应急管理建设，成为新时期地方政府社会发展的重点建设领域。

2. 主观数据描述性分析

本次调查的主观数据以被调查者的主观感知为基础，以 5 分制的评价得分为依据，衡量地方政府发展能力中各项指标的高低。在地方政府社会发展能力方面，共有 6 项主观指标，分别是当地生活的幸福感、参与公共事务的渠道、当地社会组织在公共事务中发挥的作用、社会治安状况（安全感）、个人发展机会的公平性及有效调解社会矛盾的能力。从公众对这些指标的切身感受入手进行的评价，弥补了单一客观数据的不足，对于完善评价体系具有一定的参考意义。将 50 个样本以地区划分，比较其各项主观指标的均值差异，得到图6-4所示结果。

	当地生活的幸福感	参与公共事务的渠道	当地社会组织在公共事务中发挥的作用	社会治安状况（安全感）	个人发展机会的公平性	有效调解社会矛盾的能力
东北	3.75	3.63	3.69	4.08	3.72	3.83
西部	3.67	3.52	3.54	3.97	3.56	3.65
中部	3.84	3.75	3.78	4.11	3.77	3.91
东部	4.06	3.96	4.01	4.31	3.95	4.09

图6-4 不同地区地方政府社会发展能力三级指标主观数据均值分布

从总体上来看，东部地区在各项指标中得分均明显高于其他地区，中部地区次之，东北地区较西部地区得分略高。具体而言，各地区在社会治安状况（安全感）方面的得分整体较高，东部、中部、东北地区得分均超过4分；对应的，各地区参与公共事务的渠道以及个人发展机会的公平性两项的整体得分较低，东部地区得分也仅为3.96分、3.95分，表明社会共建共治共享格局与更为公平的社会秩序还有待进一步推进。而在有效调解社会矛盾的能力方面，各地区得分也整体较高，一定程度上体现出各地基层社会矛盾调节机制的效能。至于在当地生活的幸福感，相较于以往数据有较大提升，显示出社会整体发展的现实成就。

三、提升路径：政府职能转变背景下的协同治理创新

地方政府在社会发展方面发挥着引领作用，其推动社会发展的能力一定程度上决定着地区社会发展的水平，关涉地区居民的获得感、幸福感。面对地方政府在社会发展方面的现实水平以及各地方政府间体现出的能力差异，亟待进一步转变政府职能、推动社会协同治理。实现由单一管理向多元治理的转变，既是政府优化自身职能的必然趋势，也是增强社会活力、实现多方互动的必要举措。同时也应密切关

注地方政府在区域层面出现的不均衡现象，在宏观政策与机制上加强调控，推动区域间的协调发展与经验扩散。而作为社会治理创新的主体，地方政府有必要、有责任引导社会多方共治，推动政府创制社会。

（一）加快转变政府职能，优化政府职责体系

社会全面有序的发展依赖于良好的政社关系，在由社会管理向社会治理的转型过程中，进一步推动转变政府职能是政府正确履职的关键所在。转变政府职能核心在规范政府职能，处理好政府与市场、政府与社会的关系，通过优化政府职能引导社会共同参与，通过建立权责明确的政府职责体系促进社会的有序发展。

在国家治理体系与治理能力现代化背景下，建立符合社会主义市场经济规律的有为政府、让人民满意的服务型政府是进一步推动政府职能转变的动力所在。这就要求政府职能转变一方面要着重处理好政府与市场的关系，让市场在资源配置中起决定性作用，减少政府对市场资源的直接干预，同时也要更好发挥政府作用，弥补市场失灵；另一方面要着重处理好政府与社会的关系，也就是本章重点论述的社会发展问题，依托服务型政府的持续推进，不断优化政府服务，保障和改善民生、促进社会公平正义，增强人民的获得感、幸福感、安全感。具体而言，增强地方政府社会发展能力，在不断推动地方政府转变政府职能的同时，还需进一步优化政府职责体系。通过建构权责清单，明确政府职能边界，并推动各级政府、各政府部门间明确职责主体，加强政府间的协同能力。此外，优化政府职责体系也有助于推进政务服务标准化、规范化、便利化，缩小区域间地方政府服务差距，推动协调发展。

伴随政府职能的深刻转变、持续优化，对解放和发展生产力、促进经济持续健康发展、增进社会公平正义，发挥了重要作用。为进一步增强各地方政府的社会发展能力，持续推进各地方政府转变政府职能、优化政府职责体系是政府加强自我革命的必由路径，各地方政府应在职能转变过程中切实承担起社会领域推进民生事业的责任，积极推进公民与社会组织等社会主体在社会建设领域的参与和协同，提升其自我管理和自我服务能力，逐渐把"社会"带回到社会发展的路径中来。[①]

[①] 何颖，李思然. 中国社会发展路径的哲学思考. 中国行政管理，2013，(11)：41-45.

（二）强化制度建设引导，推动区域协调发展

如前所述，不论是宏观层面的整体社会发展能力，还是次级指标的具体能力，各地方政府之间都呈现明显的区域差异、个体差距。协调发展是新发展理念的核心要素，既要求实现区域间的协调发展，也要求实现发展成果由人民共享，以促进社会整体公平秩序，化解社会突出矛盾。

首先，需要加强制度建设，推动公共服务的均等化与社会参与的多元化。伴随人口流动速度加快，社会结构日益丰富，社会矛盾也愈加突出，地方政府必须适应当前社会发展的需要作出积极应对和政策调整，保证适时有效的制度供给来维持良好的社会发展秩序。一方面，政府需加强制度建设，保障社会公平正义。针对现实存在的发展不平衡问题，地方政府要把维护公平正义提到更重要的位置，更好地保障公民平等地参与社会建设和平等地维护权利，健全教育、医疗、社保等领域的公平保障制度建设，使公民享有平等的发展机会。另一方面，推动公民参与公共事务并构建制度化参与渠道。公民参与社会治理是协同发展的基本要求，推动更广泛的社会参与有助于提高政府透明度和公信力，切实减少因沟通渠道不畅而产生的社会矛盾。

其次，地方政府应积极支持和引导社会组织发展。社会组织是政府效能的助推器，相较于政府治理与公共服务，社会组织更具敏感度，能够更好把握民众需求，在某些特定领域更具优势。政府应当推动社会组织的规范化发展，进行积极引导，充分发挥公民和社会组织在地方社会公共事务中的作用。

（三）推动社会治理创新，丰富治理体系层次

地方治理是国家治理的重要组成部分，也是国家治理现代化的基础，推动地方治理的创新是促进社会发展的重要途径。作为地方治理的重要引导力量，地方政府已然成为社会治理创新的主要推动力量。

首先，推动以人民为中心的创新发展。坚持以人民为中心的发展思想是我国国家制度和国家治理体系的显著优势之一，治理现代化的成效直接体现在人民群众的生活水平之中，加强地方政府创新应当强化人民中心导向，并以此为基础推动政府服务机制创新。例如"最多跑一次"等改革，政府创新应当贴合民众诉求，促进社

会发展成果共享,进而提升民众的获得感和幸福感。其次,提升社会治理的精细化水平。精细化治理是以满足社会需求,增强服务满意度为目标,通过工作流程等中观和微观层面的创新,逐步提升治理效果。① 当前,我国社会主要矛盾已然转化为人民对美好生活的需要和发展不平衡不充分的发展之间的矛盾,政府传统的"粗放式管理"已经不适应现代社会的发展要求,以服务为导向的精细化治理已然成为地方社会治理创新的一个重要方向。最后,充分利用先进技术,促进多元治理主体的协同。数字政府建设为治理现代化提供了数字平台基础,也为实现多元主体的协同创造了契机。地方政府在数字服务平台建设过程中应当强化主体协同,推动不同政府部门、不同社会主体共同参与,强化在社会风险、社会安全等多方面的协同力度。

总之,地方政府社会发展能力的提升一方面需要政府的自我革新,通过转变政府职能、优化政府职责体系、加强政府创新等方式提升政府推动社会发展的能力;另一方面也需要引导居民、社会组织的协同参与,引导社会多元主体的共建共治共享,丰富治理体系的层次,创造良好的社会发展环境。

四、结论

应对社会转型对地方社会发展带来的挑战,地方政府需要增加优势、补齐短板,提升社会发展能力,缩小社会发展的集群差异,提高整体社会的发展质量和水平,这也是国家治理现代化背景下对政府提升社会治理能力的必然要求。从社会发展理念上讲,促进多元主体协同和推进社会治理创新是当前社会发展的题中应有之义。地方政府要从制度供给入手,促进社会公平正义,致力于良好社会秩序的营造,并以适当的制度安排激发社会资源要素活力;处理好政府与社会的关系,将推动社会发展与转变政府职能有机结合起来,既要注重地方政府公共职能的有效发挥,又要给予社会主体参与社会建设足够的空间,增强社会发展活力;创新社会治理体制,地方政府应积极顺应时代和民众的要求,以创新治理体制机制提升社会发

---

① 蒋源. 社会精细化治理新路径探索. 人民论坛,2015,(2):47.

展能力，利用精细化的治理手段，提高社会发展质量。总之，地方政府要增强创新协同，为地方政府社会发展增能的同时，也为新时代新常态下的平衡充分发展营造良好的社会环境。

在全面建设社会主义现代化国家的新阶段，提升发展质量应以改善民生为重要导向，在鼓励多元主体参与社会共建的同时要促进社会发展成果共享，即让人民在共建共享发展中有更多获得感，这也是破解社会治理难题，突破社会发展瓶颈的必然之理。这就要求在发展目标层面上，社会发展应急民之所需，解民之所难，塑造公平公正和稳定和谐的社会秩序和氛围；在发展结果层面上，政府在履行职能、扎实推进工作的同时更加注重发展的平衡性和协调性，缩小地区及城乡之间的发展差距，提升发展的质量和美誉度，增强民众幸福感和获得感。

第七章
地方政府服务提供能力研究

刘丹琳

提供公共服务是地方政府的重要职能,公共服务提供能力也是地方政府发展能力的重要构成要素。国家"十四五"规划和2035年远景目标纲要明确将基本公共服务均等化作为重要的发展目标,强调加快补齐基本公共服务短板,着力增强非基本公共服务弱项,努力提升公共服务质量和水平。党的二十大报告也进一步强调,要健全基本公共服务体系,提高公共服务水平,增强均衡性和可及性,扎实推进共同富裕。提升公共服务水平已经成为地方政府面临的重要任务和发展的核心竞争力之一,然而,目前来看,我国地方政府服务提供能力的不均衡性较为突出。那么,我国地方政府服务提供能力的总体情况如何?区域差异性的影响因素及组态路径是什么?应该采取哪些针对性的提升路径?厘清这些问题,对整体上提升地方政府服务提供能力,实现基本公共服务均等化具有重要意义。

一、问题提出:地方政府服务提供能力的理论基础与研究空间

公共服务提供能力是政府发展能力研究的一个重要领域,[1] 学术界对地方政府公共服务提供能力的概念内涵、实证评估和影响因素、提升路径等进行了多方位、多角度的探索,形成了较为丰富的理论成果。

在概念内涵方面,学者们从不同角度对地方政府公共服务提供能力进行界定和

---

[1] 雷玉琼,李岚. 乡镇政府公共服务供给能力评估指标体系建构:兼论政府公共服务能力的研究现状. 中国行政管理, 2015, (11): 30-35.

讨论。彭向刚等指出，公共服务能力是以政府为主的社会公共组织为社会提供公共产品和服务，不断满足人民群众日益增长的社会公共需求的本领和力量。① 王琳等认为，公共服务能力是政府在履行公共服务职能时，运用现代公共行政方法和技能，利用公共资源，为社会和公众提供公共服务，以满足公共需要所具备的能量和力量。② 张开云等认为，从产出来看，政府能力就是政府提供公共产品和公共服务的能力。地方政府公共服务能力是国家公共服务能力的核心体现和基础，是实现公共服务均等化的重要保障。③ 李晓园认为，公共服务能力是以政府为主体的公共组织通过制定和执行科学有效的公共政策，最大可能地汲取和运用各种资源，为社会和公众提供公共物品和公共服务，满足公众公共需求，履行政府公共服务职能的能力。④ 从总体上来看，学者们对公共服务能力的界定在以下两个重要维度基本达成共识：一是公共服务能力本质上是以政府为主的社会公共组织提供公共产品和服务的能力。二是公共服务能力以满足社会公共需求为目标，是履行政府公共服务职能的重要保障。⑤

在实证评估和影响因素方面，为探究我国地方政府服务提供能力的发展现状和区域差异，学者们基于不同的评估标准和方法展开了实证评估，并探究了影响地方政府服务提供能力的因素。具有代表性的有：赵怡虹等构建了涵盖社会性基本公共服务和生产性基本公共服务两个维度的评估体系，对我国省级地方政府基本公共服务水平进行实证评估，发现经济发展不均衡形成的税收能力差异是导致地方政府基本公共服务水平不均衡的主要原因。⑥ 冯骁等从基础教育服务、医疗卫生服务、基本生活服务等八个方面对我国地级市基本公共服务水平进行评估，发现地方公共服务水平呈现东部高于西部、经济发达区高于落后区的特点，且地方公共服务水平与

---

① 彭向刚，张世杰. 论构建和谐社会中的政府能力建设. 吉林大学社会科学学报，2005，(3)：44-50.
② 王琳，漆国生. 提升地方政府公共服务能力思考. 理论探索，2008，(4)：128-130.
③ 张开云，张兴杰，李倩. 地方政府公共服务供给能力：影响因素与实现路径. 中国行政管理，2010，(1)：92-95.
④ 李晓园. 县级政府公共服务能力与其影响因素关系研究：基于江西、湖北两省的调查分析. 公共管理学报，2010，7 (4)：57-66+125.
⑤ 雷玉琼，李岚. 乡镇政府公共服务供给能力评估指标体系建构：兼论政府公共服务能力的研究现状. 中国行政管理，2015，(11)：30-35.
⑥ 赵怡虹，李峰. 中国基本公共服务地区差距影响因素分析：基于财政能力差异的视角. 山西财经大学学报，2009，31 (8)：15-22.

转移支付、地区人均财政收入、经济发展水平、城镇化水平、城市规模依次正相关。① 徐增阳等从基础教育、公共文化、医疗卫生、社会保障等六个方面构建基本公共服务质量评价指标体系，分析发现地方公共服务质量与经济发展水平、政府干预、产业结构升级、人口密度等因素相关。② 从总体上来看，现有研究结论大多证实，我国地方政府公共服务提供能力存在明显的不均衡性，且直接受到经济发展水平、财政收入等因素的影响。

在提升路径方面，研究者们从制度赋能、资源保障、政社互动等方面进行了探索。首先，强化服务型政府理念，科学明确划分各级政府的公共服务职责，是促进公共服务职能得到有效履行的制度基础。③ 薄贵利认为，应基于各类公共服务的属性和特点，把公共服务职责划分为中央政府专属职责、地方政府专属职责、中央和地方的共有职责。④ 朱光磊等指出，要把政府职责重心转移到公共服务上来，适时优化政府部门结构，适当扩大公共服务相关部门的规模。⑤ 其次，公共服务职能的履行需要一定资源基础为支撑。在财政资源方面，要完善财政制度安排，合理划分中央和地方政府的公共服务财政责任，使事权与财权相匹配；加大对经济落后地区的转移支付力度，优化转移支付结构，缓解其公共服务资金不足的困境。⑥⑦ 在人力资源方面，要通过人才引进、技能培训等方式，加强公共服务人才队伍建设，提升工作人员的专业素养和业务能力。⑧ 最后，建设服务型政府应当是政府与社会双

---

① 冯骁，牛叔文，李景满. 我国市域基本公共服务均等化的空间演变与影响因素. 兰州大学学报（社会科学版），2014，42（2）：86-93.
② 徐增阳，杜亚楠. 中国基本公共服务质量的时空变化及影响因素分析. 统计与决策，2023，39（9）：80-84.
③ 郁建兴，高翔. 中国服务型政府建设的基本经验与未来. 中国行政管理，2012，（8）：22-27.
④ 薄贵利. 建设服务型政府的战略与路径. 国家行政学院学报，2014，（5）：94-99.
⑤ 朱光磊，候绪杰. "双线合一"：论服务型政府的建设逻辑. 南开学报（哲学社会科学版），2023，（3）：10-21.
⑥ 张开云，张兴杰，李倩. 地方政府公共服务供给能力：影响因素与实现路径. 中国行政管理，2010，（1）：92-95.
⑦ 赵建国，廖藏宜. 我国地区间基本公共服务供给均等化问题分析：基于中央财政转移支付的视角. 宏观经济研究，2015，（8）：8-14+159.
⑧ 吴春宝. 增权赋能：乡镇政府公共服务能力提升及其实现路径. 广西大学学报（哲学社会科学版），2022，44（1）：99-104.

向互动的过程,应当发挥多元主体共建共享的积极性。① 一方面,要坚持人民的主体地位,强调公共服务的民主性与整合性,② 使公民能够参与到公共服务的决策、实施和评价过程中来;另一方面,要创新公共服务提供方式,可引入市场竞争机制,适当吸纳企业或社会组织参与公共服务提供,将政府购买公共服务作为提升服务质量和效率的有效手段。③

上述研究奠定了较为丰富的理论基础,但也存在一定的局限性。目前来看,现有研究对地方政府公共服务提供能力的实证评估和影响因素分析大多局限于传统的量化方法,仅能分析单个因素的"净效应",无法探究多因素联动的组态效应;极少研究开始采用组态分析方法探究地方政府公共服务能力的差异,但案例分布局限在某一区域。④ 基于此,此次研究将地方政府服务提供能力划分为3个二级指标:保障基本公共服务能力、均等化区域公共服务能力、环境保护能力,选取涵盖东北、东部、中部、西部地区的50个城市进行实证评估,并使用fsQCA方法分析影响地方政府公共服务提供能力的组态因素,在此基础上针对性地探索组态路径。

二、评估结果:地方政府公共服务能力的基本评价与差异性原因

地方政府服务提供能力评价体系涵盖3个二级指标、14个三级指标,据此对不同地域的50个城市进行实证评估,对数据进行标准化处理后,得到地方政府服务提供能力评价指数,为了更加直观展示数据分布情况,再将地方政府服务提供能力评价指数转化为5~95分的数据列。

(一)地方政府服务提供能力基本评价

1. 地方政府服务提供能力指数总体分析

根据表7-1,50个城市的政府服务提供能力指数平均值为49.12,最大值和最

---

① 朱光磊,薛立强. 服务型政府建设的六大关键问题. 南开学报(哲学社会科学版),2008,(1):47-54.
② 仇叶. 基层服务型政府建设中的服务泛化问题及其解决. 中国行政管理,2020,(11):32-40.
③ 沈荣华,鹿斌. 我国地方服务型政府的建构与调整. 上海行政学院学报,2014,15(3):28-35.
④ 陈世香,周维. 地方政府公共服务能力差异性的生成机制:基于16个案例的定性比较分析. 南通大学学报(社会科学版),2023,39(4):99-110.

小值分别为95.00和5.00；以四分位数来看，有25%的地方政府服务提供能力指数低于32.76，有25%的地方政府服务提供能力指数高于63.78。

表7-1 2022年50个城市地方政府服务提供能力指数总体统计情况

平均值	最大值	最小值	标准差	四分位数		
				25%	50%	75%
49.12	95.00	5.00	23.20	32.76	47.02	63.78

图7-1进一步显示，多数地方政府服务提供能力指数集中分布在平均值±标准差的区间，少数地方政府服务提供能力指数分布于两端，整体上呈现较为明显的钟形分布。

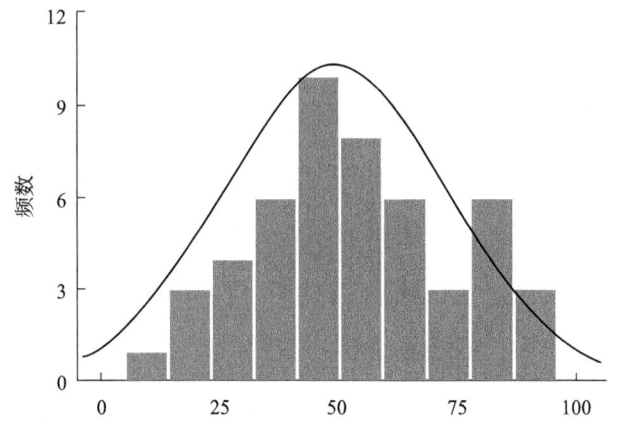

图7-1 2022年50个城市地方政府服务提供能力指数频数统计

对数据进行正态分布检验的结果与频数统计结果具有较强的一致性，如图7-2所示。50个样本城市地方政府服务提供能力指数的计算观测累计概率与正态累计概率拟合情况、观测值与预测值不同分位数的概率分布拟合情况均较好，同时，50个样本城市地方政府服务提供能力指数数据的S-W检验结果p值为0.592，远高于0.05的显著性水平，表明地方政府发展能力指数分布具有正态性特点。总的来看，我国地方政府服务提供能力呈现明显的不均衡性，但大多位于平均水平附近，少数地区呈现"两极分化"的特点。

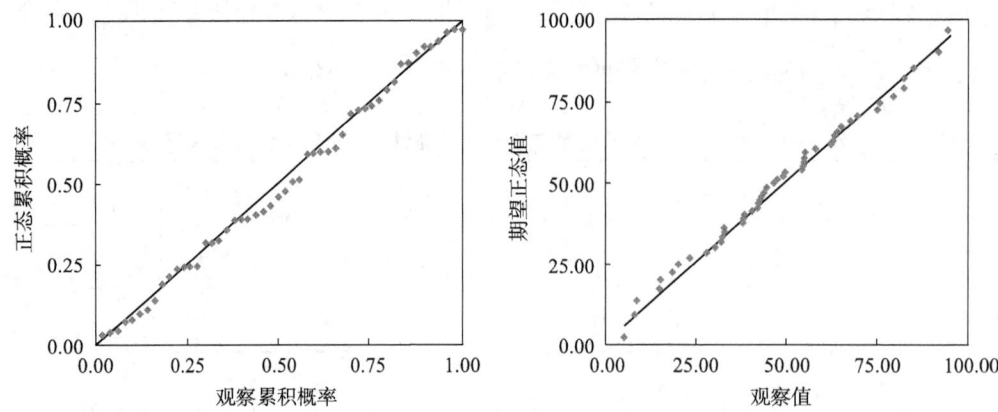

图 7-2　2022 年 50 个城市地方政府服务提供能力正态性检验 P-P 图和 Q-Q 图

2. 地方政府服务提供能力的二级指标分析

地方政府服务提供能力由保障基本公共服务能力、均等化区域公共服务能力、环境保护能力 3 个二级指标构成，下文将对各二级指标得分的分布情况和组合情况进行分析。在 50 个样本城市数据中，保障基本公共服务能力指数、均等化区域公共服务能力指数、环境保护能力指数的平均值分别为 50.83、48.65、41.76，最大值与最小值均存在较大差距，方差均较大，表明各二级指标得分也存在较大的区域差异。各二级指标得分的 S-W 检验 p 值均高于 0.05 的显著性水平，如表 7-2 所示，意味着各二级指标得分分布也呈现正态性特点。

表 7-2　2022 年 50 个城市地方政府服务提供能力指数二级指标得分统计情况

二级指标	平均值	最大值	最小值	方差	S-W 检验的 p 值
保障基本公共服务能力	50.83	5.00	95.00	23.15	0.642
均等化区域公共服务能力	48.65	5.00	95.00	21.34	0.756
环境保护能力	41.76	5.00	95.00	19.90	0.149

地方政府服务提供能力各二级指标之间存在不同的差异组合。研究使用 K-means 均值聚类方法，根据"手肘法则"和多次调试结果，将地方政府服务提供能力的二级指标组合分为 3 类，如表 7-3 所示。不同聚类 3 个子维度 F 检验的 p 值均小于 0.05，表明 3 个二级指标在聚类分析划分的类别之间均存在显著差异。

表 7-3　2022 年 50 个地方政府服务提供能力各二级指标聚类差异性分析

二级指标	聚类类别（平均值±标准差）			F 值	p 值
	类别 1（n=24）	类别 2（n=16）	类别 3（n=10）		
保障基本公共服务能力	46.44±9.86	77.20±10.57	19.17±9.06	109.237	0.000
均等化区域公共服务能力	44.81±6.69	73.08±11.38	18.81±7.69	126.173	0.000
环境保护能力	38.01±14.07	61.38±13.29	19.39±8.81	34.203	0.000

表 7-3 中，类别 1 城市的保障基本公共服务能力、均等化区域公共服务能力和环境保护能力的中心值分别为 46.44、44.81 和 38.01，均较为接近平均值，表明这一类地区政府服务提供能力的各二级指标得分均位于中等水平。在 50 个样本城市中，有 48% 的城市属于这一类别，大多为经济发展水平中等的城市，代表性城市有南宁市、南阳市、沈阳市、汉中市等。类别 2 城市的保障基本公共服务能力、均等化区域公共服务能力和环境保护能力的中心值分别为 77.20、73.08 和 61.38，均明显高于平均值，表明这一类地区政府服务提供能力的二级指标得分均属于较高水平。在样本城市中，有 32% 的城市属于这一类别，大多为经济发展水平较高的城市，具有代表性的城市包括合肥市、北京市、厦门市、深圳市、邯郸市、武汉市等。类别 3 城市的保障基本公共服务能力、均等化区域公共服务能力和环境保护能力的中心值分别为 19.17、18.81 和 19.39，均明显低于平均值，表明这一类地区政府服务提供能力的二级指标得分属于较低水平。在样本城市中，有 20% 的城市属于这一类别，主要为经济发展水平较低的城市，典型城市有安庆市、陇南市、自贡市、宜春市等。由此可见，地方政府服务提供能力二级指标大致呈现"高-高-高""中-中-中"和"低-低-低"3 种类型组合，反映出其具有较强的协同性。为进一步检验这一点，对地方政府服务提供能力的二级指标进行耦合协调度分析，结果如表 7-4 所示。可以发现，84% 的城市政府服务提供能力各二级指标耦合协调程度位于勉强协调及以上，表明大多数城市政府服务提供能力各二级指标之间的协调程度较好，证实了前述结论。此外，有 16% 的城市属于濒临失调及以下，这其中大多数城市位于西部和中部地区。

表7-4 2022年50个地方政府服务提供能力各二级指标耦合协调度分析

协调等级	耦合协调程度	城市占比	代表性城市
10	优质协调	6%	合肥、深圳、邯郸
9	良好协调	16%	北京、厦门、南京
8	中级协调	20%	石家庄、成都、天津
7	初级协调	26%	南宁、海口、郑州
6	勉强协调	16%	东莞、保定、株洲
5	濒临失调	6%	周口、哈尔滨、宜春
4	轻度失调	4%	安庆、贵阳
3	中度失调	4%	西安、自贡
2	严重失调	2%	陇南
1	极度失调	0%	无

(二) 地方政府服务提供能力区域差异性原因分析

1. "供给-需求-环境" 三维分析框架

根据上述分析结果可知，不同地区的政府服务提供能力总体上呈现明显的区域差异性，这种区域差异性是多种因素综合作用的结果。基于现有理论基础，可将地方政府服务提供能力的影响因素分为供给、需求、环境三个维度。[①] 供给维度是指地方政府提升服务提供能力的直接资源投入。需求维度是指对地方政府服务提供能力的需求压力。环境维度则是指影响地方政府服务提供能力发展的外部环境。三大维度相互影响、相互联动，共同决定了地方政府服务提供能力的强弱。从供给、需求、环境三个维度出发，基于现有研究基础和数据的可获得性，选取政府注意力、财政资源基础、服务数量需求、服务质量需求、城镇化水平、产业结构六个因素作为分析地方政府服务提供能力区域差异性的条件变量，建构如图7-3所示的分析框架。

供给维度主要包括政府注意力和财政资源基础两个条件变量。第一，政府注意力将直接影响政府在公共服务能力建设方面的人力、物力、财力资源投入程度，进而影响地方政府服务提供能力。地方政府对公共服务的注意力程度通常会在相关发展规划文件中体现，"十四五" 规划和2035年远景目标纲要作为重要的阶段性规划

---

① Rothwell, R. & W. Zegveld. Reindustrialization and technology. Logman Group Limited, 1985: 83-104.

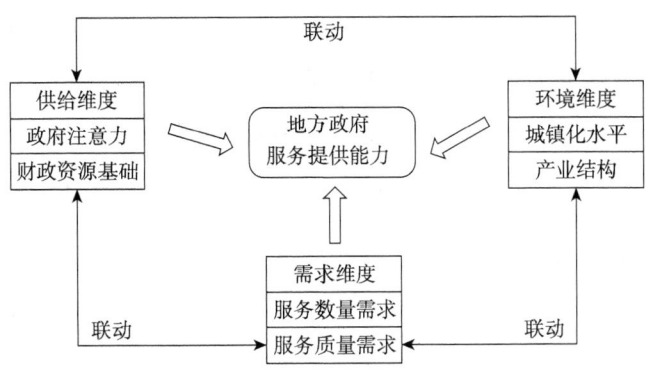

图 7-3 地方政府服务提供能力分析框架

政策文件，能够反映地方政府在这一时期对公共服务的重视程度。研究将公共服务、就业、养老、医疗、教育、环境保护、基础设施作为标签词，对各地政府"十四五"规划和 2035 年远景目标纲要中发展公共服务的相关内容进行文本打标，得到公共服务参考文本条数在全文中的占比，以此来衡量地方政府对公共服务的关注程度。对于暂时未收集到完整"十四五"规划和 2035 年远景目标纲要全文的极少数城市，选取其下属代表区县的对应政策文本进行分析。第二，财政资源直接影响地方政府能够在公共服务方面投入的资源量，进而对地方政府服务提供能力的强弱起着重要影响作用。[①] 为避免因果交互问题，条件变量采用 2022 年度的数据进行测量。由于结果变量为 2022 年度地方政府服务提供能力，其指标数据原则上均使用 2022 年度数据，对于个别地区的极少数缺失数据采用 2021 年度的对应数据，所以此处条件变量采用 2020 年度的统计数据，极少数缺失数据采用 2019 年对应数据（下同）。因此，使用 2020 年度各城市人均财政收入作为财政资源基础的测量指标，具体通过各城市 2020 年度的一般公共预算收入除以常住人口数量得到。

需求维度主要包括服务数量需求和服务质量需求两个条件变量。公众需求是公共服务的动力来源，[②] 这种需求可以进一步分为服务数量需求和服务质量需求两个子维度。第一，服务数量需求是指公众对公共服务资源"多少"的需求。公共服

---

① 赵怡虹，李峰. 中国基本公共服务地区差距影响因素分析：基于财政能力差异的视角. 山西财经大学学报，2009，31（8）：15-22.
② 柏必成. 公众需求：服务型政府的动力来源：兼论服务型政府的本质特征. 学习论坛，2014，30（9）：46-50.

大多属于准公共物品，具有非完全竞争性，如果地区居民需求量超过供给量就可能出现"拥挤效应"，造成一部分居民难以享受到需要的公共服务，①导致公众满意度下降，进而可能转化为对地方政府公共服务提供的压力。参照既有研究的做法，选取人口密度②③作为服务数量需求的测量指标，具体通过各城市的常住人口数量除以行政区划面积计算得到。第二，服务质量需求是指公众对公共服务资源"好坏"的需求。随着经济发展和人民生活水平的提高，人民对公共服务质量的需求也日益提升，在现实中，这种需求也因个体社会经济地位的差异而表现出不同水平。④研究以居民受教育程度和收入水平构成的综合指标作为服务需求质量的测量指标，具体计算方法为：分别选取各城市15岁以上常住人口的平均受教育年限、常住人口的人均可支配收入衡量居民受教育程度和收入水平，为消除变量单位的影响，先使用 fsQCA 4.0 软件对以上两个变量分别进行校准，再将两个变量的隶属度值均赋予50%的权重计算得到综合隶属度值。

环境维度主要包括城镇化水平和产业结构两个条件变量。第一，城镇化在一定程度上意味着居民生活方式的改变和居住空间的集约化，能够对地方政府服务提供能力产生一定影响。既有研究表明，城镇化水平对地方基本公共服务具有一定促进作用。⑤研究以各城市的常住人口城镇化率作为城镇化水平的测量指标，对于极少数城市的数据缺失使用当年的户籍人口城镇化率进行替代。第二，政府购买公共服务已经成为向公众提供公共服务的重要方式，而采用这种方式提供公共服务与地区第三产业发展程度紧密相关。⑥在参考既有研究的基础上，以各城市第三产业增加值占 GDP 的比重作为产业结构的测量指标。

---

① 罗植，施昌奎. 北京市公共服务资源拥挤性的实证研究. 北京社会科学，2013，(3)：135–142.
② 陈世香，周维. 地方政府公共服务能力差异性的生成机制：基于16个案例的定性比较分析. 南通大学学报（社会科学版），2023，39（4）：99–110.
③ 汤志伟，张龙鹏，李梅，等. 地方政府互联网服务能力及其影响因素研究：基于全国334个地级行政区的调查分析. 电子政务，2019，(7)：79–92.
④ 陈升，顾娟. 基于社会经济地位个体差异的政府公共服务需求偏好和满意度研究：CGSS2015 的经验分析. 云南行政学院学报，2020，22（1）：129–136.
⑤ 刘笑杰，夏四友，李丁，等. 湖南省基本公共服务质量的时空分异与影响因素. 长江流域资源与环境，2020，29（7）：1535–1544.
⑥ 徐增阳，杜亚楠. 中国基本公共服务质量的时空变化及影响因素分析. 统计与决策，2023，39（9）：80–84.

2. 地方政府服务提供能力的模糊集定性比较分析

研究采用间接校准法对条件变量和结果变量进行数据校准，有助于避免因案例选取特点造成的分析结果偏差，具体校准方案如下。①政府注意力：由于这一条件变量目前尚无理论标准或全国性的统计数据，因此，主要根据所选案例和变量数据特点，设置 14、10.5、7 分别作为上、中、下锚点。②财政资源基础：以全国人均 GDP 排名位于中间位置的省份的人均一般公共预算收入作为中锚点，再根据全国各地区的数据特点，将中锚点值的 2 倍作为上锚点，将中锚点值的 1/4 作为下锚点。③服务数量需求：根据《国土资源实用词典》对人口稠密地区的界定[①]和既有研究基础[②]，选取 1500、300、50 分别作为上、中、下锚点。④服务质量需求：以全国 15 岁以上人口平均受教育年限作为受教育程度的中锚点，再根据该变量在全国范围内的数据特点，将中锚点值增加 20% 作为上锚点，将中锚点值减少 20% 作为下锚点；以全国人均可支配收入作为收入水平的中锚点，再根据该变量在全国范围内的数据特点，将中锚点值的 2 倍作为上锚点，将中锚点值的 1/2 作为下锚点；之后由两个变量隶属度值计算得到综合隶属度值。⑤城镇化水平：以全国城镇化水平作为中锚点，根据全国范围内各地区城镇化水平特点，将中锚点值增加 50% 作为上锚点，将中锚点值减少 50% 作为下锚点。⑥产业结构：以全国第三产业增加值占 GDP 比重作为中锚点，根据全国各地区产业结构特点，将中锚点值增加 30% 作为上锚点，将中锚点值减少 30% 作为下锚点。⑦地方政府服务提供能力：由于地方政府服务提供能力指数目前暂无特定判断标准，根据案例数据特点，选择 14、7、2 分别作为上、中、下锚点。条件变量与结果变量数据的描述性统计与校准详见表 7-5。完成数据校准后，对于模糊隶属度值为 0.5 的数据，采用增加 0.01 的方式进行调整，[③]之后借助 fsQCA 4.0 软件进行单个条件必要性分析和条件组态分析。

---

① 封吉昌. 国土资源实用词典. 中国地质大学出版社，2011：52.
② 张东杰. 中国高密度人口聚集区与城镇用地的空间分异研究. 武汉大学，2019.
③ Fiss, P. C. Building Better Causal Theories: A Fuzzy Set Approach to Typologies in Organization Research. Academy of Management Journal, 2011, 54 (2): 393–420.

表 7-5 条件变量与结果变量的描述性统计与校准

条件变量 结果变量	描述性统计				校准		
	平均值	最大值	最小值	标准差	上锚点（完全隶属）	中锚点（交叉）	下锚点（完全不隶属）
政府注意力	11.09	15.54	7.92	1.74	14	10.5	7
财政资源基础	0.77	2.83	0.10	0.60	2.04	0.51	0.13
服务数量需求	993.0	8791.1	18.7	1437.4	1500	300	50
服务质量需求	10.45	12.60	7.55	1.10	11.89	9.91	7.93
	3.80	7.22	1.50	1.38	6.44	3.22	1.61
城镇化水平	71.3	99.5	36.2	14.3	95.84	63.89	31.95
产业结构	56.4	83.8	28.5	10.8	70.88	54.52	38.16
地方政府服务提供能力	8.3	15.4	1.4	3.6	14	7	2

注：（1）服务质量需求第一行为居民受教育程度，第二行为居民收入水平。（2）由于各地区公开的数据口径不一和各条件变量数据的单位量级不一，根据数据情况保留一位或两位小数。

（1）单个条件必要性分析

在分析组态条件之前，对单个条件进行必要性分析，是 QCA 方法的重要环节。表 7-6 呈现了地方政府高服务提供能力和非高服务提供能力的单个条件必要性分析结果。可以发现，所有单个条件的一致性均低于 0.9 的判断标准，[①] 表明均不是高服务提供能力的必要条件，意味着单个条件不构成地方政府服务提供能力高低的决定性因素。大多条件变量与结果变量的一致性程度高于 0.5，表明虽非必要条件，但对地方政府服务提供能力发挥着较为重要的影响作用。同时，在同一结果中，部分条件变量与其相反面的一致性水平较为接近，反映出在不同条件组合下，同一条件变量可能发挥不同方向的影响作用。

表 7-6 单个条件的必要性分析

条件变量	高服务提供能力		~高服务提供能力	
	一致性	覆盖度	一致性	覆盖度
政府注意力	0.687	0.672	0.862	0.626
~政府注意力	0.618	0.858	0.549	0.565
财政资源基础	0.732	0.824	0.613	0.512
~财政资源基础	0.566	0.664	0.789	0.686

---

① Schneider, C. Q & C. Wagemann. Set-theoretic Methods for the Social Sciences: A Guide to Qualitative Comparative Analysis. Cambridge: Cambridge University Press, 2012: 129–143.

续表

条件变量	高服务提供能力		~高服务提供能力	
	一致性	覆盖度	一致性	覆盖度
服务数量需求	0.794	0.745	0.680	0.473
~服务数量需求	0.438	0.648	0.633	0.695
服务质量需求	0.805	0.782	0.697	0.502
~服务质量需求	0.487	0.684	0.698	0.726
城镇化水平	0.834	0.759	0.726	0.490
~城镇化水平	0.439	0.683	0.643	0.742
产业结构	0.719	0.750	0.647	0.501
~产业结构	0.521	0.666	0.677	0.641

注：（1）"~"表示逻辑"非"；（2）表格数据统一保留3位小数。

（2）条件组态分析

在单个条件必要性分析的基础上，研究对地方政府高服务提供能力和非高服务提供能力的条件组态进行定性比较分析。根据既有标准[1][2]和数据特点，将案例频数阈值设置为2、一致性阈值设置为0.8。与主流分析方法一致，研究主要依据中间解进行组态路径分析，辅之以简单解和复杂解。地方政府高服务提供能力和非高服务提供能力的条件组态如表7-7所示。

表7-7 高服务提供能力和非高服务提供能力的条件组态

条件变量	高服务提供能力				非高服务提供能力	
	组态1	组态2	组态3	组态4	组态5	组态6
政府注意力		●	●	○	●	●
财政资源基础	●	●	●	○	○	
服务数量需求	●	●	○			○
服务质量需求	●		○	○	○	○
城镇化水平	●	●	○			○
产业结构	●	○	○			○
一致性	0.873	0.873	0.863	0.902	0.806	0.821
覆盖度	0.586	0.288	0.237	0.254	0.517	0.442
净覆盖度	0.341	0.014	0.032	0.045	0.089	0.014

注：●与○分别代表核心条件的存在与缺失，●与○分别代表边缘条件的存在与缺失。

---

[1] Fiss, P. C. Building Better Causal Theories: A Fuzzy Set Approach to Typologies in Organization Research. Academy of Management Journal, 2011, 54 (2): 393-420.

[2] 张明, 杜运周. 组织与管理研究中QCA方法的应用: 定位、策略和方向. 管理学报, 2019, 16 (9): 1312-1323.

根据表7-7,地方政府高服务提供能力的组态路径可分为3种类型:多向驱动型、供给驱动型和需求驱动型。多向驱动型路径由组态1和组态2代表,在供给、需求和环境三个维度均有驱动因素存在,也正是多个因素的综合驱动生成了高水平政府服务提供能力。从解释力和解释范围来看,组态1和组态2的一致性均高于0.85,代表对结果的解释性较好。组态1的覆盖度接近60%,净覆盖度接近35%,均高于其他组态路径,意味着这一组态可以解释将近60%的案例,同时有将近35%的案例仅能被这一组态解释,表明这一组态解释覆盖范围较广。组态2的覆盖度接近30%,净覆盖度接近0,表示这一组态可以解释将近30%的案例,但几乎没有案例仅能被这一组态解释。从组态条件来看,财政资源基础是组态1和组态2中均存在的核心条件,事实上也是前三组态均存在的核心条件,意味着这一条件的存在对高服务提供能力发挥着较为关键的影响作用;服务需求质量和城镇化水平是组态1和组态2中共同存在的边缘条件,表明这两个条件的存在对高服务提供能力也具有较为重要的影响作用。从代表性城市来看,组态1是财政实力强、公众对公共服务数量和质量需求高、城镇化水平和产业升级转型程度高的城市高服务提供能力的解释路径,代表性城市有上海市、北京市、南京市、天津市、深圳市等。组态2是政府注意力高、财政实力强、公众服务数量需求高、城镇化水平高但产业转型升级程度不足的城市高服务提供能力的解释路径,代表性城市有重庆市、景德镇市等。

供给驱动型路径由组态3代表,主要由供给因素驱动形成高服务提供能力。从解释力和解释范围来看,组态3的一致性超过0.85,表明对结果具有较强的解释力。组态3的覆盖度接近25%,净覆盖度接近于0,表明这一组态可以解释将近25%的案例,但基本没有案例只能被这一组态解释。从组态条件来看,这一组态只有政府注意力和财政资源基础两大供给维度的条件存在,其他条件都不存在,表明政府重视和较强财政实力的组合能够克服城镇化水平不高、产业结构转型升级不足等不利因素,生成高服务提供能力。从代表性城市来看,组态3是政府注意力高、财政实力强但其他条件缺乏的城市高服务提供能力的解释路径,比较特殊的是,这一组态路径暂缺乏组态条件隶属度和结果隶属度都高于0.5的代表性城市。

需求驱动型路径由组态 4 代表，主要由需求因素驱动形成高服务提供能力。从解释力和解释范围来看，组态 4 的一致性超过 0.9，较前三条组态路径，对结果的解释性更强。组态 4 的覆盖度超过 25%，净覆盖度接近于 0，表明组态 4 可以解释超过 25% 的案例，但几乎没有只能被这一组态解释的案例，解释范围与组态 2 和组态 3 较为接近。从组态条件来看，这一组态只有服务数量需求这一驱动因素存在，其他驱动因素都处于缺失状态，意味着在其他条件都"缺位"的情况下，公众对公共服务的需求也能推动政府发展高水平服务提供能力。从代表性城市来看，组态 4 是公众对公共服务数量需求高但其他条件不足的城市高服务提供能力的解释路径，代表性城市为南阳市和漳州市。

地方政府非高服务提供能力的组态路径主要表现为政府注意力强但其他条件缺乏，由组态 5 和组态 6 代表。从解释力和解释范围来看，组态 5 和组态 6 的一致性都介于 0.8 到 0.85 之间，表明相较于其他组态，对结果的解释力相对较弱，但仍属于良好范畴。组态 5 和组态 6 的覆盖度分别为 51.7% 和 44.2%，表明解释覆盖范围分别超过 50% 和接近 45%，两个组态的净覆盖度都接近于 0，表明几乎没有案例只能被组态 5 和组态 6 解释。从组态条件来看，组态 5 和组态 6 的共同之处在于，只有政府注意力这一驱动因素，其他驱动因素大都不存在。这表明仅依靠政府重视，难以建设具有高服务提供能力的地方政府，这也是目前许多中西部地区面临的困境。从代表性城市来看，组态 5 和组态 6 是政府重视程度高但不具备其他驱动条件的城市非高服务提供能力的解释路径，组态 5 代表性城市有周口市、安庆市、自贡市等，组态 6 的代表性城市有宜春市、晋城市、汉中市等。

三、提升路径："供给－需求－环境"的三维驱动

目前来看，我国地方政府服务提供能力发展的不平衡性和不充分性还较为突出，提升服务提供水平以更好回应人民对美好生活的期待，是地方政府的重要责任。基于上述分析结果和现有理论基础，从供给驱动、需求驱动、环境驱动三个维度探索地方政府服务提供能力的提升路径。

（一）供给驱动：强化和实化公共服务供给支持

根据前述分析结果，供给维度对高服务提供能力发挥着关键的驱动作用，公共服务水平的提升必须进一步强化供给支持。一方面，要进一步强化服务型政府理念，加快政府职能转变，将地方政府注意力更多转移到公共服务上来。虽然前述分析结果表明，单独依靠政府注意力难以在其他条件缺失的情况下短期将公共服务提供能力提升到较高水平，但毫无疑问的是，政府重视都能或多或少改善其服务提供能力。尤其是对于其他支持条件较为缺乏的地区，更要提升政府对公共服务的重视程度，以尽可能弥补和克服其他因素造成的劣势。同时，要配合职能重心的转移，完善政府公共服务职责体系，优化公共服务履职工具，实现服务型政府职责结构的正位和履职方式的对位，提升各级地方政府（尤其是基层政府）的公共服务履职能力。[①] 另一方面，要保障地方政府提升公共服务能力的资源基础，最关键的是财政资源保障。实践中，人力资源和物力资源的充分程度在很大程度上依赖于财政资源的充分程度，财政资源的充分程度对地方政府服务提供能力具有关键影响。这也是经济发达地区和经济落后地区服务提供水平呈现明显差异的直接原因。对此，要进一步加大对经济落后地区的转移支付规模，增加一般性转移支付占比，并科学设置转移支付绩效评价标准，严格监管转移支付资金使用情况，避免被不当挪用，提高转移支付作用于优化地方公共服务能力的效率。

（二）需求驱动：显化和转化公共服务需求压力

公共服务的宗旨在于更好地回应人民的公共需求，其最终评价标准也应当是人民满意度。《中共中央组织部关于改进推动高质量发展的政绩考核的通知》明确指出，要在政绩考核中充分反映群众感受、体现群众评价，把人民群众的获得感、幸福感、安全感作为评判领导干部推动高质量发展政绩的重要标准。但在实践中，人民对公共服务的满意度大多是"内隐化"的，少数会通过公开表达的方式传递至政府，这就弱化了政府能够感受到的来自人民的公共服务需求压力。对此，要健全基本公共服务满意度调查制度，通过随机抽样的方式定期调查人民对当地医疗、教

---

① 朱光磊，候绪杰."双线合一"：论服务型政府的建设逻辑．南开学报（哲学社会科学版），2023，(3)：10-21.

育、养老等公共服务的满意度,将调查结果纳入地方政府公共服务考核指标范围,并加强考核结果的运用,以强化地方政府对人民公共服务需求压力的感知,并将之自觉转化为提升公共服务水平的动力。

(三) 环境驱动:持续优化公共服务外部环境

根据前述分析结果,外部环境对地方政府服务提供能力也发挥着一定促进或制约作用,持续优化外部环境是提升公共服务能力的应有举措。一是因地制宜促进产业转型升级,引进和培育能够参与提供高质量公共服务的市场主体,提高地方政府购买公共服务的便捷性和高效性。同时,要完善政府购买服务的承接方选择机制、公共服务绩效评估机制和全过程监督机制,规避政府购买公共服务的各类风险。[①] 二是加强空间规划引领,提升新型城镇化水平,便于实现公共服务的高效集约供给。当然,地方城镇化水平的提升和政府服务能力的提升实际上是一个互相促进的过程。三是发挥数字技术优势,助力公共服务高质量发展。随着数字技术的快速发展,其对公共服务的提质增效作用也日益凸显。虽然数字鸿沟的存在可能会导致部分服务对象被"挤出",但用好数字技术仍能发挥对公共服务的正向效应,包括更加精准地把握人民的公共服务需求、加强服务提供过程的跟踪和反馈等。[②] 政府应着力推进数字基础设施建设,借助数字技术实现公共服务的高效、精准、高质量提供,但同时也需保留一定的传统服务方式,避免数字鸿沟带来的"挤出效应"。

四、结论

研究选取 50 个样本城市对地方政府服务提供能力进行实证评估发现,地方政府服务提供能力指数总体呈现正态分布特点,各地区发展的不均衡性较为突出;地方政府服务提供能力各子维度的指数分布也呈现正态性特点,具有明显的区域差异性;各子维度之间的协调程度较强,可以分为"高-高-高""中-中-中"和"低-低-低"3 种类型。为探究地方政府服务提供能力区域差异性的生成机制,

---

① 杨书文,魏肖男. 政府购买公共服务研究中几个关键性理论问题:基于国内研究的阶段性总结. 学习与探索,2018,(7):58-64.
② 李实,杨一心. 面向共同富裕的基本公共服务均等化:行动逻辑与路径选择. 中国工业经济,2022,(2):27-41.

研究基于"供给 – 需求 – 环境"三维框架进行模糊集定性比较分析发现，地方政府高服务提供能力的组态路径可分为多向驱动型、供给驱动型和需求驱动型 3 种类型，非高服务提供能力的组态路径主要表现为仅有政府重视而缺乏其他驱动因素。提升地方政府服务提供能力是一项综合性的系统工程，可从供给驱动、需求驱动、环境驱动三个维度出发，不断强化和实化公共服务供给支持、显化和转化公共服务需求压力、优化公共服务外部环境。

第八章
地方政府资源利用能力研究

杨文婷

一、问题提出：新发展格局驱动下地方政府资源利用能力的提升

加快构建新发展格局是党的二十大提出的一项战略任务。我国拥有14亿多人口，超过了现有发达国家人口的总和，在现代化进程中面临前所有未的艰巨性和复杂性，因而需要把发展的主导权牢牢掌握在自己手中。在此过程中，地方政府所能获取的基础资源和对资源的有效配置成为抵御风险、推动创新和促进可持续发展的关键要素。党的二十大报告指出应"提升战略性资源供应保障能力"、"优化配置创新资源"、"推进各类资源节约集约利用"和"健全资源环境要素市场化配置体系"，从经济发展、环境保护和公共服务提供等多个角度强调了有效利用资源在中国式现代化进程中的重要作用。因此，提升地方政府的资源利用能力，不仅是现代化进程中应对挑战和防范化解风险的基础，也是推动国家治理体系和治理能力现代化的重要途径。

管理学领域的学者提出资源基础理论（resource-based theory），以组织的内部资源为核心来解释组织的竞争优势和相互之间的差异，被广泛应用于人力资源管理、绩效管理、创新管理等研究领域，并逐步从私人部门拓展到公共部门研究中。[①] 已有研究从资源属性、资源效用、资源配置等方面开展了分析。Wernerfelt 最早将能

[①] Lee S. Y. and A. B. Whitford. Assessing the Effects of Organizational Resources on Public Agency Performance: Evidence from the US Federal Government. Journal of Public Administration Research and Theory, 2013, 23 (3): 687–712.

给组织带来优势或者劣势的资产称为资源,并强调企业拥有技术、资本、品牌等不同类型的资源。① Barney 认为企业需要依靠有价值的和稀缺的资源来获得竞争优势,并将资源划分为物质资源、人力资源和组织资源三种。② Grant 则将资源分为有形资源、人力资源和无形资源。③ 传统的资源基础理论也受到一些批评,有学者认为其忽略了资源之间动态组合的重要性。Sirmon 等学者进一步发现,不同类型资源的组合和编排在组织绩效中起到关键作用。④ 资源基础理论解释了组织间持有不同资源导致的组织间绩效水平的差异,为分析地方政府的资源利用能力提供了直接的理论基础。

基于已有研究,结合地方政府的政策实践,本文将资源利用能力具体划分为两个方面,即资源获取能力和资源整合能力,强调了提升资源利用能力的两个有机联系的关键环节。⑤ 资源获取能力是指政府通过各种途径获取所需资源的能力,包括物质资源、人力资源、组织资源等。资源整合能力则是指在不断变化的外部环境中,政府对已有资源的识别、配置、编排和融合,使得整体资源作用大于部分资源作用之和的能力。有效开发和配置政府资源,充分挖掘内部资源和吸取外部资源,是提升政府发展能力的关键路径之一。对于不同的地方政府而言,无论是其固有的资源条件,还是对资源要素的配置和组合,都存在巨大差异,因而有必要进行具体评估和深入分析。

二、评估结果:基础需求不均与资源配置失衡

(一)指标体系构建和样本选取

为了对地方政府资源利用能力进行具体的量化分析,本书将其操作化为资源获取能力和资源整合能力,具体包括税收收入增长率、一般性公共服务支出占财政支

---

① Wernerfelt B. A Resource-based View of the Firm. Strategic Management Journal, 1984, 5 (2): 171 – 180.
② Barney J. Firm Resources And Sustained Competitive Advantage. Journal of Management, 1991, 17 (1): 203 – 227.
③ Grant R. M. The Resource-based Theory of Competitive Advantage: Implications for Strategy Formulation. California Management Review, 1991, 33 (3): 114 – 135.
④ Sirmon D. G., Hitt M. A., Ireland R. D., B. A. Gilbert. Resource Orchestration to Create Competitive Advantage: Breadth, Depth, And Life Cycle Effects. Journal of Management, 2011, 37 (5): 1390 – 1412.
⑤ 赵宏,陈自强. 我国县级政府能力建设的基本途径. 思想战线,2007,(2):47 – 50.

出的比重、财政收入增长率、财政支出占 GDP 比重等客观数据和吸引外来人才的能力、与智库展开有效合作的能力、与媒体构建良好关系的能力、与企业实施有效协作的能力等主观调查数据。

对于地方政府资源利用能力的分析，本章主要围绕以下三个方面开展：第一，对样本城市的资源利用能力及其二级指标进行整体分析，并具体介绍三级指标的数据分布情况；第二，根据国家"经济区域"的标准，将 50 个样本城市划分为东部、中部、西部和东北四大地区，对分属不同区域的城市地方政府资源利用能力进行比较分析；第三，依据城市的政府行政级别将样本城市划分为直辖市、副省级城市、非副省级省会城市以及一般地级市四种层次，进而对地方政府资源利用能力进行比较分析。本文共包含 50 个样本城市，具体分布情况如表 8-1 所示。

表 8-1 50 个样本城市的地区和行政级别分布情况

	东部地区	中部地区	西部地区	东北地区	总计
直辖市	北京、上海、天津		重庆		4
副省级城市	厦门、广州、深圳、南京、济南、杭州	武汉	西安、成都	哈尔滨、沈阳	11
非副省级省会城市	海口、石家庄	合肥、郑州、长沙、南昌、太原	南宁、贵阳、呼和浩特、昆明		11
一般地级市	漳州、东莞、保定、邯郸、淮安、菏泽、丽水、温州	安庆、南阳、周口、株洲、景德镇、宜春、晋城	金昌、陇南、遵义、赤峰、汉中、自贡	黑河、吉林、延边朝鲜族自治州	24
总计	19	13	13	5	50

（二）地方政府资源利用能力总体评价

1. 一级指标和二级指标的总体分析

本部分对资源利用能力这项一级指标以及资源获取能力、资源整合能力两个二级指标进行总体分析。以 2022 年度"中国地方政府发展能力调查"的结果为基础，对各地方政府资源利用能力的主观调查数据和客观数据进行加权计算。本书将资源利用能力的一级指标和二级指标最终得分转换为分值分布区间在 5~95 分的数据列,以更直观地反映城市之间的差异。

图 8-1 为资源利用能力一级指标和二级指标的描述性分析。50 个样本城市的政府资源利用能力的平均得分为 45.27,表明城市的平均资源利用能力仍存在较大提升空间。以四分位数来看,有 25% 的地方政府资源利用能力在 33.60 分以下,而有 25% 的地方政府资源利用能力在 55.83 分以上。可以看出,样本城市之间的政府资源利用能力存在一定的差距。对于二级指标而言,资源获取能力和资源整合能力也存在一定的差异。具体而言,资源获取能力的平均得分为 46.04,标准差为 19.71;而资源整合能力的平均得分为 44.36,标准差为 21.47。可以看出,相较于资源获取能力,样本城市的资源整合能力平均得分更低,且城市之间的差异更大。

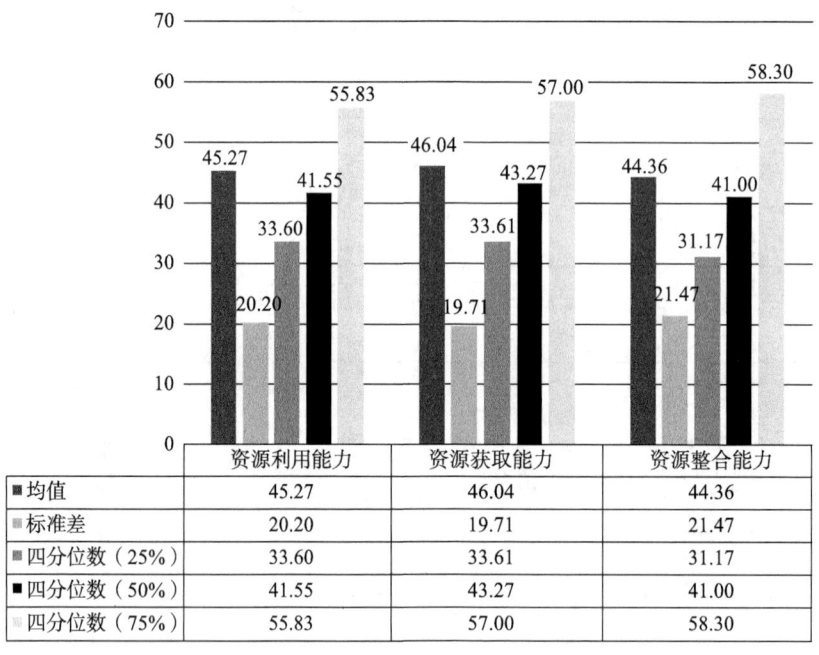

图 8-1 地方政府资源利用能力一级指标和二级指标概况

2. 三级指标的具体分析

地方政府资源获取能力的三级指标的数据分布情况如表 8-2 所示。

表 8-2 地方政府资源获取能力的三级指标概况

指标	平均值	标准差	最大值	最小值	四分位数		
					25%	50%	75%
税收收入增长率/%	-4.39	12.10	39.30	-25.20	-13.22	-3.35	3.70
一般性公共服务支出占财政支出的比重/%	8.64	2.20	15.45	2.55	7.32	8.84	9.68
财政收入增长率/%	2.23	10.71	43.30	-20.80	-2.60	1.25	8.30
吸引外来人才的能力	3.67	0.38	4.59	2.98	3.39	3.64	3.89
有效引进项目的能力	3.73	0.38	4.66	2.94	3.50	3.68	4.00

第一个指标为税收收入增长率,平均值为 -4.39。其中,晋城市的税收收入增长率最高,为 39.3,而景德镇市的税收收入增长率最低,为 -25.2。作为财政收入最主要的部分,税收增长情况能够很大程度上反映产业持续发展、消费支出、财政稳定性等经济增长和活跃程度,是政府资源获取能力的基础表现之一。[①] 虽然样本城市的税收收入增长率的平均值为负值,但有 25% 的城市的税收增长率保持在 3.7 以上。

第二个指标为一般性公共服务支出占财政支出的比重,平均值为 8.64。其中,最小值 2.55 为南京市,最大值 15.45 为海口市。公共服务涵盖的范围非常广泛,包括国家安全、社会安全、保护公民财产等维护性公共服务,产业活动价格补贴、国有企业投资等经济性公共服务,以及文化教育、社会保障、环境保护、医疗卫生等社会性公共服务。[②] 政府公共服务是公共服务的重要组成部分,可以理解为政府为公民及社会提供有关公共服务的法规政策、项目合作、财政支出等一系列活动。[③] 公共领域的价值主要反映在公共服务供给上,中央和各级地方政府试图通过财政政策推动基本公共服务供给体系的改革。[④] 一般性公共服务主要指在政府公共服务中具有广泛性、迫切性和基础性的社会性公共服务,该项支出在财政支出的比重能够反映政府配置社会资源的方向和政府职能履行的重点,是政府资源获取能力的

---

① 白景明. 经济增长、产业结构调整与税收增长. 财经问题研究, 2015, (8): 56-61.
② 李军鹏. 公共服务型政府. 北京大学出版社, 2004: 45.
③ 彭宗超, 庄立. 中国地方政府公共服务竞争力相关概念探析. 中国行政管理, 2008, (5): 75-80.
④ 王亚婷, 李永刚. 政府公共服务的非均衡供给:一个结构功能主义的分析视角. 学海, 2018, (4): 175-181.

重要内容。

第三个指标为财政收入增长率，平均值为 2.23。其中，晋城市的财政收入增长率最高，为 43.30，而郑州市的财政收入增长率最低，为 -20.80。已有研究将财政资源视为政府推动创新发展的核心条件。① 财政收入增长率是本年度财政收入的增长速度，是衡量地方财政健康状况和经济增长的重要指标之一，能够反映地方政府进一步增加投资支持和创新发展、提升公共服务供给、促进可持续发展等方面的潜在能力。样本城市之间的财政收入增长率差异较大，最高值和最低值之间的差距为 64.1。

第四个指标是吸引外来人才的能力，平均值为 3.67。其中，最小值 2.98 为安庆市，最大值 4.59 为合肥市。党的二十大报告强调，要"深入实施人才强国战略。培养造就大批德才兼备的高素质人才，是国家和民族长远发展大计"。习近平总书记在 2021 年召开的中央人才工作会议上强调，要全方位培养、引进、用好人才，加快建设世界重要人才中心和创新高地，为 2035 年基本实现社会主义现代化提供人才支撑，为 2050 年全面建成社会主义现代化强国打好人才基础。人才引进对于人才聚集、产业升级和企业创新等方面具有积极影响。② 在知识经济时代，吸引外来人才的能力成为政府资源获取能力的重要内容。

第五个指标是有效引进项目的能力，平均值为 3.73。其中，最小值 2.94 为陇南市，最大值 4.66 为合肥市。招商引资和优化营商环境是我国地方政府推动经济增长的重要手段。③ 通过吸引企业投资项目，能够推动产业集聚，在发展经济、改善民生、提升城市竞争力等方面具有重要意义。新的投资项目有利于增加就业机会，吸引外来人才流入，增加经济活力，因而成为政府获取各类资源的关键途径。合肥市在吸引外来人才的能力和有效引进项目的能力两项指标中均为样本城市的第一名，也展现了该城市在招商引资、产业发展和人才集聚等方面的突出能

---

① 林海，胡亚美，陈金华. 什么决定了区域数字化发展？：基于"技术-组织-环境"（TOE）框架的联动效应分析. 科技管理研究，2022，42（14）：24-32.
② 孙文浩. 政府结构化人才引进政策能否促进企业创新. 科研管理，2023，44（4）：164-174.
③ 宋林霖，何成祥. 从招商引资至优化营商环境：地方政府经济职能履行方式的重大转向. 上海行政学院学报，2019，20（6）：100-109.

力。表 8-3 为地方政府资源整合能力的三级指标的数据分布情况。

表 8-3 地方政府资源整合能力的三级指标概况

指标	平均值	标准差	最大值	最小值	四分位数		
					25%	50%	75%
财政支出占 GDP 比重（%）	17.53	8.17	45.94	6.27	12.85	15.50	20.05
与智库展开有效合作的能力	3.74	0.39	4.59	2.91	3.50	3.68	3.95
与媒体构建良好关系的能力	3.81	0.35	4.62	3.15	3.59	3.79	4.00
与企业实施有效协作的能力	3.80	0.35	4.62	3.09	3.57	3.72	4.00

第一个指标为财政支出占 GDP 比重，平均值为 17.53。其中，陇南市的比重最高，为 45.94，而遵义市的比重最低，为 6.27。党的十八大以来，财政职能在全面深化改革稳步推进、抵御各类重大风险、确保全面建成小康社会等方面起到了兜底、推动和加力的关键作用。① 然而，面对财政处于紧平衡状态，在收支矛盾加剧、债务风险增加等背景下，提升财政资源配置效率则尤为重要。因此，地方政府有必要将财政支出占 GDP 比重保持在适当的范围内，协调财政支出与经济发展，提升财政资源配置效率，进而提高资源整合能力。

第二个指标为与智库开展有效合作的能力，平均值为 3.74。其中，最小值 2.91 为陇南市，最大值 4.59 为合肥市。2015 年，中共中央办公厅、国务院办公厅印发《关于加强中国特色新型智库建设的意见》，推动建立健全决策咨询制度。2020 年，习近平总书记主持召开中央全面深化改革委员会第十二次会议，审议通过《关于深入推进国家高端智库建设试点工作的意见》，明确要求推进国家智库的高质量发展。智库能够为政府决策提供大量真实科学的数据信息，为决策建立良好的信息基础和提供专业建议，并回应复杂化和动态化的公共问题带来的挑战。② 政府与智库建立有效的合作关系，充分发挥公共治理中的智库作用，是提升公共治理能力、有效整合资源的重要途径。

第三个指标为与媒体构建良好关系的能力，平均值为 3.81。其中，最小值 3.15 为安庆市，最大值 4.62 为合肥市。媒体是政府向公众传递决策、绩效等信息

---

① 李明，王帅. 中国地方财政支出绩效（2008—2020）：趋势与周期. 管理世界，2023，39（2）：58-71.
② 张欣，池忠军. 发挥智库在公共治理中的作用. 理论探索，2015，(1)：95-98.

的重要渠道之一，与媒体建立良好的关系，有助于确保准确、及时和全面地传播信息，提高政府透明度，进而增加公众对政府的理解和信任。[①] 因此，政府需要重视媒体在舆论传播中的重要作用，构建良好的合作关系，充分发挥媒体在舆情传播中的影响力和引导力，让政府在处理舆情事件中掌握主动权。

第四个指标为与企业实施有效协作的能力，平均值为3.80。其中，最小值3.09为陇南市，最大值4.62为合肥市。党的十九大报告指出，要"构建亲清新型政商关系，促进非公有制经济健康发展和非公有制经济人士健康成长"。政府推动构建亲清新型政商关系，与企业在招商引资、项目管理等方面进行有效协作，促进市场资源有效配置，能够进一步发挥资源整合优势，推动经济发展和满足社会发展需求。值得注意的是，合肥市在与智库、媒体、企业的关系构建方面表现均为最优，体现了突出的资源整合能力。

（三）不同地区地方政府资源利用能力的比较分析

1. 不同地区地方政府资源利用能力的总体分析

图8-2为四个地区样本城市的地方政府资源利用能力总体比较。就均值而言，

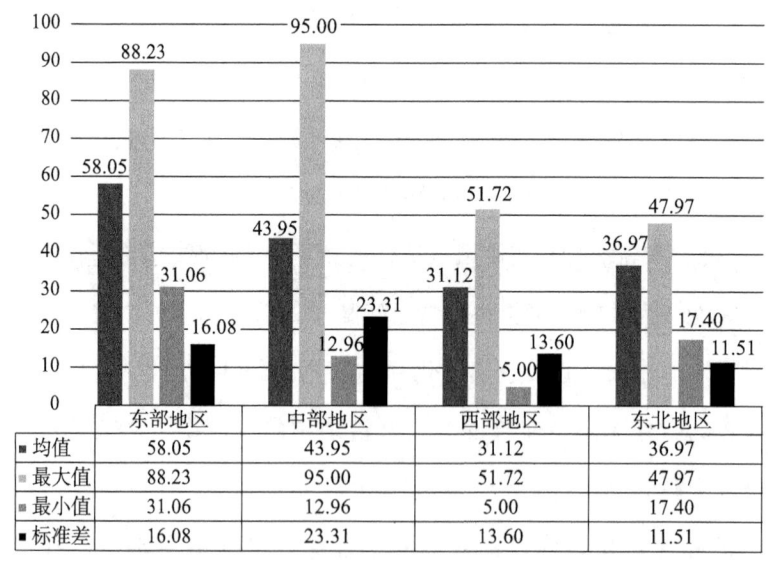

图8-2 不同地区地方政府资源利用能力总体比较

---

① 张淑华，周志勇. 突发事件中政务新媒体运营风险与治理研究：基于政治沟通理论. 中国编辑，2020，(3)：43-48.

东部地区城市的政府资源利用能力的平均值明显高于中部、西部和东北三个地区。东部地区经济发展水平较高，具有强有力的财政支持，能够获取各类资源并对资源进行有效整合。然而不可忽视的是，东部地区的标准差仅次于中部地区，反映了东部地区城市之间的资源利用能力差异较大，发展不均衡、不协调的趋势，需要加强对落后城市的资源配置和优化。中部地区的平均值高于西部和东北地区，但中部地区的资源利用能力不平衡程度最高，需要关注落后地区的资源利用能力，提高资源配置的区域协调发展。西部地区的平均值最低，略低于东北地区，且存在样本城市中的最低值（陇南市）。

2. 不同地区地方政府资源利用能力的具体分析

本部分首先对四个地区城市的政府资源获取能力和资源整合能力 2 项二级指标的均值进行比较分析。根据图 8-3 可以看出，不同地区的样本城市在 2 项二级指标上均存在差异。其中，东部、中部和西部地区的资源获取能力均高于资源整合能力，而东北地区的资源整合能力则明显高于资源获取能力。结合图 8-2 进行比较分析，可见政府资源获取能力、资源整合能力的地区差异与资源利用能力的差异状况大体相同，呈现出东部地区城市的政府资源获取能力和资源整合能力远高于其他 3 个地区，中部地区次之、略高于东北地区，西部地区两项能力都最为落后的格局。

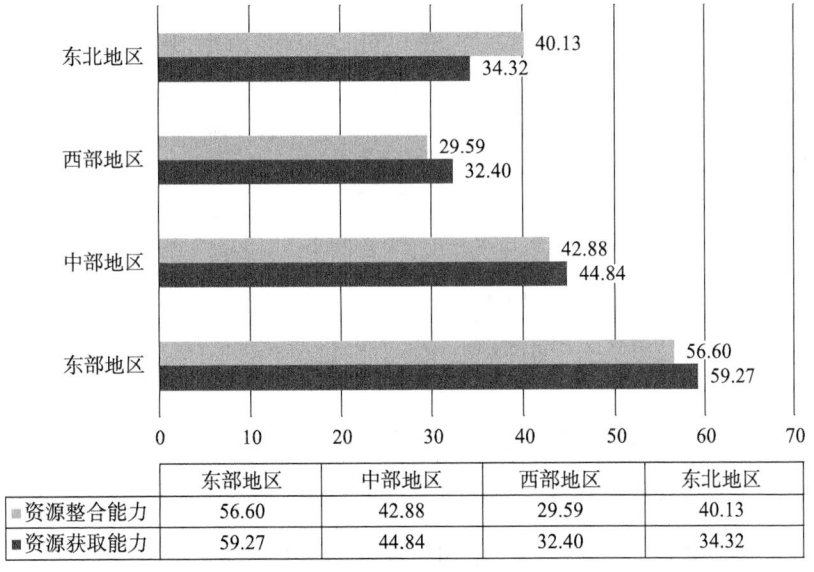

图 8-3　不同地区地方政府资源利用能力二级指标均值比较

具体而言，东部地区的经济发展较早，率先通过引进外资、建设经济特区等方式积累了大量的资本和技术，增强了资源获取能力，且东部地区的经济活动和产业发展较为集中，有助于借助区位优势推动资源整合。中部地区的两项能力均高于西部地区和东北地区，这表明中部地区借助连接东、西部的区位优势，积极推动人才引进、产业升级等战略，有助于资源获取和整合。东北地区的资源整合能力高于资源获取能力，反映了该地区依托已有的重工业基础进行产业结构调整，推动更灵活、更高效的资源整合，来支持新兴产业发展和技术创新。西部地区的两项能力较为均衡，且都属于最低水平，反映了该地区经济发展较为滞后，资源获取难度大，也难以进行有效整合，需要在后续发展中推动资源获取能力和资源整合能力的整体提升，促进西部地区的可持续发展。

为了检验不同地区间差异的显著性，本书对不同地区的地方政府资源利用能力一级指标和二级指标分别进行了多组样本均值比较的方差分析。根据巴特立特球形检验结果，资源利用能力、资源获取能力和资源整合能力均满足方差齐性假设，可以使用参数检验来分析组间差异。方差分析结果如表8-4所示，F检验的p值小于0.01，表明不同地区之间的地方政府资源利用能力存在显著差异，且具体的资源获取能力和资源整合能力也均存在显著差异。

表8-4 不同地区地方政府资源利用能力的均值比较方差分析结果

指标	类型	平方和	自由度	均方误差	F检验	p值
资源利用能力	组间比较	6075.26	3	2025.09	6.69	0.00
	组内比较	13926.87	46	302.76	—	—
资源获取能力	组间比较	6450.47	3	2150.16	7.86	0.00
	组内比较	12575.85	46	273.39	—	—
资源整合能力	组间比较	5799.79	3	1933.26	5.30	0.00
	组内比较	16779.94	46	364.78	—	—

进一步对地方政府资源利用能力的9项三级指标的均值进行比较分析，挖掘各地区所呈现的不同特征的原因。由表8-5可知，在资源获取能力方面，中部地区的税收收入增长率和财政收入增长率均高于其他三个地区，吸引外来人才和有效引进项目能力略低于东部地区，一般性公共服务支出占财政支出的比重略低于西部和

东部地区，表明中部地区一定程度上通过吸引投资和人才引进实现了经济快速发展，但在产业发展主导的背景下，公共服务的投入相对节制。东部地区在吸引外来人才和有效引进项目方面的能力最强，反映了其在经济、科技、教育和城市发展等多个方面优势产生的集聚效应。西部地区的一般性公共服务支出占财政支出的比重在四个地区中最高，表明该地区在民生保障、基础设施建设等方面的较大需求。在资源整合能力方面，东北地区的财政支出占 GDP 比重远高于其他三个地区，反映了东北振兴背景下该地区在产业结构调整、就业保障、社会保障等方面的迫切需求。东部地区在与智库、媒体和企业合作的能力方面均高于其他三个地区，由此说明了其对人才、技术、信息、资金等多种资源的有效整合，在良好经济发展的基础上，能够推动资源配置机制动态调整和创新发展，在多主体协同背景下推动区域发展。

表 8-5 不同地区地方政府资源利用能力三级指标均值比较

二级指标	三级指标	东部地区	中部地区	西部地区	东北地区
资源获取能力	税收收入增长率/%	-5.38	0.92	-6.32	-9.34
	一般性公共服务支出占财政支出的比重/%	8.68	8.28	9.24	7.87
	财政收入增长率/%	2.29	6.02	0.78	-4.12
	吸引外来人才的能力	3.91	3.64	3.41	3.47
	有效引进项目的能力	3.98	3.71	3.47	3.50
资源整合能力	财政支出占 GDP 比重/%	16.40	15.09	17.72	27.72
	与智库展开有效合作的能力	3.96	3.75	3.47	3.58
	与媒体构建良好关系的能力	4.01	3.79	3.56	3.74
	与企业实施有效协作的能力	3.99	3.78	3.57	3.69

（四）不同行政级别城市政府资源利用能力的比较分析

1. 不同行政级别城市地方政府资源利用能力的总体分析

本部分对 4 类行政级别的城市的政府资源利用能力进行总体比较。根据图 8-4 所示，地方政府资源利用能力与行政级别基本呈正相关关系。直辖市的地方政府资源利用能力均值高达 59.58，远超副省级城市、非副省级省会城市和一般地级市，且标准差也小于其他 3 类城市，表明直辖市的整体水平高、差异相对较小。直辖市作为级别等同于省级行政区、我国最高级别的市，在政治、经济、文化等多方面发展都具有较高的中心地位，能够享有更多的资源和政策优势，使得其整体资源利用能力远高于其他级别的城市。一般地级市的资源利用能力远低于其余3类城市，表明这些城市面临着经济发展放缓、人才流失、政策支持不足等一系列问题，为资源利用能力的提升带来挑战。

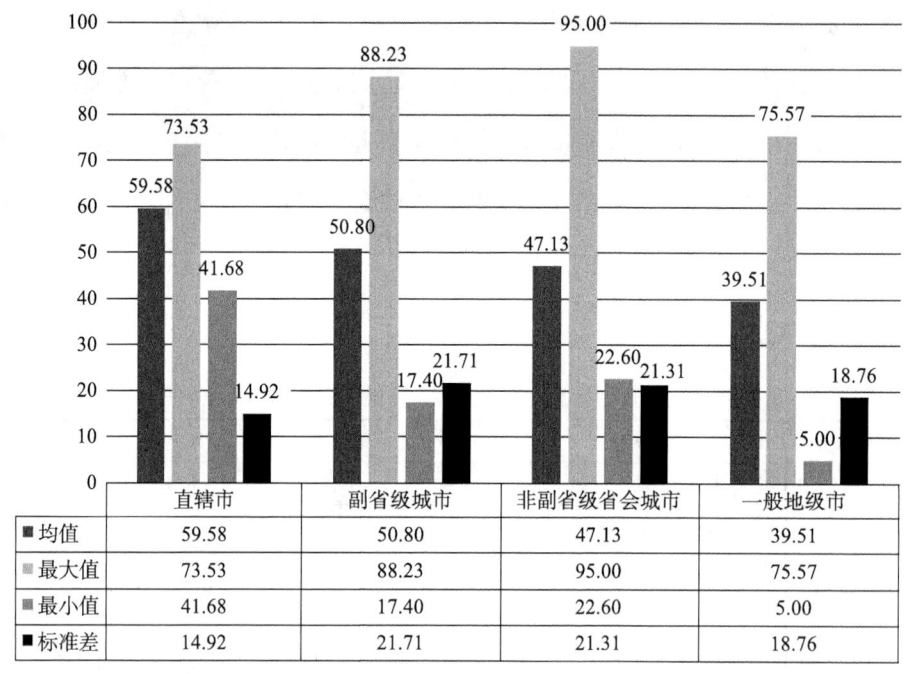

图8-4 不同行政级别城市地方政府资源利用能力总体比较

2. 不同行政级别城市地方政府资源利用能力的具体分析

本部分对不同行政级别城市的地方政府资源获取能力和资源整合能力2项二级指标的均值进行比较分析。根据图8-5可以看出，直辖市在资源获取能力和资源整合能力2项指标上均优于其他城市，其中资源获取能力的优势更为明显。作为国家的经济引擎和国际化中心，直辖市在吸引资源聚集方面优势突出，能够获取大量资源，为其可持续发展提供了有力支撑。副省级城市的资源获取能力与非副省级省会城市旗鼓相当，而其资源整合能力略低于直辖市，并明显高于非副省级省会城市和一般地级市。副省级城市具有相对较高的资源支配权限，因而能够通过创新资源配置，更有效地整合和利用多样化的资源，实现综合发展的目标。相较于更高等级的城市，一般地级市的政策支持力度不足，且面临着经济基础薄弱、社会基础落后、创新能力不足等问题，使得其资源获取能力和资源整合能力都处于最低水平。

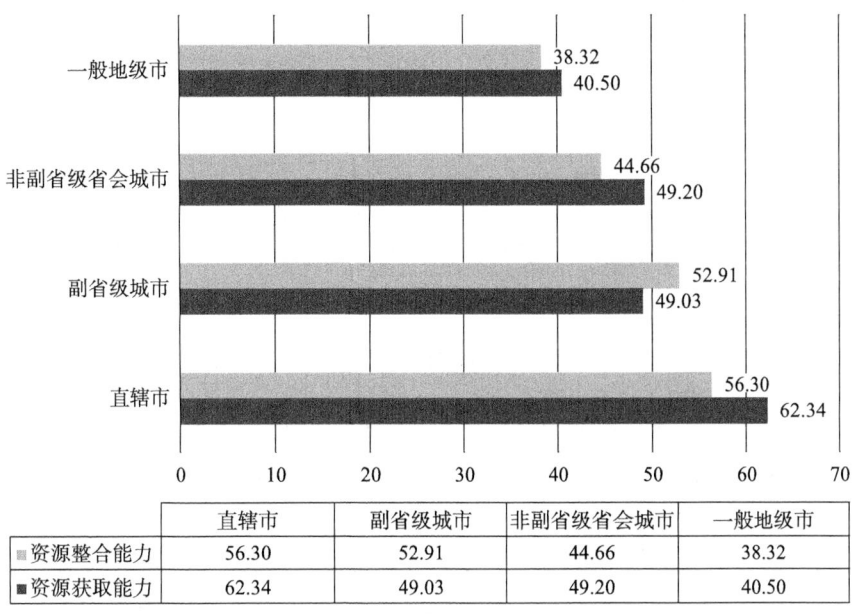

图 8-5　不同行政级别城市地方政府资源利用能力二级指标均值比较

本部分对不同行政级别城市的地方政府资源利用能力的一级指标和二级指标分别进行了多组样本均数比较的方差分析，来检验组间差异的显著性。根据巴特立特球形检验结果，资源利用能力、资源获取能力和资源整合能力均满足方差齐性假设，可以使用参数检验来分析组间差异。方差分析结果如表 8-6 所示，F 检验的 p 值均大于 0.1。虽然描述性结果表明不同行政级别的城市呈现出一定的差异，但从统计学的角度来看，这些差异并没有达到显著水平。

表 8-6　不同行政级别城市地方政府资源利用能力的均值比较方差分析结果

指标	类型	平方和	自由度	均方误差	F 检验	p 值
资源利用能力	组间比较	1990.03	3	663.34	1.69	0.18
	组内比较	18012.11	46	391.57	—	—
资源获取能力	组间比较	2005.93	3	668.64	1.81	0.16
	组内比较	17020.38	46	370.01	—	—
资源整合能力	组间比较	2249.17	3	749.72	1.70	0.18
	组内比较	20330.56	46	441.81	—	—

根据表8-7可知，对于资源获取能力而言，副省级城市在税收收入增长率和财政收入增长率方面均高于其他3类城市，展现了副省级城市借助区位优势和政策支持，在推动产业结构转型、实现经济持续发展方面的突出能力。非副省级省会城市的一般性公共服务支出占财政支出的比重最高。非副省级省会城市作为地方政府的行政中心，需要承担更多的行政职能和公共服务职责，且由于人口密集、城市规模较大，也需要提供更多的公共服务来满足居民需求。在吸引外来人才和有效引进项目方面，直辖市表现出了突出的优势，得益于其在经济发展、科技创新、政策支持等方面的中心地位。对于资源整合能力而言，一般地级市的财政支出占GDP比重高于其他类型的城市，反映了其在基础设施、公共服务等方面投入的较大需求。直辖市在与智库、媒体和企业的合作能力上均高于其他3类城市，而非副省级省会城市的均值最低，反映了其在整合多主体资源方面的短板。

表8-7 不同行政级别城市地方政府资源利用能力三级指标均值比较

二级指标	三级指标	直辖市	副省级城市	非副省级省会城市	一般地级市
资源获取能力	税收收入增长率/%	-5.38	0.92	-6.32	-9.34
	一般性公共服务支出占财政支出的比重/%	8.68	8.28	9.24	7.87
	财政收入增长率/%	2.29	6.02	0.78	-4.12
	吸引外来人才的能力	3.91	3.64	3.41	3.47
	有效引进项目的能力	3.98	3.71	3.47	3.50
资源整合能力	财政支出占GDP比重/%	16.4	15.09	17.72	27.72
	与智库展开有效合作的能力	3.96	3.75	3.47	3.58
	与媒体构建良好关系的能力	4.01	3.79	3.56	3.74
	与企业实施有效协作的能力	3.99	3.78	3.57	3.69

三、提升路径：资源获取和整合的协同发展

通过对评估结果的分析可以发现，当前中国地方政府资源利用能力仍有很大的提升和优化空间，不同地区和不同行政级别城市的地方政府资源利用能力存在一定的差距。总体上，需要重视资源获取能力和资源整合能力齐头并进，实现从有效获取到高效整合的协调发展，助力经济社会的可持续发展。基于分析结果，本书进一

步归纳出以下三个提升途径。

第一，高位推动、把握机会，实现资源利用能力的整体提升。总体而言，地方政府资源利用能力的综合评估分值表现一般，表明各个城市的资源利用能力发展任重道远。在加快构建新发展格局的战略背景下，地方政府有必要在政策层面强调资源利用的重要性，主动积累物质、人力、组织等多种类型的资源，探索高效配置资源的路径，为实施转型发展战略奠定坚实基础。具体而言，地方政府应该积极推出具有吸引力的人才引进政策，完善人才管理机制，拓宽职业发展通道，做到人才为本、信任人才、尊重人才、善待人才、包容人才。地方政府还应重视营商环境的改善，为企业提供及时、便捷的服务，通过健全的法治环境、完善的长效合作机制和具有吸引力的优惠政策来吸引优质项目落地。此外，地方政府还应重点推动服务型政府建设，探索公共服务提供模式的转型路径，积极发挥媒体、企业、公众等多个主体的主观能动性，以低成本高效能的方式来应对现代化进程中的多种风险和挑战。

第二，因地制宜、均衡推进，助力资源获取和资源整合的协同发展。基于评估结果可知，不同地区的政府资源获取能力和资源整合能力都存在显著差异，因而应在考虑不同发展阶段的基础上探索差异化的协同发展策略。东部地区在资源获取能力方面具有突出优势，需要进一步考虑如何在丰富资源的基础上探索创新型资源配置策略，通过有效整合来最大化现有资源的利用效能。中部地区应借助连接东、西部的区位优势，双管齐下，既要加大力度获取资源，积累丰富的物质、人力等资源，也要对已有资源进行优化配置和高效整合，深化资源获取和资源整合的协同发展。东北地区有必要重点关注将重工业基础转化为新兴产业发展可用的资源，进而结合优化营商环境、引进人才等政策支持提高获取新资源的能力。西部地区则需要重视获取资源所需的基础设施和发展环境建设，并借助其在经济发展等方面的潜在空间，吸引更多资源落地，并推动已有资源的有效整合。

第三，长远规划、动态调整，推动地方政府资源利用的可持续发展。评估结果发现，行政级别越高的城市往往具有越高的资源利用能力，一定程度上反映了政府行政职权在资源获取和资源整合过程中的关键作用。地方政府应根据实际发展情况和发展需求，制定中长期规划，从顶层设计的角度来设计资源获取和资源整合的策略路径，为实现多主体协同推动资源利用能力提升提供政策支持。在此基础上，地方政府还应意识到客观环境的复杂性和动态性，在实施规划的过程中依据经济、社会和文化环境的变化，动态调整规划的具体实施方案，探索切实可行的资源配置方案，推动资源利用能力的可持续发展。

四、结论

本章通过对主观调查数据和客观数据的总结和分析，主要有以下两个方面的结论。一方面，地方政府资源利用能力整体水平不高，存在较大优化调整的空间。另一方面，不同地区和不同行政级别城市的地方政府资源利用能力存在差异。对于不同地区而言，东部地区无论是在资源获取能力，还是在资源整合能力方面，都超越了其他地区，中部地区位居其后，东北地区再次，西部地区处于最低水平。对于不同行政级别的城市而言，直辖市在资源利用能力上领先于其他城市，副省级城市次之，非副省级省会城市略低于副省级城市，而一般地级市的水平远低于其他3类城市。地方政府资源利用能力呈现发展不均衡、不充分的格局，有必要高位推动，探索协同推进资源获取能力和资源整合能力提升的可行性路径。

资源是城市发展的基础，因而政府积极推动资源利用能力的提升，对于推进城市治理和社会发展具有重要意义。在构建新发展格局的战略驱动下，地方政府应积极提升资源利用能力，推动高质量发展来助力中国式现代化。需要强调的是，这并不意味着地方政府要大包大揽。在资源获取和资源整合过程中，地方政府并非唯一的主体，企业、非营利组织、公众等主体的作用不可忽视。地方政府有必要转变政府职能，推进服务型政府建设，充分发挥各类市场主体的巨大潜能，在多主体协同治理的策略下推进人才、资金、技术等多种资源的获取和整合。

第九章
地方政府科学履职能力研究

赵志远

在地方政府发展能力体系中,科学履职能力、资源利用能力和学习创新能力共同构成地方政府促进自身能力发展的重要部分。其中,科学履职能力一方面反映着政府内部改革的有效性,包括政府决策、执行的各个环节,以及政府的职责配置等内容;另一方面反映着政府改革面向群众和企业时转化的有效性,包括履职方式以及服务态度等方面的变化。从制度设计到制度执行,科学履职能力是衡量地方政府自我建设成效的重要指标。科学履职能力的提升,对于地方政府的全面发展乃至整体性政府的形成与政府职能转变的推进都有助益。本章将对2022—2023年中国地方政府科学履职能力进行分析,尝试提出可行的优化与提升路径。

一、问题提出:何以实现职责配置与履责方式的同步优化

政府职能转变问题是中国政府发展中的一个兼具长期性与复杂性的问题。20世纪80年代中期,随着经济体制改革的不断推进,中国特色社会主义市场经济体制的建立与完善不断提出"政府应当做什么?""政府应当怎么做?"等问题。这是中国政府职能转变的实践与经济基础。1987年党的十三大报告正式提出"转变政府的职能"的概念[①];随后1988年的机构改革提出"转变政府职能是机构改革的关键"这一命题,明确了机构改革与政府职能转变之间的紧密联系。21世纪初期,"建设服务型政府"这一提法形成并得到中央政府的认可,学界对其进行了充分探

---

① 中共中央文献研究室. 十三大以来重要文献选编(上). 人民出版社,1991:39.

索、研究与论证，积累了大量阶段性的研究成果。建设服务型政府是中国政府发展方向的定位，也是对长期以来政府职能转变工作的集中总结。①

党的十八届三中全会通过《中共中央关于全面深化改革若干重大问题的决定》，提出"国家治理体系和治理能力现代化"这一新的重大命题。其中，政府科学管理与有效参与治理活动是国家治理现代化的重要内容。推进政府职能转变是中国全面深化改革、促进政府发展的核心关键环节，也是中国政府管理体制改革的重点难点命题。② 中国需要建立与现代化治理结构相适应的政府职能。③ 随着实践的不断发展与认识的逐步加深，政府职能转变研究也不断深化细化，包括对"放管服"改革与营商环境优化背景下的职能转变逻辑④、权责清单制度与政府职能转变关系⑤，以及数字技术在推进政府职能转变过程中的应用⑥等不同视角的研究。政府职能转变的核心目标是建立具有中国特色的政府职责体系，这既包括政府职责结构的转变，也包括政府履责方式的转变。通过职责结构与履责方式"双线并行"的方式推进，政府职能转变工作得以不断推进。⑦ 2022年10月，党的二十大报告指出，要"转变政府职能，优化政府职责体系和组织结构"，这在政府职责体系优化的背景下对政府科学履职能力提出了进一步要求。

总体而言，就政府职能转变背景下政府履职能力提升这一课题，学界与实务界呈现出相互推动、相互促进的良性发展态势。现有研究提供了丰富、多样化的研究视角，特别是"双线"概念的提出，为实证研究指标体系的形成与分析提供了充分的理论支撑。因此，基于现有研究，本研究采用量化分析的方法，在研究对象层面，共选取了中国50座城市（包含直辖市）作为研究对象；在指标体系构建方面，

---

① 朱光磊. 中国政府职能转变问题研究论纲. 中国高校社会科学，2013，(4)：145-155.
② 王浦劬. 论转变政府职能的若干理论问题. 国家行政学院学报，2015，(1)：31-39.
③ 薛澜，李宇环. 走向国家治理现代化的政府职能转变：系统思维与改革取向. 政治学研究，2014，(5)：61-70.
④ 朱光磊，黄雅卓. "放管服"改革背景下的政府纵向间关系调整逻辑. 行政论坛，2022，(5)：5-14；宋林霖，陈志超. 中国营商环境治理：寻求技术逻辑与制度逻辑的平衡. 行政论坛，2022，(5)：44-51.
⑤ 朱光磊，赵志远. 政府职责体系视角下的权责清单制度构建逻辑. 南开学报（哲学社会科学版），2020，(3)：1-9.
⑥ 鲍静. 全面建设数字法治政府面临的挑战及应对. 中国行政管理，2021，(11)：9-12.
⑦ 朱光磊，候绪杰. "双线合一"：论服务型政府的建设逻辑. 南开学报（哲学社会科学版），2023，(3)：10-21.

综合考虑了数据的科学性、可得性等因素,将职责结构与履责方式相结合、将政府管理与政府参与治理相结合,最终确定了3个二级指标、12个三级指标。本研究的指标体系中既包含客观数据指标,也包含一定数量的主观指标,相关数据通过收集各类统计年鉴及通过大规模调查问卷获得。通过分析,本研究试图获得一定的量化结果,并基于此分析地方政府科学履职能力的整体情况与差异化发展,进而提出可能的优化方案与提升路径。

二、评估结果:地区发展差异中"职责同构"与"履责异构"的并存

课题组通过问卷调查以及收集各样本城市的统计数据,经过标准化和可操作性处理,计算出各城市政府科学履职能力指数及二级指标的分数,为研究提供了数据支持。

(一)样本选取与指标体系

为了对地方政府科学履职能力进行具体的量化研究,本书将其操作化为政策制定能力、政策执行能力和政府机构运行能力3个二级指标,继续操作化为12个三级指标,包括若干客观指标如"全年发布政策文件数量",以及若干主观指标如"部门间协同能力""机构设置合理性"等。具体指标设置如表9-1所示。

表9-1 地方政府科学履职能力操作化指标

一级指标 (核心能力)	二级指标 (分解能力)	三级指标(主观、客观数据)	指标类型
科学履职能力	政策制定能力	全年发布政策文件数量	客观指标
		决策的科学性	主观指标
		政策制定过程中公众参与的有效性	主观指标
	政策执行能力	环境支持度指数	客观指标
		部门间协同能力	主观指标
		政策执行效果	主观指标
	政府机构运行能力	公众留言数量	客观指标
		机构设置合理性	主观指标
		各部门职位分工权责合理性	主观指标
		依法依程序履职的能力	主观指标
		各部门的工作效率	主观指标
		工作人员服务态度	主观指标

2022—2023年度，本书经数据与问卷收集、筛选后共得到50座城市作为样本城市。根据国家"经济区域"的标准，可以将样本城市划分为东部、中部、西部和东北4个区域；依据城市政府的行政级别，可以将样本城市划分为直辖市、副省级城市、非副省级省会城市以及一般地级市4个层次，样本城市的基本情况如表8-1所示。

（二）样本城市科学履职能力的聚类分析

系统聚类法（hierarchical cluster method）也叫作分层聚类法，是聚类分析中的一种重要方法。本文使用样本城市科学履职能力一级指标下的3项二级指标数据（政策制定能力、政策执行能力、政府机构运行能力）计算样本间距离，采用平方欧氏距离的方法和组内连接方式进行系统聚类，得到结果如图9-1所示。

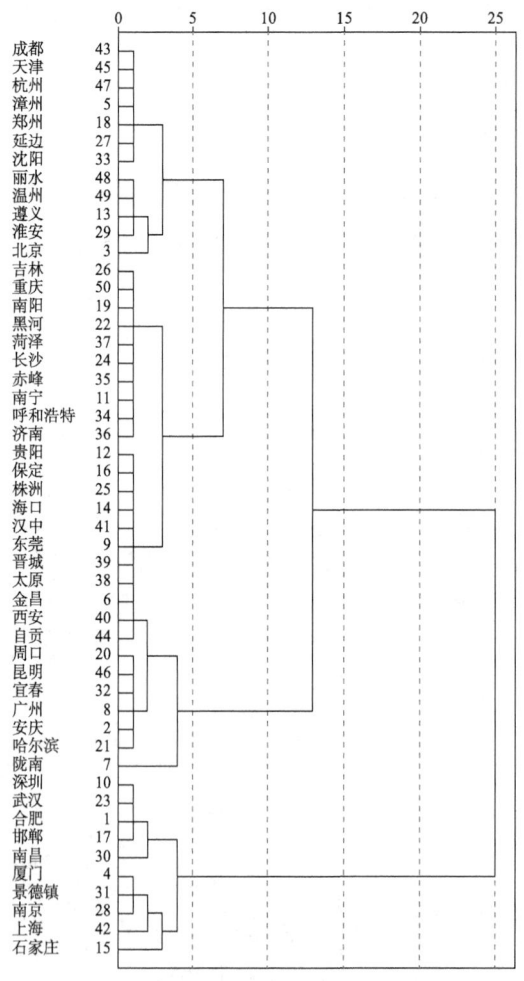

图9-1 50座样本城市科学履职能力的系统聚类分析树状结构

根据系统聚类的结果，样本城市最多可以被分为13类，最少可以被分为2类。结合各层聚类所包含的城市数量情况以及往年政府发展指数系列研究，最终确定聚类数为4类。

明确聚类数量后，本研究进一步使用 K-Means 方法对样本城市进行聚类分析。得到最终聚类中心如表9-2所示，聚类结果即4类样本城市名单如表9-3所示，聚类 ANOVA 分析如表9-4所示。

表9-2 最终聚类中心

二级指标	城市类别			
	Ⅰ	Ⅱ	Ⅲ	Ⅳ
政策制定能力	95.000	5.000	61.027	35.996
政策执行能力	94.832	5.000	67.403	37.722
政府机构运行能力	87.529	5.000	62.945	28.586

表9-3 样本城市分类

城市类别	数量	样本城市
Ⅰ	11	合肥、北京、厦门、深圳、石家庄、邯郸、武汉、南京、南昌、景德镇、上海
Ⅱ	5	安庆、陇南、哈尔滨、西安、自贡
Ⅲ	14	漳州、遵义、郑州、南阳、吉林、延边朝鲜族自治州、淮安、沈阳、成都、天津、杭州、丽水、温州、重庆
Ⅳ	20	金昌、广州、东莞、南宁、贵阳、海口、保定、周口、黑河、长沙、株洲、宜春、呼和浩特、赤峰、济南、菏泽、太原、晋城、汉中、昆明

表9-4 聚类 ANOVA 分析表

二级指标	聚类		误差		F 值	显著性
	均方	自由度	均方	自由度		
政策制定能力	6770.240	3	55.632	46	121.698	0.000
政策执行能力	7945.311	3	58.511	46	135.791	0.000
政府机构运行能力	7126.220	3	51.767	646	137.659	0.000

根据系统分类结果可以看出，4类样本城市在二级指标得分上的差异度比较明显。其中，Ⅰ类城市的得分情况最好，3个二级指标的总体得分都比较高；Ⅱ类城市得分情况最差，3个二级指标的总体得分也相应最低；Ⅲ类和Ⅳ类城市得分位于中间层次，但是总体上区分度也比较明显。其中Ⅲ类城市得分总体上高于Ⅳ类城

市，相应的3个二级指标得分也均高于Ⅳ类城市。由此可见系统分类结果比较准确，比较明确地区分了各类城市在科学履职指标下的得分情况，并没有出现某一个或两个指标错位的情况。类别之间的总体性差异和具体指标差异在 ANOVA 表中也得到了证实，3个二级指标都通过了显著性为0.05的F检验，说明组间差异显著，聚类效果较好。此外，从城市样本在4个类别中的数量分布来看，Ⅰ类城市和Ⅱ类城市数量较少，分别为11个和5个；Ⅲ类城市和Ⅳ类城市数量较多，分别为14个和20个。总体上，样本城市呈现出橄榄型分布结构。当然，由于政府履职能力评估的过程中，采用了较多的主观指标。因此，聚类分析得到的各类别所包含样本城市与刻板印象中的预期结果存在一定差异：一些行政级别较高、经济发展水平较好的城市如西安市等，得分表现并不如人意。但这类情况总体上并不多，因此对本章的研究分析影响并不大。那么，究竟具体哪些指标和因素影响了政府的科学履职能力、表现及其在聚类中的位置？得分较低城市相比于得分较高城市具体有哪些差异？总体上，各类城市应当如何进一步提升地方政府的科学履职能力？本书将通过进一步的数据分析尝试对上述问题作出解答。

（三）4类城市的各级指标分析

1. 各类城市一级指标比较

对聚类所得的4类城市一级指标科学履职能力的得分平均值进行比较，可以得到如下结果，如图9-2所示。可以发现，4类城市在总体的科学履职能力上存在较明显的差距。从组间差距来看，4类城市得分均值差距基本上在20分上下，Ⅰ类城市与得分次之的Ⅲ类城市间差别较大，有近30分的差距。其中得分最高的11个Ⅰ类城市中，除合肥、武汉、南昌、景德镇属于中部地区外，其余城市均属于东部地区。得分最低的Ⅱ类城市中，除安庆外，其余4个城市均属于西部和东北地区。可见经济发展与政府科学履职能力之间可能存在一定程度的相关性。

政府科学履职能力可能受到多方面因素的影响，但经济发展差异可能是最直接与最根本的决定因素。如上文所述，经济发展差异是导致地方政府职能"应当做什么"和"应当怎么做"的决定性因素。尽管中国政府中"职责同构"的特征可能在一定程度上导致政府机构在纵向与横向上的差异并不是特别明显，甚至成为阻碍

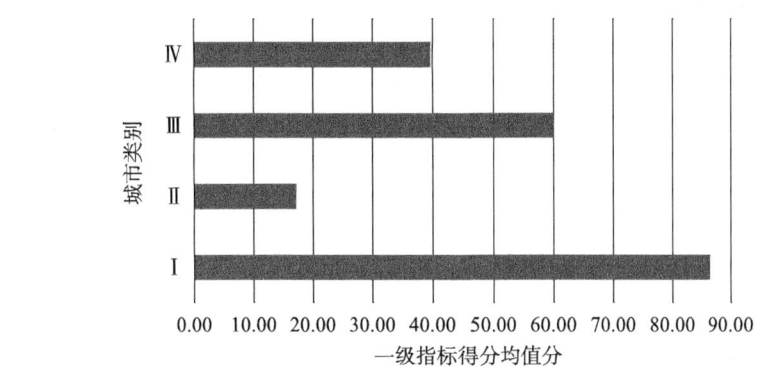

图9-2 4类城市一级指标得分均值比较

政府职能转变的重要体制性障碍。但是基于数据反馈还是不难发现，各个地方政府在具体职能履行，特别是在履职方式和面向群众与企业时由于履职方式差异导致的体验感与获得感差异还是比较明显的。这对于我们理解和把握中国政府体制下，政府纵向间关系总体上的"职责同构"与具体履职方式上的"差别化"应当是有所帮助的。

2. 各类城市二级指标比较

对科学履职能力一级指标下的3个二级指标（政策制定能力、政策执行能力、政府机构运行能力）进行描述性统计分析，可以得到如图9-3所示的结果。

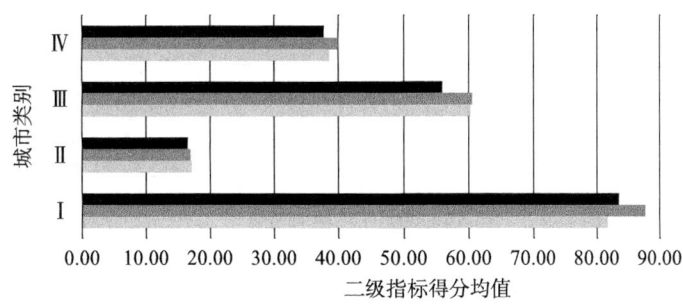

	I	II	III	IV
政府机构运行能力	83.50	16.52	55.93	37.81
政策执行能力	87.65	16.99	60.57	39.99
政策制定能力	81.68	17.13	60.29	38.62

图9-3 4类城市二级指标得分均值比较

根据各类城市在二级指标上的得分不难发现,科学履职能力较差的城市相比于科学履职能力较强的城市在3个二级指标的得分上均有明显的差异,且不同类别城市在3个二级指标得分分布上表现出一定的同质化特征。从各个二级指标得分的纵向比较来看,Ⅰ类与Ⅱ类城市之间在政策执行能力上的分差最大,达到70.66分,政府机构运行能力的分差次之,为66.98分,政策制定能力的分差相对较小,达到64.55分。这与本书课题组往年报告中的数据结果一致。说明政策执行能力仍旧是制约各类城市科学履职能力的关键要素。如何促使政策得到有效落实,仍旧是各地方政府面临的重要问题。当然,相比于往年数据,分差情况有所改善,改善幅度在10分左右。这在一定程度上说明各地方政府在履职能力建设方面可能投入了一定的精力,使得地区间政府科学履职能力差距有缩小的趋势。

为了进一步明确各类城市数据的组间差异性,本报告采用方差分析来对数据进行比较,从而检验得分平均值之间的差异是否具有统计学意义。表9-5展现了各类城市在3个二级指标上的一些基本描述性数据。可知各指标下的得分符合前文的分析。

表9-5 3项二级指标的描述性统计结果

二级指标	城市类别	数量	均值	标准差	标准误差	均值的95%置信区间		极小值	极大值
						下限	上限		
政策制定能力	Ⅰ	11	81.68	10.24	3.08	74.79	88.56	63.73	95.00
	Ⅱ	5	17.13	7.62	3.41	7.66	26.60	5.00	23.96
	Ⅲ	14	60.28	6.23	1.66	56.69	63.88	52.34	72.63
	Ⅳ	20	38.62	6.37	1.42	35.64	41.60	27.98	48.10
	总数	50	52.01	21.60	3.05	45.87	58.15	5.00	95.00
政策执行能力	Ⅰ	11	87.65	7.59	2.28	82.55	92.75	70.86	95.00
	Ⅱ	5	16.98	7.32	3.27	7.89	26.08	5.00	24.50
	Ⅲ	14	60.56	6.74	1.80	56.67	64.46	49.79	72.57
	Ⅳ	20	39.98	8.29	1.85	36.10	43.87	26.42	51.96
	总数	50	53.93	23.26	3.29	47.32	60.55	5.00	95.00
政府机构运行能力	Ⅰ	11	83.50	8.32	2.50	77.91	89.09	67.51	95.00
	Ⅱ	5	16.52	8.09	3.61	6.47	26.56	5.00	26.14
	Ⅲ	14	55.92	6.96	1.86	51.90	59.94	45.70	67.50
	Ⅳ	20	37.81	6.47	1.44	34.78	40.84	26.54	49.10
	总数	50	50.80	22.02	3.11	44.54	57.06	5.00	95.00

表 9-6 是采用 Levene 检验输出的方差同质性检验结果。由表中 3 个二级指标的显著性（0.088、0.766、0.847）均大于 0.05 可知，这里接受原假设，认为 4 类城市之间方差相等。

表 9-6 方差齐性检验

二级指标	Levene 统计量	自由度 1	自由度 2	显著性
政策制定能力	2.320	3	46	0.088
政策执行能力	0.382	3	46	0.766
政府机构运行能力	0.269	3	46	0.847

方差分析采用了 F 检验。由表 9-7 的数据可知，3 项二级指标中显著性均小于 0.05，说明 4 类城市在 3 个指标上具有显著差异。当然，4 组城市间的具体差异性，还需要进一步作多重比较分析从而得知。

表 9-7 方差分析结果

二级指标	比较方式	平方和	自由度	均方误差	F 值	显著性
政策制定能力	组间	20310.720	3	6770.240	121.698	0.000
	组内	2559.054	46	55.632	—	—
	总数	22869.774	49	—	—	—
政策执行能力	组间	23835.932	3	7945.311	135.791	0.000
	组内	2691.522	46	58.511	—	—
	总数	26527.453	49	—	—	—
政府机构运行能力	组间	21378.661	3	7126.220	137.659	0.000
	组内	2381.298	46	51.767	—	—
	总数	23759.959	49	—	—	—

本章对 4 类城市进行了多重比较，输出了 LSD、Bonferroni、Tukey 三种方法的分析结果（表格略）。根据输出的数据，4 组城市之间差异显著，且 3 种比较方法得到的结果一致。由此我们可以明确 4 组城市在 3 个二级指标得分上的差异性是显著的。这也再次印证前述的发现，即相较之下得分较低的城市在 3 项指标方面均存在落后的情况。未来地方政府在科学履职能力的提升上，应当围绕政策执行能力这一重点，统筹相关指标，实现全面发展。

3. 各类城市三级指标比较

在前述数据分析结论基础上，本章进一步对 4 类城市各项二级能力下属三级指标分别进行差异显著性的检验，从而得到更为准确的结论。

（1）政策制定能力

对 4 类城市"政策制定能力"下的各项三级指标进行方差分析，得到的结果如表 9-8 所示。4 类城市在"政策制定能力"二级指标下的 3 个三级指标的显著性（0.095、0.114、0.352）均大于 0.05，因此接受原假设，认为 4 类城市之间方差相等。

表 9-8 方差齐性检验

三级指标	Levene 统计量	自由度 1	自由度 2	显著性
全年发布政策文件数量	2.251	3	46	0.095
决策的科学性	2.095	3	46	0.114
政策制定过程中公众参与的有效性	1.118	3	46	0.352

方差分析采用了 F 检验。由表 9-9 中数据可知，3 项三级指标中，"决策的科学性"和"政策制定过程中公众参与的有效性"2 项的显著性均小于 0.05，说明 4 类城市在这两个指标上具有显著差异；"全年发布政策文件数量"的显著性为 0.072 > 0.05，说明 4 类城市在这一指标上的差异并不具有显著性。这与图 9-4 所示的描述性结果具有较强的一致性。这一检验结果与往年检测结果相同。说明"全年发布政策文件数量"并非造成不同类型城市政策制定能力差异的决定性因素。根据往年的结论，可以肯定"政策文件的质量比数量更加重要"的结论具有一定的稳定性。

表 9-9 方差分析结果

三级指标	比较方式	平方和	自由度	均方误差	F 值	显著性
全年发布政策文件数量	组间	2288.755	3	762.918	2.492	0.072
	组内	14081.337	46	306.116	—	—
	总数	16370.092	49	—	—	—
决策的科学性	组间	19551.512	3	6517.171	98.874	0.000
	组内	3032.029	46	65.914	—	—
	总数	22583.541	49	—	—	—
政策制定过程中公众参与的有效性	组间	20344.147	3	6781.382	97.248	0.000
	组内	3207.725	46	69.733	—	—
	总数	23551.872	49	—	—	—

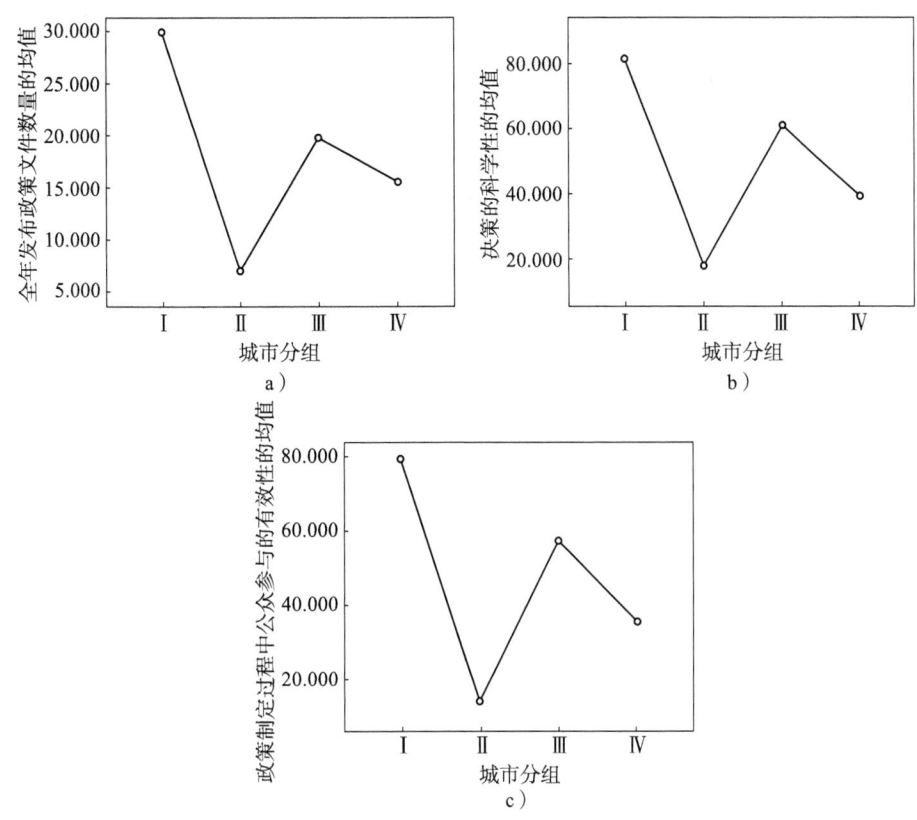

图 9-4　4 类城市"政策制定能力"下三级指标的描述性结果

(2) 政策执行能力

对 4 类城市"政策执行能力"下的各项三级指标进行方差分析,得到的结果如表 9-10 所示。4 类城市在"政策执行能力"二级指标下的 3 个三级指标中的显著性(0.599、0.966、0.386)均大于 0.05,因此接受原假设,认为 4 类城市之间方差相等。

表 9-10　方差齐性检验

三级指标	Levene 统计量	自由度 1	自由度 2	显著性
环境支持度指数	0.630	3	46	0.599
部门间协同能力	0.089	3	46	0.966
政策执行效果	1.036	3	46	0.386

方差分析采用了 F 检验。由表 9-11 中数据可知,3 项三级指标中,"部门间协同能力"和"政策执行效果"2 项的显著性均小于 0.05,说明 4 类城市在这两个指标上

具有显著差异;"环境支持度指数"的显著性为 0.711>0.05,说明 4 类城市在这一指标上的差异并不具有显著性。描述性的结果也可以印证这一结论,如表 9-11 所示。图 9-5 同样说明"部门间协同能力"与"政策执行效果"两项指标是造成不同类型城市之间政策执行能力差异的重要影响因素。这一点也与往年报告的结论一致。

表 9-11 方差分析结果

三级指标	比较方式	平方和	自由度	均方误差	F 值	显著性
环境支持度指数	组间	718.149	3	239.383	0.461	0.711
	组内	23861.976	46	518.739	—	—
	总数	24580.125	49	—	—	—
部门间协同能力	组间	23342.358	3	7780.786	107.551	0.000
	组内	3327.875	46	72.345	—	—
	总数	26670.233	49	—	—	—
政策执行效果	组间	18754.297	3	6251.432	100.336	0.000
	组内	2866.020	46	62.305	—	—
	总数	21620.317	49	—	—	—

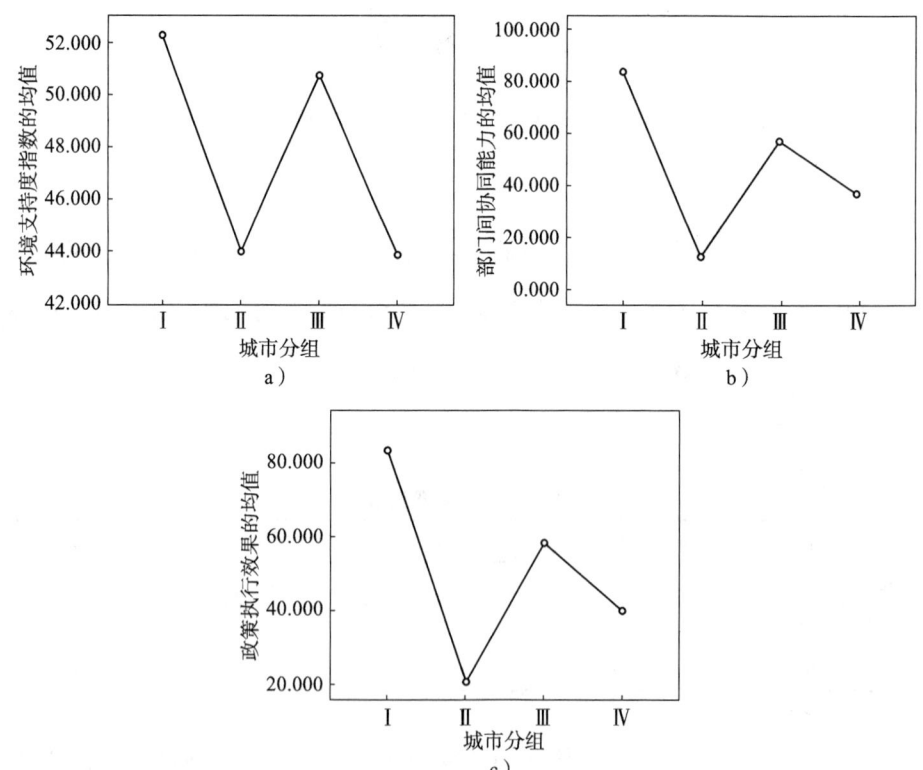

图 9-5 4 类城市"政策制定能力"下三级指标的描述性结果

(3) 政府机构运行能力

对 4 类城市"政府机构运行能力"下的各项三级指标进行方差分析,得到的结果如表 9-12 所示。4 类城市在"政府机构运行能力"二级指标下的 6 个三级指标中的显著性(0.310、0.073、0.075、0.928、0.277、0.310)均大于 0.05,因此接受原假设,认为 4 类城市之间方差相等。

表 9-12 方差齐性检验

三级指标	Levene 统计量	自由度 1	自由度 2	显著性
公众留言数量	1.229	3	46	0.310
机构设置合理性	2.480	3	46	0.073
各部门职位分工权责合理性	2.452	3	46	0.075
依法依程序履职的能力	0.152	3	46	0.928
各部门工作效率	1.328	3	46	0.277
工作人员服务态度	1.229	3	46	0.310

方差分析采用了 F 检验。由表 9-13 中数据可知,6 项三级指标中,除"公众留言数量"外,其余指标显著性均小于 0.05,说明 4 类城市在这些指标上具有显著差异;"公众留言数量"的显著性为 0.717 > 0.05,说明 4 类城市在这一指标上的差异并不具有显著性。描述性的结果也可以印证这一结论,如图 9-6 所示。与往年相比,本年度报告在指标体系中增加了"公众留言数量"一项内容。但是根据检验结果,它似乎对于不同类别城市间的政府机构运行差异影响并不大,如图 9-6 所示。这可能从侧面反映出,公众在政府机构运行中的参与度并不高,以至于公众监督在政府机构运行过程中并没有发挥其应有的作用。或许,并不是此项指标的重要性不够,而是其还未体现出应有的重要性。在未来提升政府机构运行能力的过程中,除了其他影响较为明显的指标外,也应当重点关注提高公众在政府运行过程中的参与度,特别是加强社会和公众监督,充分发挥其作用。

表 9-13 方差分析结果

三级指标	比较方式	平方和	自由度	均方误差	F 值	显著性
公众留言数量	组间	225.998	3	75.333	0.452	0.717
	组内	7670.837	46	166.757	—	—
	总数	7896.835	49	—	—	—

续表

三级指标	比较方式	平方和	自由度	均方误差	F 值	显著性
机构设置合理性	组间	19092.820	3	6364.273	107.273	0.000
	组内	2729.071	46	59.328	—	—
	总数	21821.891	49	—	—	—
各部门职位分工权责合理性	组间	17660.622	3	5886.874	81.796	0.000
	组内	3310.634	46	71.970	—	—
	总数	20971.257	49	—	—	—
依法依程序履职的能力	组间	20336.958	3	6778.986	85.279	0.000
	组内	3656.632	46	79.492	—	—
	总数	23993.590	49	—	—	—
各部门工作效率	组间	19498.935	3	6499.645	78.463	0.000
	组内	3810.500	46	82.837	—	—
	总数	23309.435	49	—	—	—
工作人员服务态度	组间	14304.734	3	4768.245	51.358	0.000
	组内	4270.754	46	92.842	—	—
	总数	18575.489	49	—	—	—

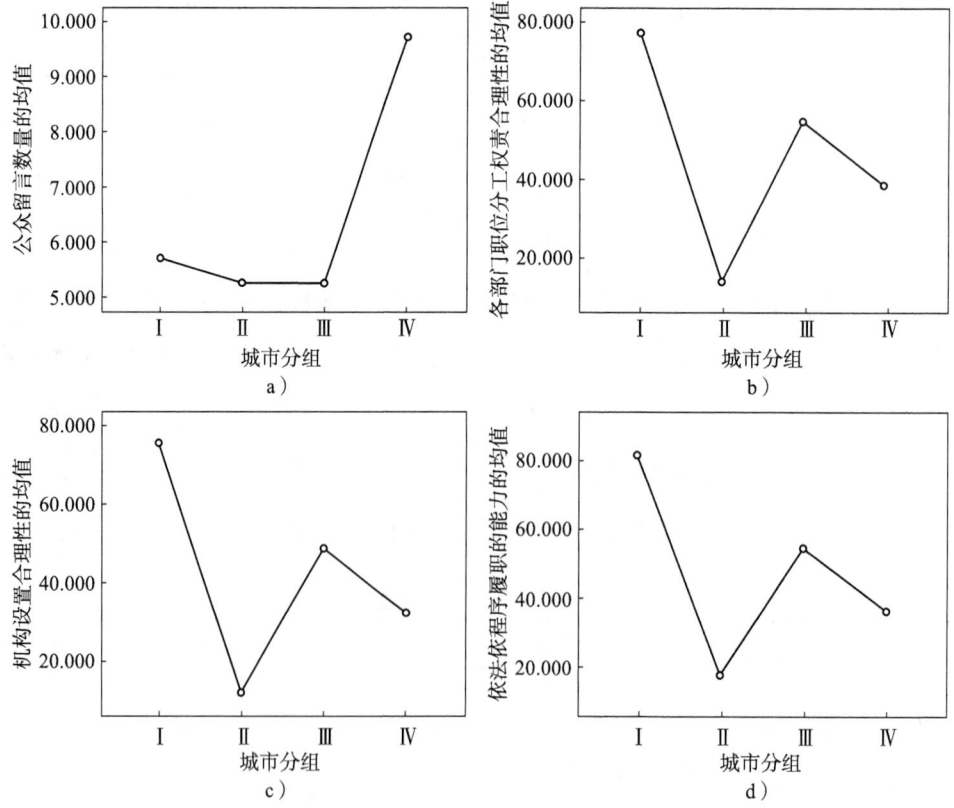

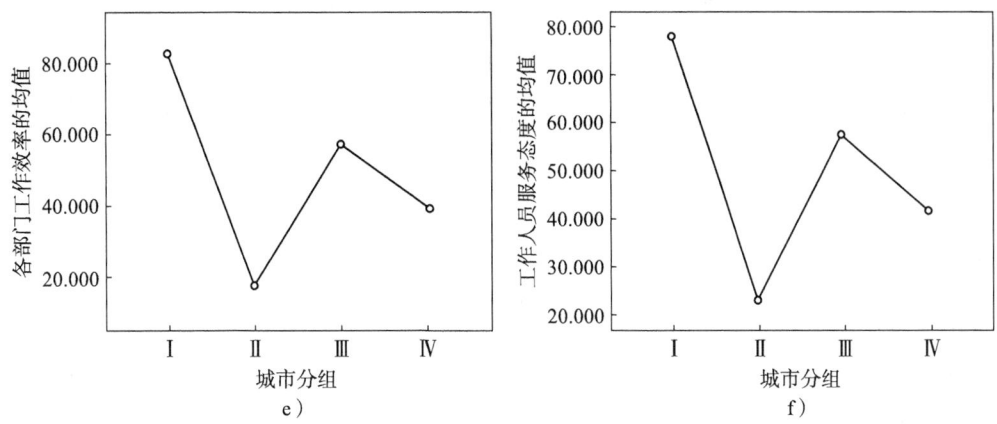

图 9-6　4 类城市"政府机构运行能力"下三级指标的描述性结果

上述检验结果与往年检测结果相同。说明"全年发布政策文件数量"并非造成不同类型城市政策制定能力差异的决定性因素。根据往年的结论,可以肯定"政策文件的质量比数量更加重要"的结论具有一定的稳定性。

三、提升路径:"双线"同步推进履职科学化

根据上述评估过程与结果的分析,可以明确,本书课题组构建的指标体系能够比较好地检验政府科学履职能力以及其下设的 3 个二级指标能力。各地政府在科学履职的问题上也的确存在比较大的差异性和不平衡的特征。基于此,本文提出以下三点提升路径。

(一)坚持职责配置与履责方式优化的"双线并行"

地方政府科学履职能力能够集中反映新时期政府职责体系构建与优化的成效。因此,提升地方政府科学履职能力,也应当坚持从结构层面的职责配置与过程层面的履责方式两方面持续发力。

首先,在职责配置方面,应当坚持将"该管的管起来"、将"该管的管好"。这就是强调政府应当全面履行职责。随着政府职能转变的加快推进,特别是基层政府逐渐从传统招商引资等经济职责中摆脱出来,却还未能适应职能转变的节奏,在公共服务等职责中出现缺位的现象。随着政府职责在横向上的确定,纵向上的职责配置更应当受到关注。只有加快调整政府间大量存在的共同事权,完善纵向职责结

构，才能够为经济体制改革、政府财政体制改革以及行政管理体制改革创造更加成熟的条件。其次，应当完善政府权责清单制度。权责清单制度不是一次性消费。①应当充分把握权责清单制度完善与政府职责体系优化之间的关系，充分发挥权责清单制度的过程性功能，加强其与政务服务体系以及法律体系之间的关联。除此之外，还应当注重完善权责清单制度的动态管理模式，根据社会经济发展对其进行及时调整。最后，在履责方式方面，要从履责主体、履责手段、履责程序等多方面进行优化。在主体层面，应当合理分工，加强合作，形成政府层级与部门间的伙伴关系。在手段层面，应当充分发展多样化的履责手段，将包括行政手段、立法手段、经济手段等多元手段充分利用起来，从而提升政府科学履职能力。在程序层面，要注重对程序的完善和规范。一方面，要完善还不健全的履职程序，促进其体系化与制度化；另一方面，则要对已有的程序进行规范，将其严格限制在法律、法规的框架之下。

（二）提高政策执行能力，切实提升公众获得感

综合指标体系评估结果中，各类地方政府在二级指标上存在的共性，即"政策执行能力"指标对于不同类别地方政府的科学履职能力存在较大的影响，本书提出应当重点提升政策执行能力，从而切实提升公众获得感。

政策执行能力是地方政府的一项非常核心的能力，特别是随着"互联网＋"的发展愈来愈成熟，提升政府政策执行能力也更加成为实现国家治理现代化，特别是实现政府有效参与治理过程的必然需要。首先，提升地方政府政策执行能力应当秉持"以服务对象为中心、以服务为导向"的基本理念。特别是在政务服务体系建设的过程中，实践工作直接面向办事的个人与法人，直接影响着他们的体验感与获得感。应当以其作为突破口，打造政务服务数据开放共享模式，促进政府政策执行能力提升。其次，从分析过程与结果中可以看到，政策制定即决策过程作为政策执行的前端环节，也对政府能力提升有显著意义。因此，应当建立健全决策机制，同时对从政策制定、政策执行到政策执行监督以及反馈等不同环节进行全面评估，这不

---

① 张志红．中国政府职责体系建设路径探析．南开学报（哲学社会科学版），2020，（3）：10–18．

仅能够有效提高政府政策的执行能力，对各环节的有机衔接也是有所助益的。最后，还应当提高地方政府政策执行的公信力。提高政策执行的公信力是建立政府良好形象的必经途径，也是提高公共政策执行效力的必要手段。一方面，需要对相关部门的工作人员进行培训；另一方面，还应当加强教育，促使政府部门工作人员树立正确的思想道德观念，从而有效提高政策执行的公信力。

（三）加强部门间协同联动，完善机构运行模式

政府机构运行模式的关键，一方面在于政府层级、政府部门间关系，也即政府部门间的协同关系；另一方面，则在于机构的运行模式，也即政府权力的运作过程。根据分析过程与结果可以发现，本书中4类不同城市间在机构运行能力上存在比较大的差异。这其中既包括静态的、制度层面的问题，如机构设置合理性问题、权责分工合理性问题等；同时也包括动态的、权力运行过程层面的问题，如部门工作效率、人员服务态度等方面的问题。事实上，权力结构往往与权力运行之间形成相互促进、相互影响的关系。因此，打破这二者之间的稳定关系，是实现机构运行能力提升的关键。

完善路径应当从以下两方面加以考虑。第一，应当从机制入手。现有政府部门结构和政府权力运行过程之间往往形成了高度一致的适应关系。因此，二者之间得以不断促进、不断加强。一方面，政府运行效率得以提升；但另一方面，也为改革制造了或是制度或是过程层面的阻碍。因此，应当从机制入手，充分发挥体制机制创新的功能，打破旧有的机制，建立新的模式。特别是针对地区间发展不平衡的情况，政府体制机制创新往往受地区固有资源禀赋条件影响比较小。充分发挥其作用，为机制形成创造条件，是提升机构运行能力的有效途径。第二，应当在横向与纵向层面构建政府间伙伴关系。中国政府纵向间的"级"，与横向间的"部门壁垒"往往是改革过程中影响机构运行的重要因素。不仅阻隔了信息的流动，也造成不同主体间联动上的困难。因此，要破除横向部门以及纵向层级间的壁垒，积极打造良性的伙伴关系。这对于提升不同地域地方政府的综合能力也有一定的积极意义。

四、结论

综合2022—2023年度的数据分析与往年报告的分析结论可以发现,地方政府科学履职能力上,既有一些延续和稳定的部分,同时也有新的特征和新的特点。延续的稳定部分,作为追踪研究和观测指标改善的素材,对于未来研究的持续开展具有积极意义。同时,新的特点在于,随着政府职能转变、政府职责体系构建与优化的不断推进,各地方政府在科学履职能力上呈现出相应的新特点,因此在提升能力路径上也相应产生了新的路径对策。作为衡量政府推动自身发展的能力的重要指标,不断观测政府这一能力指标的意义是显而易见的。

本章以中国政府发展能力系列研究的调查数据为基础,通过聚类的方式重新组织样本城市,从而形成了4类具有典型特征的研究对象。通过量化分析,形成了对不同区域地方政府科学履职能力的客观认识,把握了一定的政府发展规律。基于此,本章在最后提出了三点提升建议,从职责结构与履责方式、政策执行力与获得感,以及部门协同与机构运行模式优化三个角度给出了相应的对策建议。当然,部分分析还存在一定的不足,例如在与往年报告对比时,城市样本实际上存在一定的差异。这可能在一定程度上削弱了部分结论的精确性。

第十章
地方政府学习创新能力研究

赵紫涵

作为中国地方政府发展重视和培养的核心能力之一,地方政府学习创新能力能够在面对新的挑战和机遇时适应社会发展和需求变化,是促进地方经济与社会发展、提供优质服务、高效利用资源、实现科学履职的动力基础,是增强地方竞争力的强大驱动力。地方政府的学习创新能力是指通过不断接受新理念、学习新知识、利用新技术、吸纳成功经验,以推动体制机制的改革创新,提高治理效能与政治合法性的创造过程。本章将对2022—2023年中国地方政府学习创新能力进行重点剖析,在总结各地方政府主客观数据表现的基础上,尝试提出提升地方政府学习创新能力的可行路径。

一、问题提出:机遇与挑战并行的变革时代

当前,世界百年未有之大变局加速演进,我国发展仍处于并将长期处于重要战略机遇期,这是习近平总书记对世界发展大势和中国自身发展作出的重大判断。应对世界大发展大变化大调整背景下中国面临的内外部风险和挑战,在变局中掌握发展主动权,根本动力不仅在于科技革命的突破性进展,还有思想和制度层面的伟大创新。党的二十大报告明确指出,必须坚持创新是第一动力,坚持创新在我国现代化建设全局中的核心地位。地方政府是构建国家创新体系的关键主体,理应加强创新意识、提高学习能力,为国家创新发展贡献力量。地方政府不断学习和创新推动中国试验性和渐进式改革,通过科学履职决策将外在的经济社会资源转化为主动适

应、力求发展的内在竞争性实力,促进中国治理转型,是创造增长奇迹的重要原因。① 此外,学习创新能力的塑造是一个长期持续投入的过程,需要主动适应和引领社会的发展变化,推动政府职能的转变和工作方式的创新。

中国特色社会主义进入新时代,如何通过地方政府的学习创新推进实现国家治理体系和治理能力现代化,成为实践者和理论家共同探讨的时代议题。地方政府学习创新是一种有目的、有意识的适应性过程②,已有研究将其归纳为两种视角。

一种是动力视角。创新是组织生存发展的重要因素③,创新能力对提高地方政府创新性具有积极作用。自 Rogers 与 Walker 开启了政府政策扩散的创造性研究以来④⑤,多数学者解释了政府间学习模仿行为的动因,例如竞争压力⑥、环境因素⑦⑧等。特别在行政发包⑨与政绩考核⑩压力背景下,地方政府的"锦标赛式"创新是吸引对上注意力、占据资源优势的有效途径⑪。除了具有层级特点的府际创新,国家、市场和社会行动者的协作互动⑫和变革性学习⑬⑭,同样推动了政策创新。其中,地方治理精英的筹谋与推进,成为促进治理模式转型的关键⑮。然而,政治精

---

① 朱亚鹏,丁淑娟. 政策属性与中国社会政策创新的扩散研究. 社会学研究,2016,(5):88-113.
② 包国宪,孙斐. 演化范式下中国地方政府创新可持续性研究. 公共管理学报,2011,8(1):104-113+128.
③ Jaskyte K. Transformational Leadership, Organizational Culture, and Innovativeness in Nonprofit Organizations. Nonprofit Management and Leadership, 2004, 15 (2): 53-68.
④ Rogers E M. Diffusion of Innovations. New York: Free Press, 1962.
⑤ Walker J. L. The Diffusion of Innovations among the American States. American Political Science Review, 1969, 63 (3), 880-899.
⑥ Karch A. Emerging Issues and Future Directions in State Policy Diffusion Research. State Politics & Policy Quarterly, 2007, 7 (1): 54-80.
⑦ Mossberger Karen. The Politics of Ideas and the Spread of Enterprise Zones. Washington, DC: Georgetown University Press, 2000.
⑧ Boehmke Frederick J., Richard Witmer. Disentangling Diffusion: The Effects of Social Learning and Economic Competition on State Policy Innovation and Expansion. Political Research Quarterly, 2004, 57: 39-51.
⑨ 周黎安. 行政发包制. 社会,2014,34(6):1-38.
⑩ 周黎安. 中国地方官员的晋升锦标赛模式研究. 经济研究,2007,(7):36-50.
⑪ 黄晓春,周黎安. "结对竞赛":城市基层治理创新的一种新机制. 社会,2019,39(5):1-38.
⑫ 顾昕,赵琦. 协作互动式政府创新:一个分析性概念框架. 公共管理评论,2023,5(2):5-24.
⑬ Engeström Y. From Teams to Knots: Activity-Theoretical Studies of Collaboration and Learning at Work. Cambridge: Cambridge University Press, 2008.
⑭ Torfing J. Collaborative Innovation in the Public Sector. Washington, DC: Georgetown University Press, 2016.
⑮ 安园园,张翔,陈家喜. 地方政府管理模式的创新迭代何以实现?:基于"组织化关键行动者"的秩序建构. 甘肃行政学院学报,2022,(6):86-97+127.

英主导的创新存在人走政息的风险,如何保证地方创新能力的可持续也是重要问题[①]。此外,政策企业家在政策创新中扮演推动者与参与者双重角色,直接或间接将创新意识转化为现实行动[②]。

另一种是过程视角。学习创新能力是一个持续构建的过程。在复杂的动态演化中,地方政府学习创新能力的可持续性受到时间与空间双重因素的叠加影响[③]。从微观看,积极主动的支持性行政行为是提升地方政府学习创新能力的重要途径[④]。随着大数据与人工智能等新一代信息技术的迭代演进,数字技术带来的科层组织在扁平化与需求回应的方面变革,也成为促进政府创新的重要工具[⑤]。还有学者认为,地方政府的回应性治理创新经历了三个阶段,即问题导向的先行先试阶段、获得认可后的推广扩散阶段与竞争性在地化学习阶段[⑥]。然而有时,绩效为导向的考核方式还有可能导致基层官员创新行为的泛化,"为了创新而创新"的表面认识进一步产生了创新形式主义[⑦]。

评估政府学习创新能力的研究目前有:崔义中提出的三向(主体向、制度向和管理向)三度(量度、效度、性度)三系统(评分系统、评级系统和对比系统)测评模型[⑧];在中科院连续22年发布的《中国区域创新能力评价报告》中,建立的反映各省的创新环境、成果转化与创新绩效等方面的四级指标体系[⑨];张剑娜和

[①] 徐东涛,郎友兴.地方治理精英与制度创新的关联性分析:以杭州为例.浙江社会科学,2012,(12):40-45+60+160.

[②] Mintrom M, Norman P. Policy Entrepreneurship and Policy Change. Policy Studies Journal, 2009, 37 (4): 649-667.

[③] 傅金鹏,杨继君.我国地方政府创新的可持续性:影响因素与对策.理论导刊,2010,(12):14-16.

[④] 袁建军.政府行为结构与地方政府创新:提升政府创新能力的微观视角.行政论坛,2012,19 (3):32-36.

[⑤] 郁建兴,周幸钰.数字技术应用与政府创新的双向互构——基于浙江省"三张清单"数字化改革的分析.经济社会体制比较,2023,(1):133-143.

[⑥] 王猛.从地方回应、中央推广到自发学习:政府治理创新的过程演变与结构约束基于网格化管理的纵向案例研究.求实,2023,(4):44-61+110.

[⑦] 马佳铮,郎玫.共识与分歧:基层官员对政府创新的差异化认知及其影响.兰州学刊,2023,(8):90-102.

[⑧] 崔义中,王秋萍,高宁.基层政府创新能力测评指标体系的构建设想.宁夏社会科学,2011,(5):14-19.

[⑨] 中国科技发展战略研究小组,中国科学院大学中国创新创业管理研究中心.中国区域创新能力评价报告.科学技术文献出版社,2022.

唐天伟构建的包含政府自身管理创新能力、政府社会管理创新能力、政府服务创新能力的测度省级政府的指标体系[①]。

上述研究展现了影响地方政府创新学习能力的变量要素与因果机制，也存在进一步拓展的空间：一是多数研究将创新能力与学习能力混为一谈，未能在区分二者差异的基础上分析其内在联系；二是目前大多数研究限于理论搭建，主客观条件的回应性较差，缺乏一套综合度量体系作为支撑；三是关于我国市级层面政府管理创新能力的文献较少，亟待结合市级政府的特殊性地位，阐释其对地区发展推动的意义，搭建完整的地方政府能力体系。

因此，在现有研究成果的基础上，本书综合考虑了数据的准确性和获取的可得性等因素，将学习创新能力作为地方政府发展能力的关键指标，选择了主动学习能力、管理和服务的创新能力作为次级指标。一方面，我们从相对动态的角度，评估地方政府及其公务员的学习情况和组织内部学习机制。另一方面，我们从相对静态的结果，反映地方政府的创新环境和成果转化。同时，借助广泛的问卷调查，深入剖析地方政府学习创新能力的现状，以探索提升该能力的可行路径。

二、评估结果：短板制约与不均衡发展

本书课题组通过问卷调查以及收集各样本城市的统计数据，经过标准化和可操作性处理，计算出各城市政府学习创新能力指数及二级指标、三级指标的具体得分数，为进行下一步现状分析与提升路径建议提供了数据支持基础。根据指标体系，本着从总体到具体的原则，下面对地方政府学习创新能力进行分析。

（一）样本选取

为对地方政府学习创新能力实施具象量化研究，本书将其操作化为主动学习能力、管理和服务的创新能力2个二级指标，包括公务员年度参加培训的次数、公务员年度参加学习培训的天数、技术吸收和创新能力（政府专利授权数量）、政府出台关于创新的法规和政策数量4项客观数据，以及激励公务员学习措施、组织内部

[①] 张剑娜，唐天伟．我国省级地方政府管理创新能力测度及分析．江西师范大学学报（哲学社会科学版），2013，46（4）：22-26．

信息共享机制、政府对创新的重视程度、政府的创新意识4项主观数据内容，共计8项主客观数据指标分解。具体分布如表10-1所示。

表10-1 地方政府学习创新能力操作化指标

一级指标 （核心能力）	二级指标 （分解能力）	三级指标（主观、客观数据）	指标类型
学习创新能力	主动学习能力	公务员年度参加培训的次数	客观指标
		公务员年度参加学习培训的天数	客观指标
		激励公务员学习措施	主观指标
		组织内部信息共享机制	主观指标
	管理和服务的创新能力	技术吸收和创新能力（政府专利授权数量）	客观指标
		政府对创新的重视程度	主观指标
		政府出台关于创新的法规和政策数量	客观指标
		政府的创新意识	主观指标

对于地方政府学习创新能力的分析，本章主要从以下三方面进行：其一，对所有样本城市的学习创新能力及其二级指标的主客观综合能力进行总括性分析；其二，对所有样本城市的学习创新能力进行2项主观指标的主观重要性-主观绩效分析，即根据问卷主观打分评价和针对政府学习创新能力的总体指标进行赋权后分数评价进行显著性分析；其三，对不同区域和行政级别的城市政府的学习创新具体细分能力进行综合性分析。该步骤的主要做法是根据国家"经济区域"的标准，将样本城市划分为东部、中部、西部和东北四大地区；依据城市政府的行政级别将样本城市划分为直辖市、副省级城市、非副省级省会城市以及一般地级市4个层次。样本城市的分布情况如表8-1所示。

（二）地方政府学习创新能力的总体评价

对于地方政府学习创新能力的总体评价，首先以主客观指标的形式对地方政府的学习创新行为进行综合绩效分析，再进行主观重要性-主观绩效评价，最后从地区和行政级别的角度分析区域经济社会发展对于学习创新能力的影响。

1. 综合绩效评价

以2022—2023年度"中国地方政府发展能力"调查结果为基础，对各地方政府学习创新能力的主观评价和客观评价进行加权计算，并且将其转化为5～95分的数据列,则50个样本城市学习创新能力的综合绩效如表10-2所示、综合绩效的分布情况如图10-1所示。

表10-2 地方政府学习创新能力综合绩效评价表

平均值	中位数	标准差	最大值（城市）	最小值（城市）	四分位数		
					25%	50%	75%
45.87	42.98	19.38	95.00（邯郸市）	5.00（海口市）	33.64	42.98	55.56

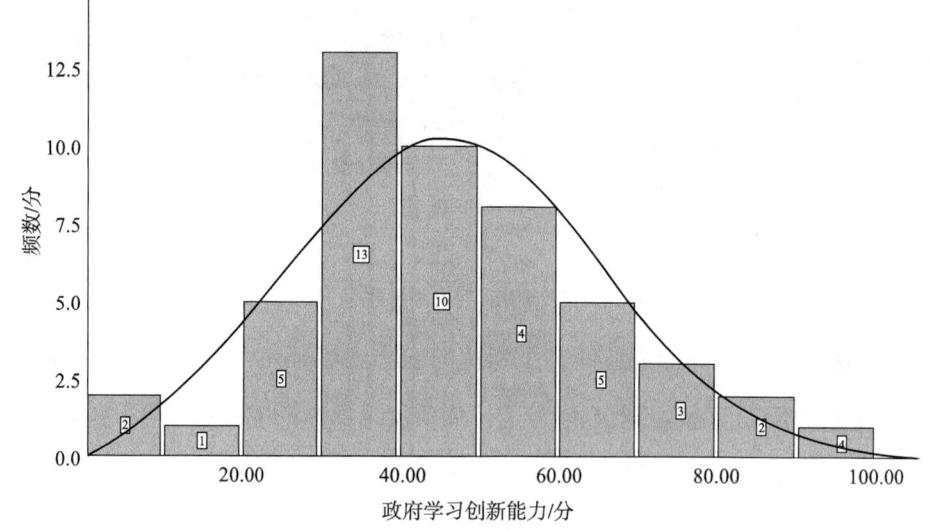

图10-1 地方政府学习创新能力综合绩效得分频数统计

从表10-2可以看出,50个地方政府学习创新能力的综合绩效得分平均值为45.87分,仍存在较大的提升空间。以四分位数来看,有25%的地方政府学习创新能力在33.64分以下,而有25%的地方政府学习创新能力在55.56分以上。地方政府学习创新能力综合最高分是邯郸市（东部城市、其他城市）,景德镇市、深圳市位列其后；海口市（东部城市、非副省级省会城市）的政府学习创新能力综合得分靠后。可以看出,我国各城市政府学习创新能力综合绩效存在一定的差距,但总体上分布较为均衡。

这一结论可以在图10-1中得到印证：50个样本城市的地方政府学习创新能力较为接近正态分布。有6个地方政府学习创新能力得分在70分以上,其中90~100分为1个、80~90分为2个、70~80分为3个；有8个地方政府学习创新能力得分在 30 分以下，其中 0~10 分为 2 个、10~20 分为 1 个、20~30 分为 5 个；有 36 个地方政府学习创新能力得分在 30~70 分，得分从低到高的区间（以 10 分为单位）频数分别为 13 个、10 个、8 个和 5 个。

2. 主观重要性 – 主观绩效评价

以配对样本 T 检验（paired-sample T test）的方法对地方政府学习创新能力进行主观重要性 – 主观绩效评价，结果如表 10 – 3 所示。地方政府学习创新能力的主观绩效评价与被访者的主观重要性评价没有呈现显著差异（$P>0.05$），说明民众对政府学习创新行为的实际绩效感知基本符合民众对政府学习创新能力的期待。

表 10 – 3　地方政府学习创新能力主观重要性 – 主观绩效配对样本 T 检验

	配对差值					t 值	自由度	显著性（双尾）
	平均值	标准差	标准误差平均值	差值的 95% 置信区间				
				下限	上限			
学习创新能力主观重要性 – 学习创新能力主观绩效	-2.35210	13.98638	1.97797	-6.32699	1.62278	-1.18918	49	0.24

50 个样本城市政府学习创新能力的主观重要性 – 主观绩效评价的详细对比情况如图 10 – 2 所示。有 25 个城市的民众对政府学习创新能力的评价超出了对学习创

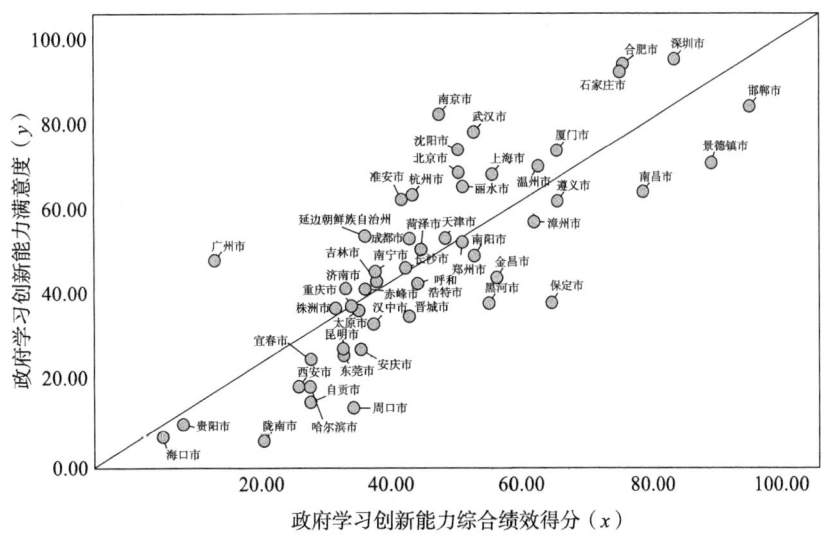

图 10 – 2　地方政府学习创新能力的主观重要性 – 主观绩效分析

新能力重要性的评价，即分布在"$y=x$"趋势线的下方。有 25 个城市的居民对政府学习创新能力的评价低于对学习创新能力重要性的评价，即分布在"$y=x$"趋势线的上方，其中既有淮安、株洲、菏泽等普通地级市，又有北京、天津、广州、杭州等经济较为发达的城市。由此可见，地方政府的学习创新能力在整体上处于供给相对不足的状况，仍有很多城市需要进一步加强学习创新能力。

3. 区域分析和行政级别分析

本部分采取了针对不同地区和不同行政级别城市政府学习创新能力的综合绩效求平均值的方法来进行比较与分析。该方法可以在一定程度上避免个体差异因素的干扰，同时能够将问题作简化有效处理。

图 10-3 显示了不同地区地方政府学习创新能力综合绩效的差异。东部地区政府学习创新能力综合绩效最高；中部地区地方政府学习创新能力略低于东部地区；东北地区地方政府学习创新能力略高于西部地区；西部地区地方政府学习创新能力综合绩效相对最低。

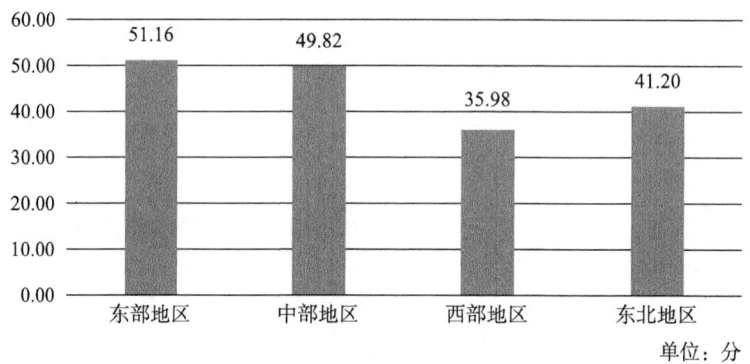

图 10-3　不同地区地方政府学习创新能力综合绩效

为了验证差距的显著性，对不同地区地方政府学习创新能力进行了独立样本 T 检验，结果如表 10-4 所示。在统计学意义上，各地区地方政府学习创新能力之间的差异不太显著，而东部地区与西部地区的差异显著。

表10-4 不同地区地方政府学习创新能力均值比较 T 检验结果

分组变量		均值 T 检验						
		t 值	自由度	显著性（双尾）	均值差	标准误差	95%置信区间	
							下限	上限
东部地区	中部地区	0.178	30	0.860	1.34324	7.55954	-14.09541	16.78189
	西部地区	2.183	30	0.037	15.17486	6.95256	0.97583	29.37388
	东北地区	0.974	22	0.341	9.95493	10.22492	-11.25025	31.16012
中部地区	西部地区	2.037	24	0.053	13.83161	6.78884	-0.17987	27.84311
	东北地区	0.917	16	0.373	8.61169	9.39607	-11.30710	28.53048
西部地区	东北地区	-0.717	16	0.484	-5.21992	7.27893	-20.65058	10.21073

图 10-4 显示了不同行政级别的城市政府学习创新能力综合绩效的差异。一般地级市学习创新能力综合绩效最高；其次是直辖市政府学习创新能力综合绩效；副省级城市政府学习创新能力综合绩效低于直辖市政府；非副省级省会城市政府学习创新能力综合绩效相对最低。

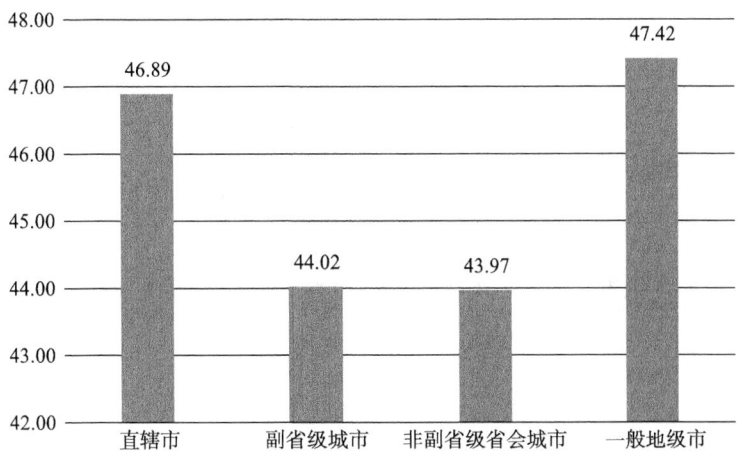

图 10-4 不同行政级别城市政府学习创新能力综合绩效

进一步采用独立样本 T 检验，比较 4 类城市政府学习创新能力的均值，结果如表 10-5 所示。与不同地区政府学习创新能力综合绩效差异的结果相同，在统计学意义上，不同行政级别城市政府学习创新能力之间的差异显著性不明显。

表 10-5 不同行政级别城市政府学习创新能力均值比较 T 检验结果

分组变量		均值 T 检验						
		t 值	自由度	显著性（双尾）	均值差	标准误差	95% 置信区间	
							下限	上限
直辖市	副省级城市	0.278	13	0.785	2.86997	10.31177	-19.40724	25.14718
	非副省级省会城市	0.224	13	0.826	2.92645	13.03673	-25.23770	31.09059
	一般地级市	-0.054	26	0.957	-0.52135	9.61736	-20.29011	19.24741
副省级城市	非副省级省会城市	0.006	20	0.995	0.05648	9.54586	-19.85584	19.96879
	一般地级市	-0.493	33	0.625	-3.39132	6.88161	-17.39205	10.60942
一般地级市	非副省级省会城市	-0.456	33	0.651	-3.44780	7.55669	-18.82200	11.92641

（三）地方政府学习创新能力的分解分析

为进一步细化对政府学习创新能力的分析，本书将对其二级指标作分解分析。对于地方政府学习创新能力的分解分析，遵循学习创新能力总体评价（一级指标）的研究思路。

1. 二级指标绩效评价

地方政府学习创新能力包括主动学习能力、管理和服务的创新能力 2 项二级指标。二级指标绩效情况如表 10-6 所示，样本城市政府主动学习能力绩效平均得分为 48.99 分，管理和服务的创新能力绩效平均得分为 51.27 分。可以看出，我国地方政府学习创新能力的内部结构不均衡，各城市政府主动学习能力总体均衡，较高于管理和服务的创新能力。

表 10-6 地方政府学习创新能力二级指标绩效评价表

二级指标	平均值	标准差	最大值	最小值	四分位数		
					25%	50%	75%
主动学习能力	48.99	18.46	95.00	5.00	39.16	45.65	60.72
管理和服务的创新能力	51.27	20.25	95.00	5.00	37.47	47.62	65.53

图 10-5 反映了主动学习能力、管理和服务的创新能力的得分分布情况。从图中可以看出，主动学习能力得分主要集中在 30~70 分，而管理和服务的创新能力得分主要集中在 20~60 分和 70~80 分，从中也可以看出地方政府学习创新能力 2 个二级指标之间差异性较小。

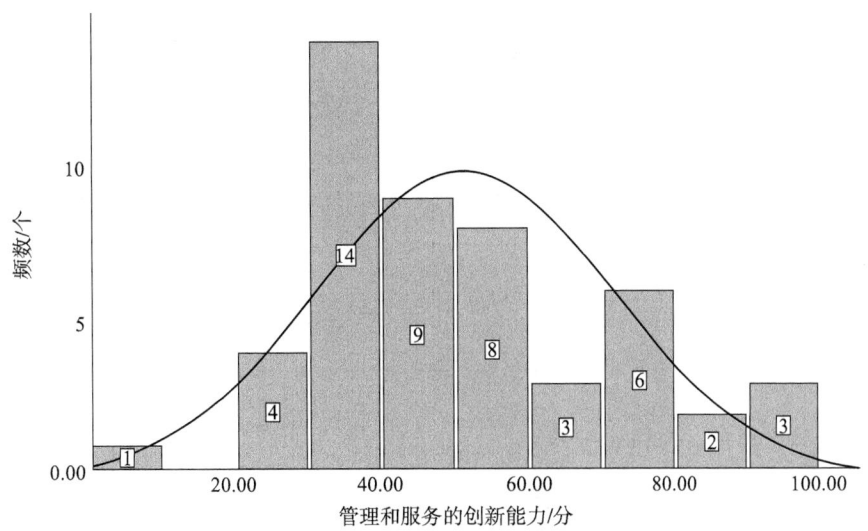

图 10-5　地方政府学习创新能力二级指标绩效得分-频数统计

T 检验的结果（如表 10-7 所示）进一步表明，地方政府主动学习能力与管理和服务的创新能力之间不存在显著差异（$P>0.05$）。

表 10-7　地方政府主动学习能力与管理和服务的创新能力配对样本 T 检验

	配对差值					t 值	自由度	显著性（双尾）
	平均值	标准偏差	标准误差平均值	差值的95%置信区间				
				下限	上限			
主动学习能力-管理和服务的创新能力	-2.28262	21.37017	3.02220	-8.35595	3.79072	-0.75528	49	0.454

2. 主观重要性-主观绩效评价

采用配对样本 T 检验的方法，对主动学习能力、管理和服务的创新能力进行主观重要性-主观绩效配对差异检验，结果如表 10-8 所示。样本城市政府管理和服务的创新能力的主观绩效评价与主观重要性评价之间不存在显著差异；而地方政府主动学习能力的主观绩效评价与主观重要性评价之间存在显著差异，且 T 值为正，说明民众对政府主动学习行为的实际绩效感知高于民众对政府主动学习能力的期待，政府主动学习能力表现较好。

表 10-8　地方政府学习创新能力二级指标的主观重要性-主观绩效配对样本 T 检验

	配对差值					t 值	自由度	显著性（双尾）
	平均值	标准偏差	标准误差平均值	差值的 95% 置信区间				
				下限	上限			
主动学习能力主观重要性-主观绩效	1.57191	21.10945	2.98533	-4.42733	7.57115	0.527	49	0.601
管理和服务的创新能力主观重要性-主观绩效	4.04959	12.59060	1.78058	0.47138	7.62779	2.27431	49	0.02736

3. 区域分析和行政级别分析

4 个地区地方政府学习创新能力的 2 项二级指标均值如图 10-6 所示，中部地区主动学习能力绩效表现最好，管理和服务的创新能力绩效得分排名第二；东部地区主动学习能力绩效表现排名第二，在管理和服务的创新能力上位居首位，且遥遥领先其他地区；东北地区主动学习能力绩效表现一般，得分接近东部地区，在管理和服务的创新能力方面也排名第三；西部地区两项能力均处于劣势，管理和服务的创新能力绩效得分最低，与其他地区差距较大。

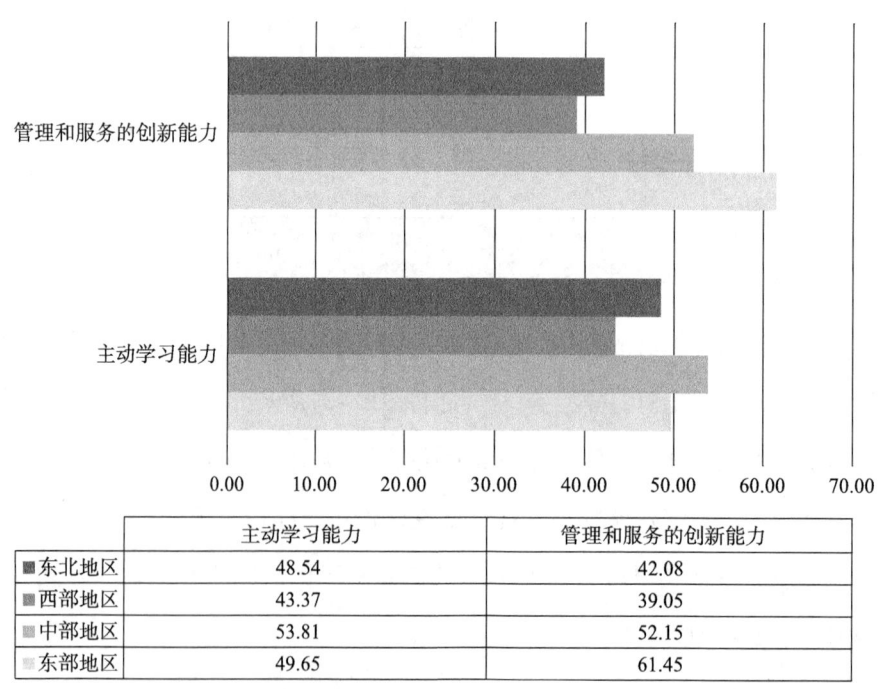

	主动学习能力	管理和服务的创新能力
东北地区	48.54	42.08
西部地区	43.37	39.05
中部地区	53.81	52.15
东部地区	49.65	61.45

图 10-6　不同地区地方政府学习创新能力二级指标均值

经过进一步的独立样本 T 检验,在统计学意义上地区间在主动学习能力、管理和服务的创新能力 2 项二级指标上的表现差异不太显著,结果如表 10 - 9 所示。

表 10 - 9　不同地区地方政府学习创新能力二级指标均值比较 T 检验结果

分组变量		主动学习能力			管理和服务的创新能力		
		t 值	显著性（双尾）	均值差	t 值	显著性（双尾）	均值差
东部地区	中部地区	-0.574	0.570	-4.16667	1.248	0.222	9.29523
	西部地区	0.894	0.379	6.27811	3.785	0.001	22.39764
	东北地区	0.106	0.917	1.10295	2.227	0.036	19.36283
中部地区	西部地区	1.611	0.120	10.44478	1.709	0.104	13.10241
	东北地区	0.594	0.561	5.26962	0.875	0.394	10.06760
西部地区	东北地区	-0.641	0.530	-5.17516	-0.428	0.674	-3.03481

从行政级别的角度分析,直辖市政府在学习创新能力的内部结构上发展不均衡,管理和服务的创新能力得分最高,但主动学习能力绩效得分最低;副省级城市在管理和服务的创新能力上表现较好,排名第二,但主动学习能力仅稍高于直辖市;非副省级省会城市表现平平,主动学习能力排名靠前,管理和服务的创新能力排名第三;一般地级市的主动学习能力绩效得分亮眼,位居第一,而管理和服务的创新能力落后。具体情况如图 10 - 7 所示。

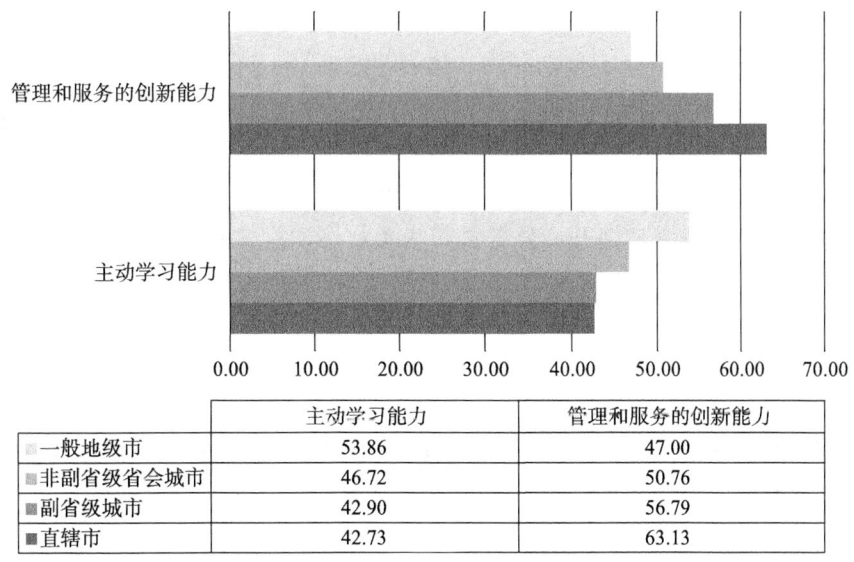

图 10 - 7　不同行政级别地方政府学习创新能力二级指标均值

对4类城市学习创新能力二级指标的T检验结果如表10-10所示。在统计学意义上，直辖市政府在管理和服务的创新能力方面的表现显著优于其他行政级别城市政府，而其他行政级别城市间在主动学习能力、管理和服务的创新能力2项二级指标上的表现差异不太显著。

表10-10　不同行政级别地方政府学习创新能力二级指标均值比较T检验结果

分组变量		主动学习能力			管理和服务的创新能力		
		t值	显著性（双尾）	均值差	t值	显著性（双尾）	均值差
直辖市	副省级城市	-0.020	0.985	-0.17507	0.476	0.642	6.34571
	非副省级省会城市	-0.343	0.737	-3.99412	1.026	0.323	12.37908
	一般地级市	-1.219	0.234	-11.13254	1.683	16.13530	9.58515
副省级城市	非副省级省会城市	-0.446	0.660	-3.81905	0.616	0.545	6.03337
	一般地级市	-1.701	0.098	-10.95747	1.344	0.188	9.78959
一般地级市	非副省级省会城市	-1.008	0.321	-7.13842	0.541	0.592	3.75622

（四）地方政府学习创新能力的具体分析

公务员年度参加培训的次数和天数等客观指标，以及激励公务员学习措施、组织内部信息共享机制等主观指标，构成本章地方政府学习创新能力的三级指标，同时构成地方政府学习创新能力的具体表现。本部分主要对地方政府学习创新能力的三级指标，即各项主客观数据进行描述统计。

50个样本城市政府学习创新能力具体表现如表10-11所示。在客观指标方面，4项客观数据的标准差和极差均较大，这表明数据的离散程度较大，特别在政府专利授权数量以及出台关于创新的法规和政策数量方面存在较大差距，技术吸收和创新能力水平仍有待进一步提升；公务员年度参加培训次数和天数的极值差距偏大，表明地方政府组织培训机会很不均衡。

表10-11　地方政府学习创新能力三级指标统计

	均值	标准差	最小值	最大值	极差
公务员年度参加培训的次数（客观）	2.9119	0.38431	2.06	4.8	2.74
公务员年度参加学习培训的天数（客观）	62.2181	9.76392	42.5	94	51.5
激励公务员学习措施（主观）	3.0931	0.13369	2.64	3.43	0.79
组织内部信息共享机制（主观）	3.2713	0.25884	2.75	4.3	1.55

续表

	均值	标准差	最小值	最大值	极差
技术吸收和创新能力（政府专利授权数量）（客观）	38773.29	58702.317	501	279177	278676
政府对创新的重视程度（主观）	3.8815	0.39551	3.03	4.67	1.64
政府出台关于创新的法规和政策数量（客观）	19.02	22.174	0	94	94
政府的创新意识（主观）	3.8496	0.39971	2.94	4.67	1.73

在主观指标方面，激励公务员学习措施的均值最低，说明调查对象认为地方政府在激励公务员学习措施方面尚有较大的提升空间；政府的创新意识的差异性最大，标准差达到约0.4。

从地区分布来看，各地区在不同指标方面各有优势，如图10-8所示。

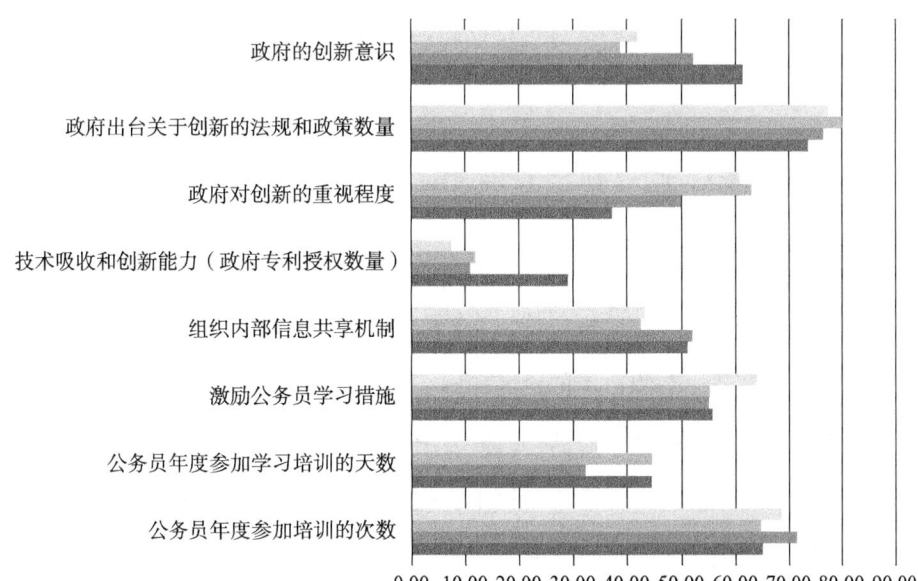

	公务员年度参加培训的次数	公务员年度参加学习培训的天数	激励公务员学习措施	组织内部信息共享机制	技术吸收和创新能力（政府专利授权数量）	政府对创新的重视程度	政府出台关于创新的法规和政策数量	政府的创新意识
东北地区	68.46	34.42	64.01	43.25	7.44	60.71	77.38	41.98
西部地区	64.65	44.54	55.21	42.54	11.85	62.99	80.05	38.80
中部地区	71.38	32.24	55.04	51.93	10.94	49.82	76.59	52.17
东部地区	65.02	44.48	55.73	51.05	29.05	37.31	73.68	61.37

图10-8 不同地区地方政府学习创新能力三级指标均值分布

在公务员年度参加培训的次数上，得分从高到低依次是：中部地区、东北地区、东部地区、西部地区，与其他指标相比，这一指标的得分差距偏小。在公务员年度参加学习培训的天数上，西部地区与东部地区较为接近，次之分别是东北地区和中部地区。在激励公务员学习措施方面，东部地区、西部地区、中部地区差距不大。在组织内部信息共享机制上，中部地区评分要稍高于东部地区。在技术吸收和创新能力（政府专利授权数量）上，东北地区表现逊于其他地区，东部地区强于西部地区和中部地区。就政府对创新的重视程度而言，存在较大差距，西部地区和东北地区政府相较来说表现出了极大的关注。在政府出台关于创新的法规和政策数量上，西部地区出台数量最多，其他地区排名先后顺序为东北地区、中部地区和东部地区。各地区的政府的创新意识也存在差异，东部地区拥有更为开放的外部环境和厚实的经济基础，因而政府创新意识也更高，中部地区、东北地区、西部地区，与东部地区相比差距较大。

三、提升路径：通过弥合创新短板推动均衡发展

为了实现经济社会的可持续发展，政府的学习创新能力是重要的因素。从上述对地方政府学习创新能力的分析可见，当前中国地方政府学习创新能力总体表现一般，仍有优化和提升的空间；不同地区和不同行政级别城市的政府学习创新能力存在一定差距。在新冠疫情结束后的经济恢复大背景下，创新短板的弥合和地区发展的均衡成为紧迫的任务。政府应当从多个方面入手，采取有效措施提高自身的学习创新能力，以促进创新能力的整体和均衡发展。

首先，提高学习创新意识。总体来看，地方政府学习创新能力的综合主观绩效评价与重要性评价差异性不大，整体得分情况表现一般，政府学习创新能力仍有较大的提升空间。三级指标的地区差异化结果表明，市级政府在学习创新方面认识不同。建立健全各级政府之间的交流合作机制和跨部门协同共享机制，鼓励创新思维和观念的交流，促进政府间的合作与学习，从而提高地方政府的管理水平和服务质量。具体包括推动政府间经验交流、学习研讨会的定期举办、完善公务员培训制度和激励机制等措施，鼓励各地政府互相学习和借鉴好的创新实践。

其次，建立灵活高效的创新机制，以应对快速变化的环境和外部需求。借助大数据、物联网、区块链等技术，发现社会趋势、挖掘实际需求，了解公众的需求和关切，消除"为了创新而创新"的形式主义，提升政府创新的有效性，从而更好地改善服务。此外，还要加强内外部交流与合作，建立协同创新的平台。加强政学研协同，构建协同创新机制。可以通过政府间合作、区域间合作或与优势地区的企业、学术机构进行合作，吸纳其资源和经验，共同推动创新发展。例如，设立创新基金和创新项目，支持学术机构开展前沿研究，推动科学成果的转化和创新实践的应用。面对东北地区、西部地区资源受限的情况，政府可以通过与其他地区和创新主体建立合作伙伴关系，整合和共享资源。学术界可以通过与政府和企业的合作，将科研成果转化为实际创新项目，为政府提供科技支撑和决策支持。企业也可以积极参与政府组织的创新项目或合作平台，与政府建立战略合作伙伴关系，共同研发和应用创新成果，推动提升创新能力。

最后，优化学习创新能力的内部结构，着力提升管理和服务的创新能力。从地方政府学习创新能力的分解分析可以看出，地方政府管理和服务的创新能力的表现远不如主动学习能力。两种能力缺一不可，地方政府要注重主动学习能力与管理和服务的创新能力二者间的均衡发展。提高地方政府对创新的重视程度、提升政府的创新意识，出台关于创新的法规和政策，以实现资源共享和优势互补，为全社会参与主动创新提供保障。

四、结论

创新是发展的第一动力，但是又对外部环境格外敏感。新冠疫情的不平凡历程，导致全球经济发展疲软，创新发展整体环境不佳。正是在这样的艰难环境下，政府学习与创新能力发展面临着无数机遇和挑战。在对地方政府学习创新能力的现状和提升路径进行分析讨论的基础上，可以得到以下主要结论。

第一，地方政府学习创新能力仍存在优化调整空间。一方面，地方政府的学习创新能力整体存在供给不足的问题，需要重点加强建设。这反映在样本城市的政府学习创新能力综合得分普遍不高，一些地区地方政府学习创新能力与民众的实际期望需求仍存在较大差距。另一方面，地方政府学习创新能力的内部结构也存在不均衡现象。经过对不同地区和不同行政级别城市进行比较，我们发现，一边是主动学习能力的表现可圈可点，另一边是管理和服务的创新能力的表现不尽如人意，二者间还存在较大差距。因此，为加强地方政府学习创新能力，建议采取综合性举措全面提升能力水平，并持续优化学习创新能力的内部结构。党的二十大报告着眼提升国家创新体系整体效能，提出从"健全新型举国体制，强化国家战略科技力量，优化配置创新资源"到"统筹推进国际科技创新中心、区域科技创新中心建设，加强科技基础能力建设，强化科技战略咨询"。为此，通过建立学习型政府、加强政策支持、完善激励机制与提升合作交流机会，可以帮助各地方政府提升学习创新能力，从而提高国家创新体系的整体效能。

第二，不同地方政府学习创新能力存在一定差距但总体发展较为均衡。总体来看，不同地区和不同行政级别城市的政府学习创新能力得分较为均衡，不同地区和不同行政级别城市的政府学习创新能力主要体现在中观层面和微观层面。具体而言，在区域差异方面，西部地区政府学习创新能力整体偏弱，在主动学习能力方面的表现与中部地区、东部地区有显著差距；在城市行政级别差异方面，非副省级省会城市政府学习创新能力表现平平，在主动学习能力方面的表现与一般地级市有显著差距。各地方政府应着眼于自身短板，采取针对性的措施提升学习创新能力。

04
PART 第四部分

中国地方政府发展能力的专题分析

第十一章
不同地区地方政府发展能力特征分析

黄雅卓

新时代的中国区域经济格局在不断发生演变,区域差距成为当前形势下不可回避的现实问题。这种差距反映在方方面面,本章将聚焦其中一个重要方面:地方政府发展能力。首先,考察了中国不同地区地方政府发展能力的总体情况;其次,分析了不同地区各地方政府在经济发展、社会发展、服务提供、资源利用、科学履职和学习创新6个方面的能力特征和能力差异;最后,根据前述考察与分析结果,提出了提升地方政府发展能力和实现区域协调发展的对策建议。

一、类型划分:不同地区的划分标准

研究不同地区地方政府发展能力特征,首先要对"地区"加以界定。本书对地区类型划分方式的选取遵循三个方面的原则:一是能够较好反映地方发展程度上的差异,涵盖更多区域差异性要素;二是能够客观体现地方政府发展能力状况;三是能够遵循习近平总书记关于区域高质量发展的擘画和部署,使分析结果更好服务现实。因此,划分的依据主要参考区域经济学中关于"经济区域"的划分方法。按照区域经济学的观点,经济区域不同于自然区和行政区,是和劳动地域分工联系在一起的,具有客观性和延续性,其依据的是生产地域分工的特点,各地的自然、社会、文化、经济、技术、历史等状况相互间的经济联系,以及经济发展方向的相似性与差异性。经济区域的划分是研究经济发展的重要工具,对于制定区域发展战略和各项改革政策具有重要意义。

随着地方经济社会的不断发展以及区域经济研究的不断更新,经济区域的划分方法更加多样。1987年，国家"七五"计划首次正式提出了我国经济区域按东、中、西三大地带划分的模式，反映出经济发展水平的梯度特征。在此基础上，不少学者以不同视角补充和完善了经济区域划分方式。孙红玲和刘长庚（2005）出于缩小经济差距、统筹协调发展的考虑，分别以珠三角、长三角和环渤海三大城市群为经济中心，以广大中部地区和西部地区为经济腹地，构建了泛珠三角、泛长三角和环渤海地区"三大块"新的区域经济体系[1]。马庆林（2009）按照有利于区域内部、区域之间协调发展的要求，采用外部扰动一致性标准重新划分了经济区域，将全国划分为北方经济区、长江流域经济区、东南经济区、西南经济区和西北经济区5个经济区域[2]。邓忠泉（2010）综合考量了区域适度规模、重要地貌阻隔等因素，将全国划分为东北、环渤海、泛长三角、南部沿海、湘鄂赣、环四川盆地、北部高原、新疆、青藏高原9大经济区[3]。

新时期，构建完整的区域经济体系的条件更加充沛，诸多学者又结合新的发展条件，提出了经济区域划分方式的新思考。汤学兵和张启春（2013）从促进区域经济协调发展的角度提出了"4+2"的区域发展战略和政策框架。所谓"4"，就是按照西部、东北、中部和东部4大区域的地域框架，统筹安排和部署全国的经济布局；所谓"2"，就是按照主体功能区和关键问题区2种类型区，实行差别化的区域调控和国家援助政策[4]。刘勇（2015）根据"三四三"战略思路，结合我国区域经济发展的具体要求，提出了由"四纵四横"的空间结构总体框架和"二实三虚"的空间分区分层系统组成的完整的区域经济新体系[5]。马涛、黄印等（2021）认为，应当构建完善"战略区+类型区"组合的区域政策体系，打破区域板块的限制，统筹考虑地理特征、经济规律的空间特性以及各类新技术新要素对区域经济布局的影响，推动形成多层次、高质量的区域发展新格局[6]。孙久文和邢晓旭

---

[1] 孙红玲，刘长庚. 论中国经济区的横向划分. 中国工业经济，2005，(10)：29-36.
[2] 马庆林. 中国经济区域划分与区域经济协调发展问题研究. 南方金融，2009，(7)：27-31.
[3] 邓忠泉. 试论我国九大经济区域划分. 世界经济情况，2010，(9)：61-65.
[4] 汤学兵，张启春. 完善我国区域经济政策体系的战略构建：基于国内外区域经济政策理论与实践的考察. 贵州社会科学，2013，(3)：70-75.
[5] 刘勇. 谋局2020：中国的区域经济新体系. 人民论坛，2015，(8)：6-16.
[6] 马涛，黄印，谭乃榕. "十四五"时期高质量区域经济布局的多层次政策体系思考. 哈尔滨工业大学学报（社会科学版），2021，(1)：145-153.

(2023) 认为，区域经济布局应当以城市群或都市圈为载体，通过对城市重点功能的战略部署，实现正外部性，从而奠定区域可持续发展的基调①。

国家统计局将我国的经济区域划分为东部、中部、西部和东北四大地区（不含港澳台地区）②。东部地区包括北京、天津、河北、上海、江苏、浙江、福建、山东、广东和海南。中部地区包括山西、安徽、江西、河南、湖北和湖南。西部地区包括内蒙古、广西、重庆、四川、贵州、云南、西藏、陕西、甘肃、青海、宁夏和新疆。东北地区包括辽宁、吉林和黑龙江。这种地区划分方式是目前来源官方且应用最为广泛的一种地区划分方法，既考虑了地理位置等因素，又体现出地区间经济社会发展状况和政府发展能力的梯度差异，贴合国家区域发展战略的实践与走向。结合本章所要分析的主要内容和数据收集情况，并考虑系列研究的连续性，本章将延续上一版《中国地方政府发展能力研究报告》的地区界定方式，采用国家统计局颁布的《东西中部和东北地区划分方法》。

二、评估结果：东部地区优势突出

（一）样本选取

在本年度确定的50个样本城市中，东部地区覆盖北京、天津、河北等10个省（直辖市），共19个样本城市；中部地区覆盖山西、安徽、江西等6个省，共13个样本城市；西部地区覆盖四川、内蒙古、重庆等8个省（自治区、直辖市），共13个样本城市；东北地区覆盖辽宁、吉林、黑龙江3个省，共5个样本城市。样本分布情况如表5-1所示。

（二）不同地区地方政府发展能力现状分析

为了更加全面、系统地对不同地区地方政府发展能力进行分析，本书课题组通过发放调查问卷并收集客观数据，经过标准化和可操作处理，计算出东部、中部、

---

① 孙久文，邢晓旭．国土空间体系和区域经济布局的协同路径和优化方向．经济学家，2023，(8)：54-64.

② 国家统计局官方网站2011年发布的《东西中部和东北地区划分方法》指出，为科学反映我国不同区域的社会经济发展状况，为党中央、国务院制定区域发展政策提供依据，根据《中共中央、国务院关于促进中部地区崛起的若干意见》《国务院办公厅转发国务院西部开发办关于西部大开发若干政策措施实施意见的通知》以及党的十六大报告的精神，现将我国的经济区域划分为东部、中部、西部和东北四大地区。

西部和东北4个地区样本城市的政府发展能力指数,并通过计算各项指标的权重,得出了样本城市一级、二级和三级指标的分数,为进一步的分析和研究提供了数据支持。

1. 不同地区地方政府发展能力的总体评价

通过比较4个地区样本城市政府发展能力指数的均值可以发现,东部地区地方政府发展能力指数均值高于中部、西部和东北3个地区,地方政府发展能力总体水平最高;其次是中部地区;再次是东北地区;西部地区最末。对比之前年份的情况,东部地区和中部地区的地方政府发展能力指数均值有所提升,西部地区和东北地区则有所下降,如图11-1所示。

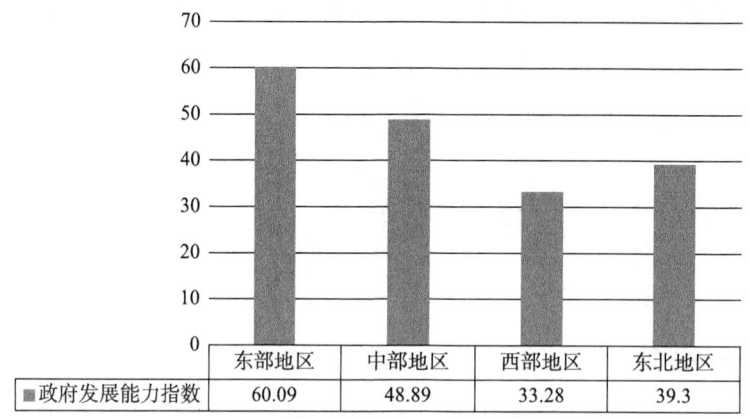

图11-1 不同地区地方政府发展能力指数均值

进一步采用独立样本T检验,比较了4个地区地方政府发展能力指数,如表11-1所示。从统计学意义上来看,东部地区的指数在 $a=0.01$ 的水平上显著高于西部地区,在 $a=0.05$ 的水平上较为显著高于东北地区,而其他地区组合之间的差异不显著。由此表明,东部地区地方政府发展能力要高于其他3个地区;中部地区、西部地区和东北地区之间的地方政府发展能力不存在显著差异。

表11-1 不同地区地方政府发展能力指数比较T检验结果

分组变量	平均值差值	差值95%置信区间		t值	自由度	p
		下限	上限			
东部－中部	11.72	-4.199	27.629	1.503	30	0.143
东部－西部	27.33	13.880	40.773	4.150	30	0.000**

续表

分组变量	平均值差值	差值95%置信区间		t 值	自由度	p
		下限	上限			
东部－东北	21.31	2.451	40.171	2.343	22	0.029*
中部－西部	15.61	－1.695	32.919	1.862	24	0.075
中部－东北	9.60	－15.556	34.747	0.809	16	0.43
西部－东北	－6.02	－23.899	11.866	－0.713	16	0.486

注：*表示在 0.05 水平上显著，**表示在 0.01 水平上显著。

2. 不同地区地方政府核心发展能力分析

4 个地区地方政府发展能力一级指标均值如图 11-2 所示。从总体上来看，各地区地方政府在经济发展能力方面的得分均高于其他各项能力，科学履职能力和服务提供能力也均位居第二、第三。从区域比较来看，东部地区的 6 项核心能力得分均位列第一；第二位和第三位分别为中部地区和东北地区；西部地区位列最末。从内部结构来看，东部地区的学习创新能力得分最低；中部地区、东北地区和西部地区都是资源利用能力得分最低。各地区的各项能力分布都较为平均，极差较小。

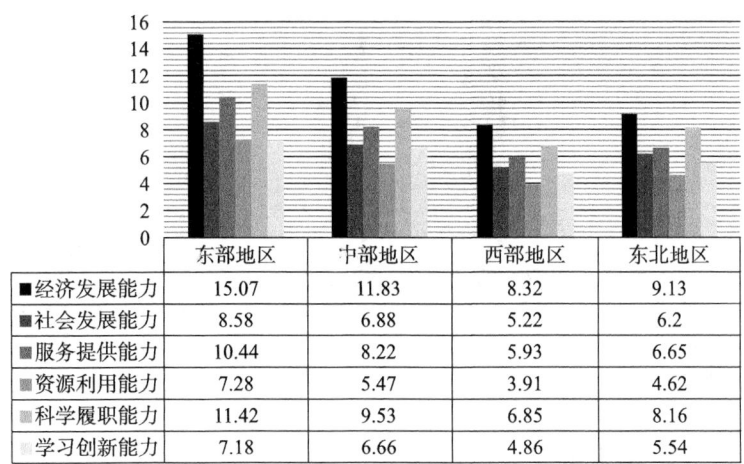

图 11-2 不同地区地方政府发展能力一级指标均值

进一步采用独立样本 T 检验，比较了 4 个地区地方政府发展能力 6 项一级指标，如表 11-2 所示。经过比较发现，东部地区与西部地区在各项一级指标上均呈现显著性差异；与东北地区在经济发展能力、社会发展能力、服务提供能力和资源利用能力 4 项一级指标上呈现出显著性差异。其他地区组合之间的差异不显著。

表 11-2 不同地区地方政府发展能力一级指标比较 T 检验结果

分组变量	经济发展能力		社会发展能力		服务提供能力		资源利用能力		科学履职能力		学习创新能力	
	t值	p值	t值	p值	t值	p值	t值	p值	t值	p值	t值	p值
东部-中部	1.350	0.187	1.644	0.111	1.561	0.129	1.795	0.083	0.967	0.341	0.096	0.924
东部-西部	4.138	0.000**	4.218	0.000**	4.229	0.000**	4.943	0.000**	3.682	0.001**	2.183	0.037*
东部-东北	2.545	0.018*	2.276	0.033*	2.731	0.012*	2.732	0.012*	1.846	0.078	0.974	0.341
中部-西部	1.857	0.076	1.687	0.105	1.642	0.114	1.714	0.099	1.808	0.083	2.037	0.053
中部-东北	0.997	0.334	0.515	0.613	0.827	0.420	0.631	0.537	0.652	0.524	0.917	0.373
西部-东北	-0.428	0.674	-0.88	0.390	-0.481	0.637	-0.848	0.409	-0.868	0.398	-0.717	0.484

3. 不同地区地方政府核心发展能力分解分析

4 个地区地方政府发展能力的 15 项二级指标均值如图 11-3 所示。东部地区在除主动学习能力之外的 14 项指标中的得分都是最高的,主动学习能力仅次于中部地区;中部地区在除主动学习能力之外的 14 项指标中的得分均位列第二;西部地区除保证生产能力之外的各项指标得分均为最低;东北地区除保证生产能力与西部地区一致之外,其他 14 项能力指标得分均位列第三。

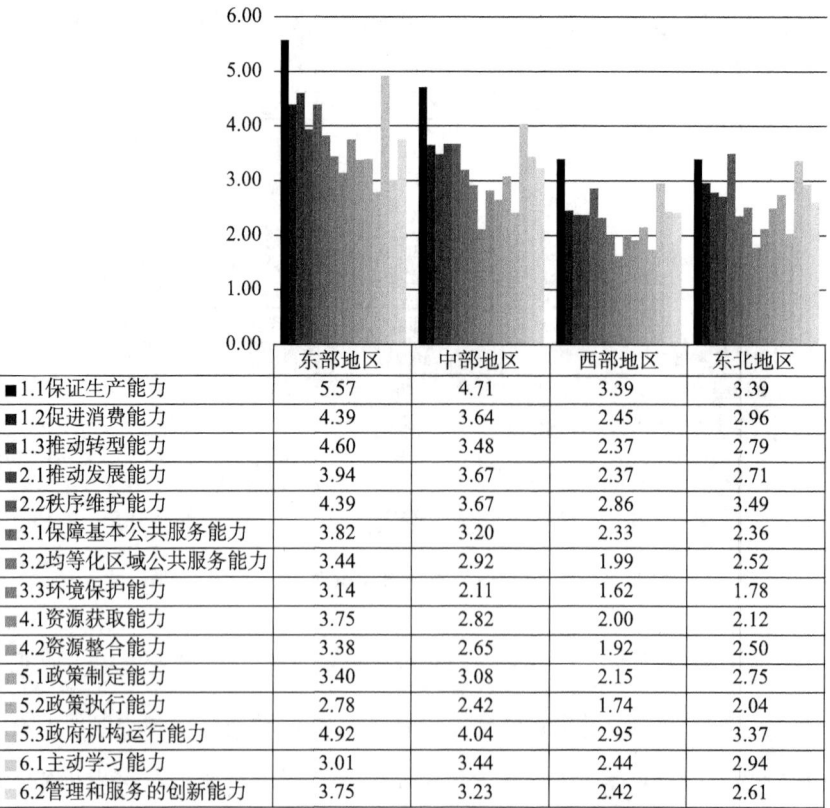

	东部地区	中部地区	西部地区	东北地区
1.1 保证生产能力	5.57	4.71	3.39	3.39
1.2 促进消费能力	4.39	3.64	2.45	2.96
1.3 推动转型能力	4.60	3.48	2.37	2.79
2.1 推动发展能力	3.94	3.67	2.37	2.71
2.2 秩序维护能力	4.39	3.67	2.86	3.49
3.1 保障基本公共服务能力	3.82	3.20	2.33	2.36
3.2 均等化区域公共服务能力	3.44	2.92	1.99	2.52
3.3 环境保护能力	3.14	2.11	1.62	1.78
4.1 资源获取能力	3.75	2.82	2.00	2.12
4.2 资源整合能力	3.38	2.65	1.92	2.50
5.1 政策制定能力	3.40	3.08	2.15	2.75
5.2 政策执行能力	2.78	2.42	1.74	2.04
5.3 政府机构运行能力	4.92	4.04	2.95	3.37
6.1 主动学习能力	3.01	3.44	2.44	2.94
6.2 管理和服务的创新能力	3.75	3.23	2.42	2.61

图 11-3 不同地区地方政府发展能力二级指标均值

(1) 经济发展能力分析

在经济发展能力方面，东部地区的保证生产能力、促进消费能力和推动转型能力的得分最高；中部地区3项二级指标得分紧随东部地区之后；东北地区除保证生产能力与西部地区一致外，其余2项二级指标得分均位列第三；西部地区的得分相对较低。

通过独立样本T检验发现，东部地区的保证生产能力、促进消费能力和推动转型能力在 $a=0.01$ 的水平上显著高于西部地区；东部地区的这三项能力在 $a=0.05$ 的水平上较为显著地高于东北地区；中部地区的促进消费能力在 $a=0.05$ 的水平上较为显著地高于西部地区；其他地区组合之间的差异不显著，如表11-3所示。

表11-3 不同地区地方政府经济发展能力二级指标比较T检验结果

分组变量	保证生产能力		促进消费能力		推动转型能力	
	t 值	p 值	t 值	p 值	t 值	p 值
东部-中部	1.296	0.205	1.544	0.133	1.792	0.083
东部-西部	3.749	0.001**	4.572	0.000**	3.909	0.000**
东部-东北	2.621	0.016*	2.477	0.021*	2.321	0.030*
中部-西部	1.806	0.083	2.208	0.037*	1.507	0.145
中部-东北	1.254	0.228	0.911	0.376	0.722	0.480
西部-东北	0.005	0.996	-0.906	0.379	-0.454	0.656

经济发展是各地区地方政府关注的重点。由于地域和历史等原因，中国区域经济发展长期处在"梯度"不均衡状态。东部地区、中部地区、西部地区非均衡发展态势由来已久且具有较强的延续性。因此，东部地区在经济发展能力方面明显强于其他地区，特别是强于西部地区。

(2) 社会发展能力分析

在社会发展能力方面，东部地区在2项二级指标的表现都是最好的，西部地区在2项指标中均为垫底，中部地区和东北地区分列第二、第三位。

通过独立样本T检验发现，在 $a=0.01$ 的水平上，东部地区的推动发展能力和秩序维护能力显著高于西部地区；在 $a=0.05$ 的水平上，东部地区的推动发展能力较为显著地高于东北地区；其他地区组合之间的差异不显著，如表11-4所示。

表 11-4　不同地区地方政府社会发展能力二级指标比较 T 检验结果

分组变量	推动发展能力		秩序维护能力	
	t 值	p 值	t 值	p 值
东部－中部	1.797	0.082	1.836	0.076
东部－西部	4.412	0.000**	3.795	0.001**
东部－东北	2.520	0.020*	1.880	0.073
中部－西部	1.758	0.091	1.541	0.136
中部－东北	0.735	0.473	0.264	0.795
西部－东北	-0.666	0.515	-0.992	0.336

社会发展需要以经济发展为基础，没有良好的经济发展，就没有优质的社会发展。由于东部地区的经济发展处于领先地位，因而其社会发展更具优势。相较而言，在非均衡发展战略下，中部地区、西部地区和东北地区的社会发展滞后于东部地区。这其中既有经济发展相对落后的原因，也有观念上重经济发展、轻社会建设的原因，需要这些地区的地方政府在社会发展的理念和方式上加以更新。

（3）服务提供能力分析

在服务提供能力方面，东部地区在 3 项二级指标上的得分均为最高，西部地区在各项指标的得分均为垫底，中部地区和东北地区分列第二、第三位。

通过独立样本 T 检验发现，在 $a=0.05$ 的水平上，东部地区的环境保护能力较为显著地高于中部地区和东北地区；在 $a=0.01$ 的水平上，东部地区的保障基本公共服务能力、均等化区域公共服务能力和环境保护能力显著高于西部地区；在 $a=0.01$ 的水平上，东部地区的保障基本公共服务能力显著高于东北地区；其他地区组合之间的差异不显著，如表 11-5 所示。

表 11-5　不同地区地方政府服务提供能力二级指标比较 T 检验结果

分组变量	保障基本公共服务能力		均等化区域公共服务能力		环境保护能力	
	t 值	p 值	t 值	p 值	t 值	p 值
东部－中部	1.373	0.180	1.249	0.221	2.388	0.023*
东部－西部	3.879	0.001**	3.955	0.000**	3.743	0.001**
东部－东北	2.961	0.007**	1.979	0.060	2.339	0.029*
中部－西部	1.607	0.121	1.838	0.078	1.221	0.234
中部－东北	1.121	0.279	0.581	0.569	0.615	0.547
西部－东北	-0.057	0.955	-0.991	0.337	-0.340	0.739

东部地区经济实力雄厚,在公共服务设施建设,教育、医疗、就业、养老等基本公共服务资源供给及其均等化,以及环境保护等方面的支出投入力度更大。而中部地区、西部地区与东北地区的地方财政汲取能力相对有限,在与人民群众生活密切相关的教育、医疗、社会保障等方面的投入相对不足,比较难以保障基本公共服务的充足供给及其均等化。

(4) 资源利用能力分析

在资源利用能力方面,东部地区在2项二级指标上的表现仍是最好的,西部地区得分最低,中部地区和东北地区分列第二、第三位。

通过独立样本 T 检验发现,在 $a=0.05$ 的水平上,东部地区在资源获取能力方面较为显著地高于中部地区;在 $a=0.01$ 的水平上,东部地区在资源获取能力方面显著高于东北地区;在 $a=0.01$ 的水平上,东部地区在资源获取能力和资源整合能力方面显著高于西部地区;其他地区组合之间的差异不显著,如表 11-6 所示。

表 11-6 不同地区地方政府资源利用能力二级指标比较 T 检验结果

分组变量	资源获取能力		资源整合能力	
	t 值	p 值	t 值	p 值
东部 – 中部	2.233	0.033*	1.764	0.088
东部 – 西部	5.081	0.000**	4.594	0.000**
东部 – 东北	3.455	0.002**	1.879	0.074
中部 – 西部	1.734	0.096	1.652	0.116
中部 – 东北	1.024	0.321	0.223	0.827
西部 – 东北	-0.272	0.789	-1.526	0.147

有效获取资源和充分整合资源的能力不足仍然是中部地区、西部地区和东北地区发展所面临的一大"瓶颈"。在中央政府的支持下,尤其是近年来"一带一路"倡议的实施,西部地区具备了丰富的政策资源,但是受地理、历史等多重因素的影响,它在资源获取和资源整合方面仍然表现不佳。东北地区正在经历传统经济增长模式的转型,传统发展模式的烙印并未完全去除,而新的经济增长点又尚未确立起来,因而它在财税资源获取以及人才、项目的吸引上缺少活力。

(5) 科学履职能力分析

在科学履职能力方面,东部地区地方政府在3项二级指标中得分依然名列第一，西部地区名列最末，中部地区和东北地区分列第二、第三位。

通过独立样本 T 检验发现，在 $a=0.01$ 的水平上，东部地区的政策制定能力、政策执行能力和政府机构运行能力显著高于西部地区；其他地区组合之间的差异不显著，如表 11-7 所示。

表 11-7　不同地区地方政府科学履职能力二级指标比较 T 检验结果

分组变量	政策制定能力		政策执行能力		政府机构运行能力	
	t 值	p 值	t 值	p 值	t 值	p 值
东部-中部	0.770	0.447	1.123	0.270	1.467	0.153
东部-西部	3.505	0.001**	3.677	0.001**	3.646	0.001**
东部-东北	1.319	0.201	1.947	0.064	2.049	0.053
中部-西部	1.902	0.069	1.804	0.084	1.709	0.100
中部-东北	0.464	0.649	0.719	0.483	0.754	0.462
西部-东北	-1.201	0.247	-0.797	0.437	-0.633	0.536

政策的制定和执行情况是考察政府履职是否科学、有效的重要方面。东部地区地方政府在政策制定和执行上表现最好，西部地区地方政府则表现欠佳。因而，西部地区在促进决策过程中的公众参与以及合理设置机构、提高政策执行效率等方面仍然需要进一步提升，这是提升政府执行力和公信力的关键。

（6）学习创新能力分析

在学习创新能力方面，中部地区在主动学习能力方面得分最高，东部地区、东北地区次之，西部地区得分最低；东部地区在管理和服务的创新能力方面得分最高，中部地区、东北地区次之，西部地区得分最低。

通过独立样本 T 检验发现，在 $a=0.01$ 的水平上，东部地区的管理和服务的创新能力显著高于西部地区；在 $a=0.05$ 的水平上，东部地区的管理和服务的创新能力较为显著地高于东北地区；其他地区组合之间的差异不显著，如表 11-8 所示。

表 11-8　不同地区地方政府学习创新能力二级指标比较 T 检验结果

分组变量	主动学习能力		管理和服务的创新能力	
	t 值	p 值	t 值	p 值
东部-中部	-0.574	0.570	1.248	0.222
东部-西部	0.894	0.379	3.785	0.001**

续表

分组变量	主动学习能力		管理和服务的创新能力	
	t 值	p 值	t 值	p 值
东部 – 东北	0.106	0.917	2.227	0.036*
中部 – 西部	1.611	0.120	1.709	0.104
中部 – 东北	0.594	0.561	0.875	0.394
西部 – 东北	-0.641	0.530	-0.428	0.674

学习型政府的建设和创新型政府的建设是紧密联系的，我们党和政府历来重视各方面的创新和"中国特色"的形成。因此，在全面深化改革阶段，地方政府应当顺势而为，努力提高学习能力，积极创新管理方法，服务于地方乃至全国的改革实践。

三、提升路径：促进区域协调发展以缩小地区能力差距

进入新时代，以习近平同志为核心的党中央高度重视区域发展的不平衡与不充分问题，对关系区域发展的重大理论和实践问题进行了深度思考和科学判断。党的二十大报告也强调了促进区域协调发展在推动经济实现质的有效提升和量的合理增长方面的重要作用。面对世界百年未有之大变局和中华民族伟大复兴的战略全局，必须处理好区域发展不平衡与不充分问题，使不同地区的发展潜力得到充分释放并形成区域发展合力。

第一，要重视"社会发展能力"的提升，实现经济、社会协调发展。相对于经济领域，我国社会建设的步伐是相对滞后的。社会改革落后于经济改革，经济与社会发展不协调的问题比较严重。从前面的分析可知，地方政府经济发展能力与社会发展能力具有一致性，社会发展是以经济发展为基础的。然而，在实践中却往往存在重经济发展、轻社会建设的倾向，没有将两者统一起来。事实上，经济发展和社会进步是人类社会发展的"两个轮子"，缺一不可。因此，东部地区要突破发展瓶颈，进一步提高社会发展能力，以增进发展的可持续性；中部地区、西部地区和东北地区要避免陷入"跛脚"发展，在致力于经济发展的同时，不能忽视社会发展，要使经济发展与社会发展相协调。

第二，要加强"服务提供能力"的提升，持续推进服务型政府建设。"十四五"时期，健全公共服务制度体系、推动公共服务发展，是落实以人民为中心的发展思想、改善人民生活品质的重大举措，是促进社会公平正义、扎实推进共同富裕的应有之义，是促进形成强大国内市场、构建新发展格局的重要内容，对增强人民群众获得感、幸福感、安全感，促进人的全面发展和社会全面进步，具有十分重要的意义。东部地区应当继续提高教育、医疗、养老、就业等基本公共服务供给水平，并注重提升均等化公共服务能力，缩小区域内公共服务供给差异。中部地区、西部地区和东北地区应当全面提高公共服务供给能力和水平，积极发挥社区在公共服务提供上的补充作用，以弥补政府在公共服务供给上的能力短板。此外，公共服务的供给应当以公众需求为导向，做到群众需求与政府资源高效投放的双向融合，实现公共服务的精准供给，提升公共服务供给的质量和效果。

第三，要强化"学习创新能力"的提升，深化学习型政府建设意识。当前，知识经济和信息经济迅猛发展，知识资本已成为重要的战略资源，在组织的核心竞争能力和创新能力培养方面越来越发挥重要的作用。政府想要获得高效的治理能力，适应骤变的国际国内环境，就必须增强学习和交流的能力，努力推进学习型政府建设。而真正的学习型政府建设，也必将推动体制改革和机制创新的深化与发展。因此，对于各地区城市政府而言，都要增强创新意识，明确发展要求，揭示管理和服务创新的规律，完善政府管理创新体系支持。同时，还要注重完善公务员学习进修制度，定期安排公务员参加业务培训课程，鼓励公务员积极为政府管理和服务建言献策，为各个层次改革的协调、平衡与深化提供支持。

第四，要树立整体思维和全局观念，着力解决区域发展不平衡问题。跨区域协同发展，意在增进地区间交流合作与优势互补，需要打破行政壁垒，以协同推进基础设施互联互通、城市建设协调共进、产业体系协同提升、市场要素对接对流、生态环境联防联治等，在坚持区域发展总体战略的基础上，"扬长补短、开放互动、共同发展"。一是各地方政府必须打破"一亩三分地"的惯性思维，依托"一带一路"倡议等国家发展政策，寻求地区间沟通与合作空间。二是各地方政府要找准主体功能区定位和自身优势，积极搭建地区间合作互助平台。三是创新区域协同模式，鼓励有条件的地区发展"飞地经济"，完善对口支援、对口协作、结对帮扶机制，增强区域协同发展的有效性，弥补地区地方政府发展能力短板。

四、结论

根据2021年度收集到的样本城市主客观数据的分析结果，东部地区地方政府发展能力优势突出，东部地区、中部地区、东北地区、西部地区的阶梯化趋势愈加明显。各地区在地方政府发展能力的各项指标上均存在优势和不足，相应地，仍存在优化与调整空间。具体来看，本章可以得出如下结论。

第一，从地区之间的发展差异来看，东部地区地方政府发展能力指数的优势突出，西部地区劣势明显，地区之间的差异较为显著，发展能力的阶梯化趋势依然存在。虽然改革开放以来，中国在区域发展方面陆续形成了"沿海地区优先发展""西部大开发""振兴东北""中部崛起"等发展战略。但是，由于受到发展时间的差序、地区资源的多寡等因素影响，不同地区地方政府的发展能力依然存在较大差异。东部地区在除主动学习能力之外的所有一、二级指标得分上均占有绝对优势。由此可见，地区发展不均衡仍然是中国不同地区地方政府发展能力研究的重要课题。

第二，从地区内部的发展结构来看，东部地区地方政府发展能力指数得分较高且总体较为平均，但需要加强主动学习能力；西部地区地方政府发展能力指数得分较低，各项核心能力均为4个地区中的最低值，因而需要全方位提升地方政府的发展能力；中部地区和东北地区在经济发展能力、科学履职能力和服务提供能力上表现较好，但在社会发展能力、资源获取能力和学习创新能力上仍需加强。由此可见，各地区都应该寻找适合自己的能力提升路径，协调经济发展能力和社会发展能力，全面提升公共服务供给水平和精准化供给水平，并坚持创新驱动发展的战略。

第三，与之前年份对比来看，西部地区、中部地区和东北地区的位次发生了变化。但由于样本城市的不同，名次的改变不能反映全部信息。不同地区之间地方政府发展能力的差异显著程度也有所不同，东部地区在 $a=0.01$ 的水平上显著高于西部地区，在 $a=0.05$ 的水平上较为显著地高于东北地区，而其他地区组合之间的差异不显著。在当前的发展条件下，在制定相关区域政策和规划时，应当充分考虑到区域发展差距所呈现的动态演进的周期特性和空间辐射效应。一方面，鼓励东部地区产业结构向更高级形态转移、交通基础设施更加完善；另一方面，积极推动中部地区、西部地区和东北地区通过加快新型城镇建设、改善教育水平和增强政府干预程度来缩小区域差距，进一步促进区域协调发展的实现。

第十二章
城市群地方政府发展能力分析

丁凡琳

城市群是城镇化在空间维度上的一种高级形态。习近平总书记指出，城市群作为构建新发展格局主力军中的排头兵，是加快推进建设强大而有韧性的国民经济循环体系的重要推手，我们必须以更宽广的视野、更高的目标要求、更有力的举措打造高质量发展城市群。"十一五"规划中指出，"要把城市群作为推进城镇化的主体形态"。《国家新型城镇化规划（2014–2020年）》提出，要构建以陆桥通道、沿长江通道为两条横轴，以沿海、京哈京广、包昆通道为三条纵轴，以轴线上若干城市群为依托……的城市化战略格局。"十三五"规划明确指出，要"加快城市群建设发展"，自此我国开始了以城市群为载体的区域协调发展阶段。"十四五"规划进一步提出"完善城镇化空间布局，发展壮大城市群和都市圈"的相关要求。在2022年7月国家发展改革委发布的《"十四五"新型城镇化实施方案》中，再次强调了对我国城市群实施多层次协调发展的行动方案。这一系列政策表明，中央政府对城市群建设与发展给予了高度重视。城市群是新时代实施跨区域协同治理的重要空间载体，培育与发展城市群对于促进新型城镇化进程、推动区域协调发展均具有重要战略意义。基于此，本章以我国主要城市群为研究对象，通过对2021年城市群地方政府发展能力指数的整理与分析，尝试描述中国主要城市群之间和城市群内部城市政府发展能力特征与差异，并由此提出城市群地方政府发展能力的提升路径。

一、类型划分：不同城市群的划分标准

（一）概念界定

1. 城市群的定义

城市的形成和发展是社会生产力高度集聚的标志。"城市群"可以理解为城市的集合，是随着城市化水平的不断提高，由一些大型城市、巨型城市的集聚与扩散效应促进形成。关于城市群概念的阐述最早可追溯至E.霍华德在田园城市理论中提出的城镇群体（town cluster）理念，即将城市周边城镇纳入城市规划的考量范围，以解决单个大城市的"城市病"问题。[1] 格迪斯（1951）提出了"城市区域（city region）-集合城市（conurbation）-世界城市（world city）"的城市群形态演化过程，其中的"集合城市"概念描述了城市扩展过程中众多城市影响范围相互交叠形成的城市区域，被许多中国学者认为是城市群概念的雏形。[2] Gottmann（1957）提出了"megalopolis"理念，即大都市带概念，被认为是城市群研究的开创者。[3] 为更好地反映亚洲人口聚集的城市发展，Mcgee（1991）提出了"Desa-Kota"理念（其中"Desa"代表农村，"Kota"代表城市），描述处于大城市间交通走廊地带的人口密集区域，借助城乡间的相互作用实现区域发展的现象，并在此基础之上提出了"Mega Urban Region"概念，将其定义为包括两个或两个以上由发达交通手段联系起来的核心城市、当天可通勤的城市外围区及核心城市之间的Desakota区域。[4] 随着全球化进程推进，Scott（2001）提出了与中国城市群概念相类似的"全球城市区域"（global city region）。[5][6]

---

[1] 埃比尼泽·霍华德. 明日的田园城市. 金经元，译. 商务印书馆，2000：111-121.
[2] 帕特里克·格迪斯. 进化中的城市：城市规划与城市研究导论. 李浩，等，译. 中国建筑工业出版社，2012：24.
[3] Gottmann J. Megalopolis or the Urbanization of the Northeastern Seaboard. Economic Geography，1957，33（3）：189-200.
[4] Mcgee T. G. The Emergence of Desakota Regions in Asia：Expanding a Hypothesis//Ginsburg N，Koppel B，&McGee TG. in The Extended Metropolis：Settlement Transition in Asia. Honolulu，HI：University of Hawaii Press，1991：2-26.
[5] Scott A. Global City-regions：Trends Theory，Prospects. Oxford and New York：Oxford University Press，2001：4-10.
[6] 杨龙，米鹏举. 城市群何以成为国家治理单元. 行政论坛，2020，27（1）：120-129.

综上所述,可以将城市群定义为在特定的地域范围内具有相当数量的不同性质、类型和规模的城市,依托一定的自然环境条件,以一个或两个超大或特大城市作为地区经济的核心,借助于现代化的交通工具和综合运输网的通达性,以及高度发达的信息网络,发生于城市个体之间的内在联系,共同构成一个相对完整的城市"集合体"。① 其中,特定地域范围、核心城市、城市间互相联系成为组成城市群不可或缺的要素。

2. 相关概念辨析

在关于城市群的研究中,如何辨析城市群与城市带、都市圈等概念成为学术界关注的焦点。从概念角度,"城市带"概念由戈特曼提出,主要强调城市集群沿海岸带状分布的空间特征。"都市圈"则主要被认为是以中心城市职能的空间集聚与扩散为条件,由中心城市与多个周边城市和地区共同构成的,以城市日常生活圈的空间范围为界限的,一个多核心、一体化的城市实体地域,② 强调空间分布的圈层结构。城市群具有中、小城市围绕核心大城市"集群"分布的含义,具有一定的分布密度要求。从城市间互动角度来看,城市带较少涉及城市间的互动与反馈,都市圈突出核心城市由内向外的圈层辐射作用,而城市群则强调城市之间的相互联系。从城市发展阶段看,都市圈在人口规模、经济体量方面大多小于城市群,可视作是城市群的基础。当都市圈进一步打破圈层结构,激活"圈"内"细胞"及"脉络",加速区域内外城市间的联系与互动,逐步演化成为城市群。

(二) 关于城市群的研究综述

以"城市群"为关键词,在知网选取被引频次由高到低的前500篇北大核心及CSSCI论文,运用 CiteSpace 软件得出时间线关键词共现图。可知,关于城市群领域的研究存在两大转变。一是研究区域的转变,逐渐由北向南转移。2013年以来,中国城镇化进入城市群发展阶段,以"城市群"为关键词的研究在2014年呈现"井喷"态势。正逢京津冀协同发展战略于2014年正式开始实施,学界大多聚焦京津冀城市群发展,研究关键词中出现"京津冀""黄河流域"等高频词汇。随着我国

---

① 姚士谋,陈振光,朱英明,等. 中国的城市群. 中国科学技术大学出版社,2006: 5 - 7.
② 陈美玲. 城市群相关概念的研究探讨. 城市发展研究,2011,18 (3): 5 - 8.

都市圈与城市群建设的不断发展,2016年国家发展改革委发布《长江三角洲城市群发展规划》,学者的研究对象开始南移,"长三角""珠三角"等城市群关键词相继涌现。二是研究领域的转变,由经济发展向政府治理转移。从2014年时间线上的关键词"经济增长""产业集聚"等可以看出,早期的城市群研究,主要注重经济效益,寻求核心城市、"单中心"带动区域经济发展的最佳路径。以城市群发展推进区域协调发展的重要优势在于能够通过发挥城市群内部核心城市的辐射效应,由点及面促进城市群整体的协同发展。2020年前后,当我国城市群经济发展达到相当水平,"城市网络""一体化""耦合协调""协同推进"等关键词成为热点,这意味着学界越来越重视城市群的治理问题,注重如何实现区域协同发展。

近年来,学术界对于城市群发展能力(特别是创新能力),以及区域间政府协同治理能力的关注度增加,其主题大多关注于城市群协作网络、府际协作等环节,以及城市群间的公共卫生、环境治理等领域。如母睿等(2019)从协作治理视角出发,运用模糊集定性比较分析的方法,通过对13个城市群案例的分析,提炼了环境合作影响因素,为国家在城市群环境治理合作中的干预方式提供建议。[①] 在研究理论上,府际协作式治理理论、区域治理理论、多中心网络治理模式、制度性集体行动理论出现频率较高,用于探究城市群治理的协调机制与服务体系构建。[②③] 关于城市群研究的方法则呈现定性研究与定量研究相结合的特点,且逐渐趋于以定量研究为主导。在构建指标体系以评价城市群协同治理或发展能力时,大多学者以经济与社会因素为基础,结合不同研究领域,选择加入其他维度指标。例如,锁利铭(2017)在研究跨省域城市群协作治理时,为衡量城市群基本特征,除经济、社会指标外,选取了政府能力、环境基础两大一级指标,其中政府能力下的二级指标有:人均财政总收入、人均财政总支出、水利环境和公共设施管理从业人数、公共

---

① 母睿,贾俊婷,李鹏.城市群环境合作效果的影响因素研究:基于13个案例的模糊集定性比较分析.中国人口·资源与环境,2019,29(8):12-19.
② 曹海军,霍伟桦.基于协作视角的城市群治理及其对中国的启示.中国行政管理,2014,(8):67-71.
③ 曹海军,刘少博.京津冀城市群治理中的协调机制与服务体系构建的关系研究.中国行政管理,2015,(9):21-25.

管理和社会组织从业人数等,为后来学者衡量城市群政府能力树立了相当标准。①基于城市群发展水平指标的评价与比较,提出区域协同强化经济协作提升城市群治理水平,②或通过提升城市群一体化水平促进区域协调发展等政策启示。③其中,为提升城市群协同治理能力,可以通过创新环保跨界联动机制④、明确各城市发展定位以及加速各要素在市场的流通等路径,⑤⑥同时地方政府需要采取合理的支持或干预力度,以推进城市群内城市之间的府际合作。⑦

总体而言,随着国家战略推动,我国城市群相关研究近年来热度攀升,文献数量快速增长。研究内容方面,从最初的概念辨析、经济发展探究,到现在的协同治理研究,顺应了国家战略发展趋势,为推动我国城市群更高质量发展作出了贡献。然而,现有研究以反映某一城市群发展情况为主,缺乏对多个城市群的比较分析;同时,城市群发展能力评价的指标较为单一,且缺乏对地方政府发展能力的考量。基于此,本章选取主要城市群为研究对象,通过对其地方政府发展能力的特征分析与比较研究,为在"十四五"期间完善城镇化空间布局,进一步发展壮大城市群提供政策优化路径。

(三)划分标准

由于地理环境、人口规模、社会经济发展水平等因素的不同,各国对城市群的表述和划分标准也存在差异,如表12-1所示。姚士谋等(2001)在《中国城市群》论著中提出十大标准:(1)城市群区域总人口超过1500万~3000万人;(2)城市群内特大超级城市不少于2座;(3)区域内城市人口比重大于35%;(4)区域

---

① 锁利铭. 跨省域城市群环境协作治理的行为与结构:基于"京津冀"与"长三角"的比较研究. 学海,2017,(4):60-67.
② 侯松,甄延临,曹秀婷,等. 高质量发展背景下城市群治理评价体系构建及应用:以长三角城市群为例. 经济地理,2022,42(2):35-44.
③ 刘修岩,梁昌一. 中国城市群一体化水平综合评价与时空演化特征分析:兼论城市群规模的影响. 兰州大学学报(社会科学版),2021,49(2):49-61.
④ 曾刚. 长三角城市协同发展能力评价及其区域一体化深化路径研究. 华东师范大学学报(哲学社会科学版),2021,53(5):226-236+242.
⑤ 王儒奇,余思勇,胡绪华. 技术创新、城市群一体化与经济高质量发展. 金融与经济,2020,(7):59-66+96.
⑥ 张跃. 政府合作与城市群全要素生产率:基于长三角城市经济协调会的准自然实验. 财政研究,2020,(4):83-98.
⑦ 谢潆,洪正. 城市群功能分工、政府干预与金融集聚. 云南财经大学学报,2022,38(10):65-78.

内城镇人口比重大于40%；（5）区域内城镇人口占省区比重大于55%；（6）城市群等级规模结构完整，形成5个等级；（7）交通网络密度：铁路网密度大于350公里/万平方公里，公路网密度大于2500公里/万平方公里；（8）社会消费品零售总额占全省比重大于45%；（9）流动人口占全省、区比重大于65%；（10）工业总产值占全省、区比重大于70%。该指标相对全面，且将工业总产值、社会消费品零售总额等原城市界定标准纳入评价体系，符合中国实际且数据具有相对可得性。①

我国在"十四五"规划中提出"完善城镇化空间布局，发展壮大城市群和都市圈"的相关要求，以全面形成"两横三纵"城镇化战略格局。在此次规划中，我国共布局了19个国家级城市群，并根据发展现状不同将城市群分为3种类型：一是优化提升型，包括京津冀、长三角、珠三角、成渝、长江中游5个城市群；二是发展壮大型，包括山东半岛、粤闽浙沿海、中原、关中平原、北部湾5个城市群；三是培育发展型，包括哈长、辽中南、山西中部、黔中、滇中、呼包鄂榆、兰州-西宁、宁夏沿黄、天山北坡9个城市群。

表12-1 各国对城市群的不同划分标准

国家	表述	划分标准
法国	大都市带	（1）有密集的城市；（2）有密切的联系；（3）交通方便；（4）人口不少于2500万人；（5）人口密度超过250人/平方公里
日本	大都市区	（1）有一个或几个大城市为中心城市；（2）直线距离200~300公里；（3）人口大于等于3000万人；（4）中心城市GDP占圈内的1/3以上；（5）中心城市人口在200万人左右；（6）通勤率大于等于15%；（7）都市圈之间物质运输量小于等于总运输量的25%
美国（区域规划协会）	大都市圈	（1）该区域必须属于美国的核心统计区域（CBSA）；（2）人口密度大于200人/平方英里，且2000—2050年，人口密度需增加50人/平方英里；（3）人口增长率大于15%，2020年总人口增加1000人；（4）就业率增加15%，2025年总就业岗位大于2万个

二、评估结果：城市群间地方政府发展能力差异显著

（一）城市群间地方政府发展能力评估的样本选取

为保证研究的针对性，本章不以从自然或者经济分析角度认定的城市群为研究

---

① 姚士谋，等. 中国城市群. 中国科学技术大学出版社，2001：4-9.

对象，而是以中国政策文本中明确提出和规划的城市群作为研究对象，其中涉及获得国务院批复设立的10个国家级城市群以及一个尚未获批的城市群——京津冀城市群。京津冀城市群虽由于各种因素还尚未正式获批，但在2018年11月18日中共中央、国务院发布的《中共中央、国务院关于建立更加有效的区域协调发展新机制的意见》中被明确提及，因此本研究也将其归入其中。由此本章以国务院或国家发展改革委正式批复或提出的11个城市群作为研究对象进行地方政府发展能力分析，如表12-2所示。

表12-2　中国11个主要城市群基本信息（按批复/提出日期排序）

国家级城市群	覆盖城市	批复/提出日期
长江中游城市群	武汉、黄石、鄂州、黄冈、孝感、咸宁、仙桃、潜江、天门、襄阳、宜昌、荆州、荆门、长沙、株洲、湘潭、岳阳、益阳、常德、衡阳、娄底、南昌、九江、景德镇、鹰潭、新余、宜春、萍乡、上饶及抚州、吉安的部分县（区）	2015年3月26日
长三角城市群	上海、南京、无锡、常州、苏州、南通、扬州、镇江、盐城、泰州、杭州、宁波、温州、湖州、嘉兴、绍兴、金华、舟山、台州、合肥、芜湖、马鞍山、铜陵、安庆、滁州、池州、宣城	2016年1月1日
哈长城市群	哈尔滨、大庆、齐齐哈尔、绥化、牡丹江、长春、吉林、四平、辽源、松原、延边朝鲜族自治州	2016年2月23日
成渝城市群	成都、重庆大部、自贡、泸州、德阳、遂宁、内江、乐山、南充、眉山、宜宾、广安、资阳及绵阳、达州、雅安的部分地区	2016年4月12日
中原城市群	郑州、洛阳、开封、南阳、安阳、商丘、新乡、平顶山、许昌、焦作、周口、信阳、驻马店、鹤壁、濮阳、漯河、三门峡、济源、长治、晋城、运城、邢台、邯郸、聊城、菏泽、宿州、淮北、蚌埠、阜阳、亳州	2016年12月28日
北部湾城市群	南宁、北海、钦州、防城港、玉林、崇左、湛江、茂名、阳江、海口、儋州、东方、澄迈、临高、昌江等	2017年1月20日
关中平原城市群	西安、宝鸡、咸阳、铜川、渭南及商洛、运城、临汾、天水、平凉、庆阳的部分地区	2018年1月9日
呼包鄂榆城市群	呼和浩特、包头、鄂尔多斯、榆林	2018年2月5日
兰州-西宁城市群	兰州、西宁、海东及白银、定西、临夏回族自治州、海北藏族自治州、海南藏族自治州、黄南藏族自治州的部分地区	2018年2月22日
粤港澳大湾区（珠三角城市群）	香港、澳门、广州、深圳、佛山、东莞、中山、珠海、江门、肇庆、惠州	2019年2月18日
京津冀城市群	北京、天津、保定、唐山、廊坊、石家庄、秦皇岛、张家口、承德、沧州、衡水、邢台、邯郸（未确定）	待批复

本年度确定的 50 个样本城市涉及长三角城市群、哈长城市群、长江中游城市群、成渝城市群、中原城市群、关中平原城市群、呼包鄂榆城市群、粤港澳大湾区、京津冀城市群等 10 个主要城市群的部分城市。在样本城市中，只有一到两个城市位于关中平原城市群、呼包鄂榆城市群、粤港澳大湾区中，样本量过小；在哈长城市群、北部湾城市群和成渝城市群中，样本城市过度集中于核心城市，或仅包含一个外围城市，因此无法对这 6 个城市群地方政府发展能力进行有效衡量，本章不作选取。由此最终选取长三角城市群、长江中游城市群、中原城市群和京津冀城市群 4 个城市群为样本对中国主要城市群地方政府发展能力特征进行分析，如表 12-3 所示。

表 12-3　中国主要城市群样本城市选取结果

国家级城市群名称	样本涵盖城市	样本中的核心城市	是否选择
长江中游城市群	武汉、南昌、景德镇、宜春、长沙、株洲	武汉、长沙	是
京津冀城市群	北京、天津、石家庄、保定	北京、天津	是
长三角城市群	上海、杭州、合肥、安庆、南京、温州	上海、杭州、合肥、南京	是
哈长城市群	哈尔滨、吉林、沈阳、延边朝鲜族自治州	哈尔滨、吉林、沈阳	否
成渝城市群	成都、重庆、自贡	成都、重庆	否
中原城市群	郑州、南阳、周口、邯郸、菏泽、晋城	郑州	是
北部湾城市群	南宁、海口	南宁	否
关中平原城市群	西安	西安	否
呼包鄂榆城市群	呼和浩特	呼和浩特	否
兰州-西宁城市群	—	—	否
粤港澳大湾区	广州、东莞、深圳	广州、深圳	否

（二）城市群间城市政府发展能力的总指数分析

1. 主要城市群城市政府发展能力比较

城市群可以被看作多座城市的集合体，需从城市群外部整体与内部核心城市两个视角分析城市群中地方政府发展能力特征。本章基于对所选取城市群地方政府能力 2022 年的统计数据和相关调研结果，对 4 个主要城市群的地方政府发展能力整体指数进行分析。由于城市群间的地方政府发展能力必然存在差异，其中城市群中的核心城市对于整个城市群的形成与发展至关重要，因此本部分也尝试对 4 个主要城市群中核心城市的地方政府发展能力进行客观的比较与评价。

对被选取的城市群中样本城市的政府发展能力指数取均值处理，以此代表该城市群地方政府发展能力的一般水平，如图 12-1 所示。2022 年我国 4 个主要城市群的地方政府发展能力存在一定差异。其中，长三角城市群地方政府发展能力最高，京津冀城市群紧随其后，而后是长江中游城市群和中原城市群。与上一次评估的指标相比，京津冀城市群和中原城市群的政府发展能力均有所上升，而长江中游城市群和长三角城市群则分别下降了 13.77% 和 17.38%。

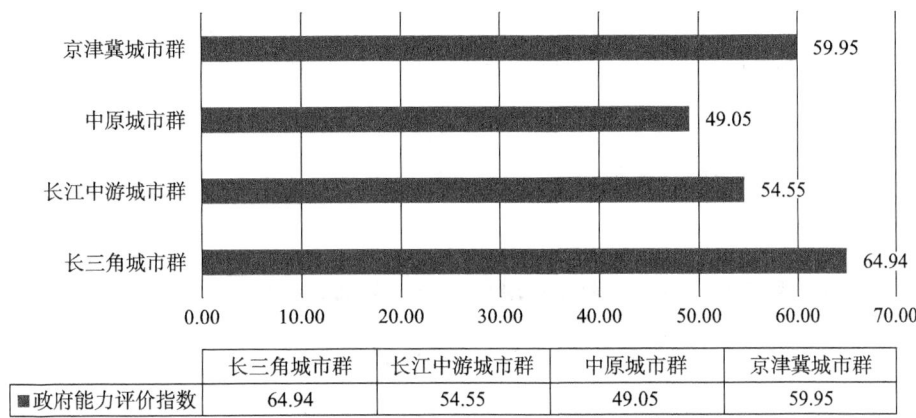

图 12-1 中国主要城市群地方政府发展能力均值统计

在此基础上，为验证城市群地方政府发展能力平均水平差异的显著性，对以上 4 个城市群的地方政府发展能力总指数进行了均值比较 T 检验，如表 12-4 所示。基于对样本数据的分析，得到各城市群地方政府发展能力平均水平不存在统计学意义上的显著差异。同时得出，长江中游城市群的地方政府发展能力平均水平与京津冀城市群和中原城市群的相似度较高。

表 12-4 中国主要城市群地方政府发展能力总指数均值比较 T 检验结果

分组变量		t 值	自由度	显著性（双尾）	平均值差值	标准误差差值	差值95%置信区间	
							下限	上限
长三角	长江中游	0.6969	10	0.5017	10.3885	14.9062	-22.8247	43.6016
	中原	1.0990	10	0.2980	15.8877	14.4600	-16.3313	48.1066
	京津冀	0.3370	8	0.7440	4.9873	14.7806	-29.0968	39.0713
长江中游	中原	0.3900	10	0.7050	5.4992	14.1140	-25.9487	36.9470
	京津冀	-0.3790	8	0.7140	-5.4012	14.2483	-38.2579	27.4555
中原	京津冀	-0.8070	8	0.4430	-10.9004	13.5108	-42.0563	20.2555

2. 城市群核心城市的政府发展能力比较

由于城市群地方政府发展能力与核心城市的政府发展能力息息相关，因此在对城市群政府平均水平进行分析的基础上，对各城市群核心城市的政府发展能力平均水平进行对比分析，如图12-2所示。结果显示，各主要城市群中核心城市的政府发展能力之间存在差异，核心城市的政府发展能力的平均水平与其所在城市群的平均水平存在正相关关系。样本城市中，长三角城市群的核心城市为上海、杭州、合肥和南京，这4个城市政府发展能力的均值最高，且超过该城市群总体水平的16.54%，表明核心城市与外围城市间差异较大。相比之下，中原城市群和长江中游城市群的核心城市的政府发展能力水平与城市群总体平均水平相差较小，核心与非核心城市间的发展较为均衡。

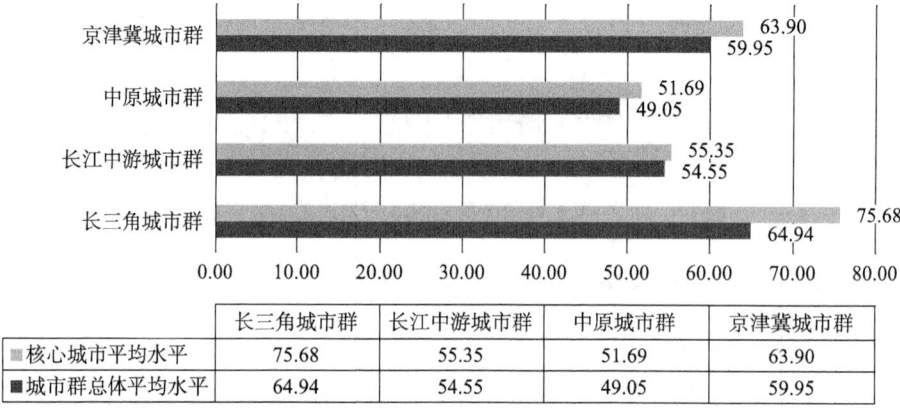

图12-2 中国主要城市群核心城市政府发展能力均值与总体均值对比统计

上述分析表明，中国主要城市群的地方政府发展能力水平之间存在一定差异性；城市群中核心城市的政府发展能力水平也存在差异，且核心城市间差异性较城市群总体更大。

（三）城市群间地方政府核心发展能力及其分解分析

1. 核心发展能力总体评价

地方政府发展能力是一个综合型评价指标，为了进一步探究各个主要城市群在不同维度政府发展能力间差异，本部分将结合地方政府能力评价体系的一、二级指标，分别围绕经济发展能力、社会发展能力、服务提供能力、资源利用能力、科学履职能力、学习创新能力6个对政府发展能力的评价维度，对所选取城市群地方政府的核心发展能力进行分析和比较。通过对2022年样本数据的整理与分析，得到4个城市群地方政府核心发展能力的平均水平，如图12-3所示。

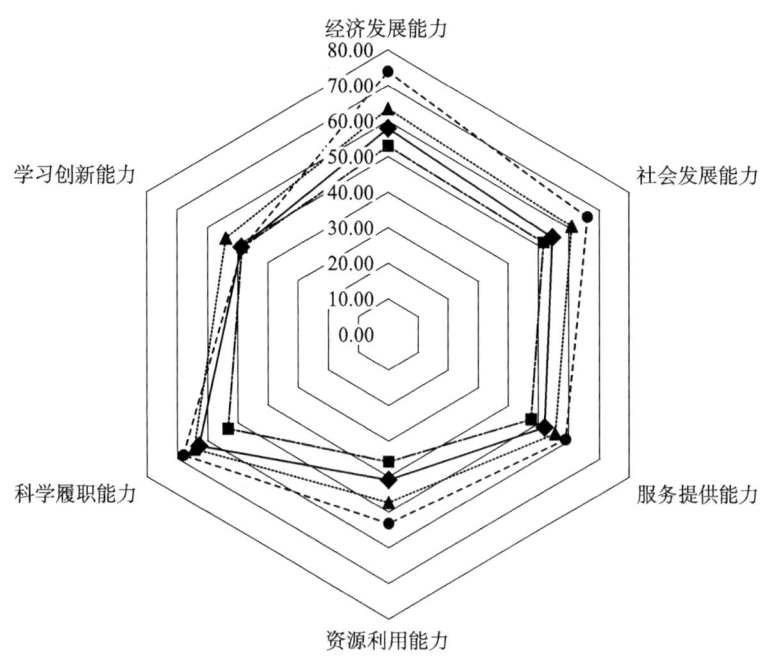

图12-3 中国主要城市群城市政府发展能力统计

总体而言，城市群的各个核心发展能力之间存在一定平衡性。4个主要城市群的6个核心能力的平均水平之间不存在明显差异。长三角城市群除学习创新能力稍落后于其他3个城市群外，其余5类核心能力均居第一位；相反，中原城市群的6个核心能力在4个城市群中的排序均靠后。这说明这种核心发展能力之间的平衡性不是必然的，在一定情况下依旧存在非均衡。从核心能力的横向比较来看，四大城市群核心能力排序具有一致性，均呈现经济发展能力＞科学履职能力＞服务提供能力＞社会发展能力＞资源利用能力＞学习创新能力的特征。这表明，各城市群在核心能力分布上具有相似性，地方政府在经济发展方面的能力评价较高，学习创新能力则相对较低。

在此基础上，分析城市群核心城市的政府发展能力，并与总体平均水平相对比，如图12-4所示。结果显示，4个主要城市群核心城市的6类核心能力均高于对所在城市群的整体评价。其中,核心城市较城市群增幅最大的是经济发展能力;而除长三角城市群外,其他城市群核心城市的学习创新能力则小于城市群整体水平。同时,在核心能力评价维度上,各城市群核心城市之间地方政府发展能力的差异性有所扩大,且在某些核心发展能力上,核心城市与整个城市群的排序也存在差异。

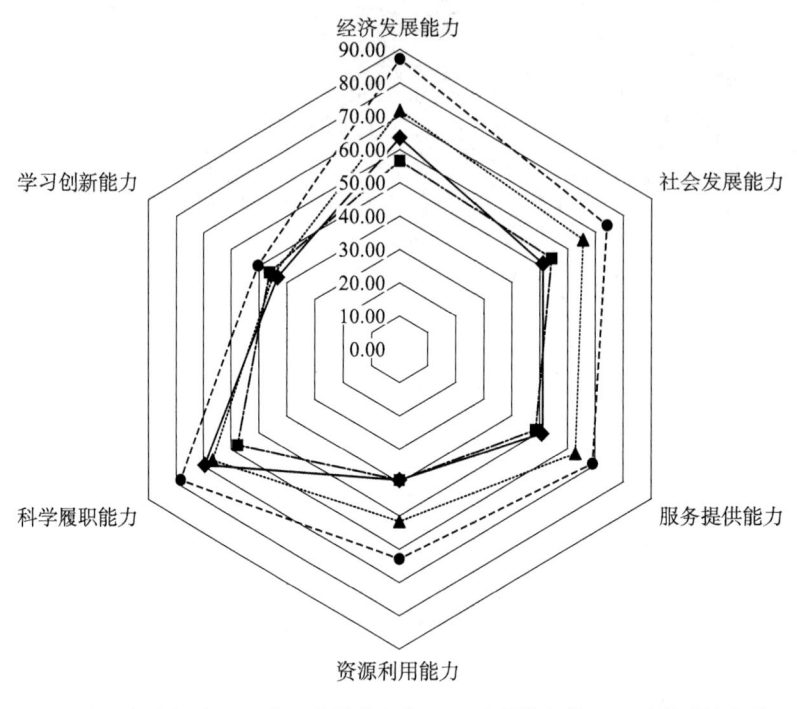

图12-4 中国主要城市群核心城市的政府发展能力均值统计

2. 经济发展能力及其分解分析

经济发展能力能够衡量政府对辖区内经济发展的推动能力。该年度的经济发展能力指标从保证生产能力、促进消费能力和推动转型能力三个维度对地方政府经济发展能力进行评价。如图12-5所示,我国主要城市群政府之间存在经济发展能力差异,但在排列位序上存在一致性。其中,长三角城市群政府的总体经济发展能力最高,其3个二级指标均远高于其他3个城市群;推动转型能力的优势最为突出,高出第二位19.07%。其后是京津冀城市群和长江中游城市群。在4个城市群中,中原城市群的经济发展能力最弱,3类二级指标均低于其他3个城市群,其中促进消费能力和保证生产能力的评价均不足50。与上一次的评估相比,京津冀城市群的地方政府经济发展能力排名提升,长江中游城市群的各类二级指标则有不同程度的下降。从城市群内部核心城市来看,长三角城市群中合肥的经济发展能力最高,杭州相对偏低;作为非核心城市的温州则在评价上优于杭州。

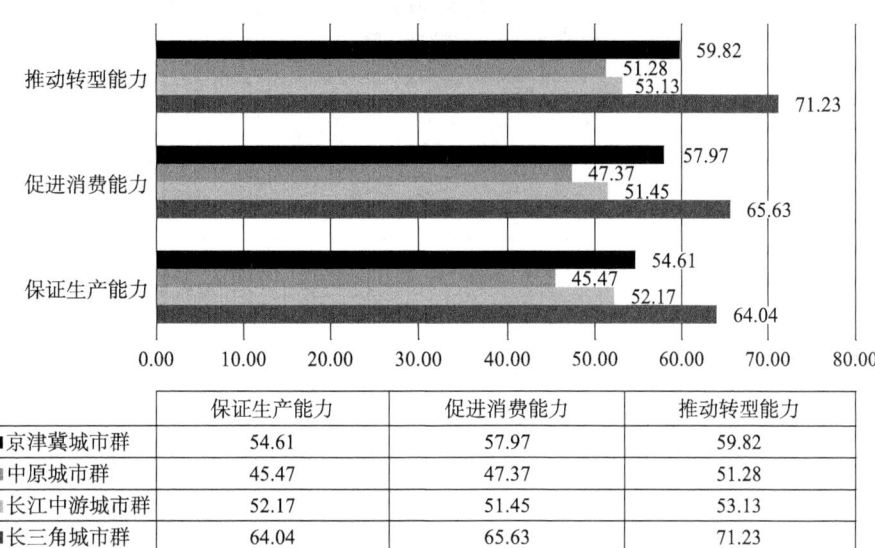

图 12-5　中国主要城市群城市的政府经济发展能力分解统计

3. 社会发展能力及其分解分析

地方政府的社会发展能力主要从推动发展能力和秩序维护能力两个方面衡量。我国 4 个主要城市群地方政府的社会发展能力水平及其二级指标与经济发展能力水平、地方政府发展能力总体水平基本一致,地方政府发展能力平均水平由强到弱的排位依旧是长三角城市群、京津冀城市群、长江中游城市群和中原城市群,如图 12-6 所示。长三角城市群社会发展能力较高的原因,与城市群内部各个城市公众能够参与公共事务的渠道和在当地生活的幸福感高度相关。长三角城市群地方政府较强的经济发展能力为公共服务和社会保障供给提供了物质基础,且该区域社会力量的成熟程度也相对较高,当地社会组织在公共事务中发挥的作用逐渐增加。从二级指标来看,有 3 个城市群地方政府秩序维护能力的评价均高于推动发展能力。从城市群内部的核心城市来看,长三角城市群核心城市中合肥的政府社会发展能力最高,非核心的温州与上海近似,高于南京和杭州。在长江中游城市群,武汉的一、二级指标水平高于长沙,但较经济发展能力间的差距较小。

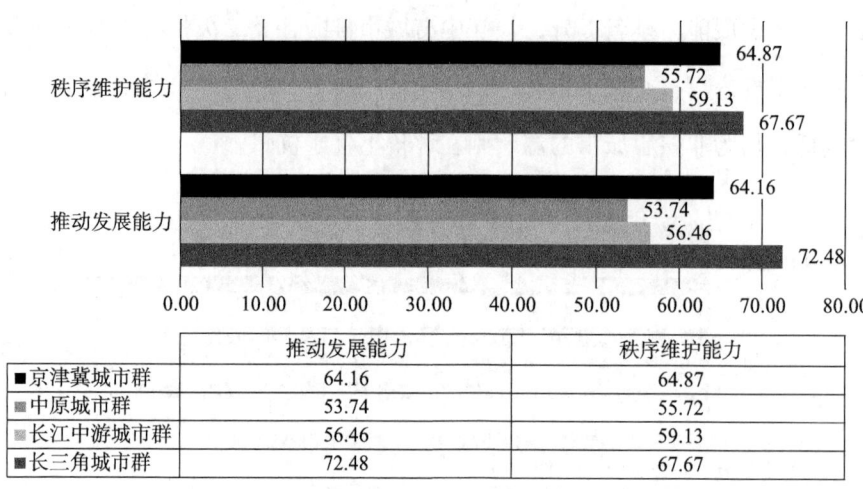

图 12-6 中国主要城市群地方政府的社会发展能力分解统计

4. 服务提供能力及其分解分析

服务型政府的建设要兼顾加强管理与提升服务,因此政府服务提供能力对于现代化进程中的城市政府而言至关重要。地方政府的服务提供能力主要从保障基本公共服务、均等化区域公共服务以及环境保护三方面来衡量,如图 12-7 所示。总体来看,主要城市群之间的差异较经济发展能力和社会发展能力指标有所减小。从二级指标来看,长三角城市群的均等化区域公共服务能力和保障基本公共服务能力均居于 4 个城市群首位。但在环境保护能力方面,京津冀城市群略高于长三角城市群,中原城市群与长江中游城市群则基本持平。

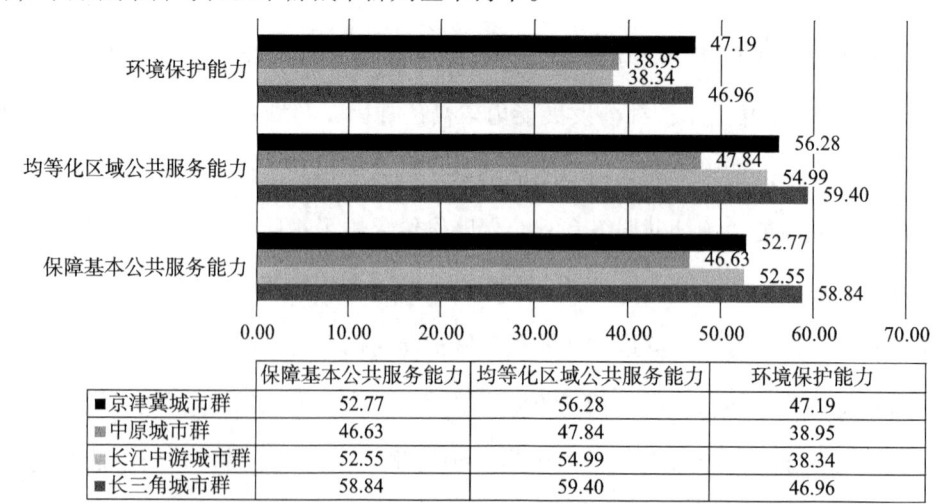

图 12-7 中国主要城市群政府服务提供能力分解统计

5. 资源利用能力及其分解分析

资源利用能力主要从资源获取能力与资源整合能力两方面来衡量，4 个城市群的相关一、二级指标排序基本一致，如图 12-8 所示。在各个城市群内部，核心城市与非核心城市资源利用能力排序也与上述核心能力的排序一致，但在二级指标上出现一定的差异：上海、长沙的政府资源获取能力分别略高于南京和武汉，这种细微的差异存在一定的误差。

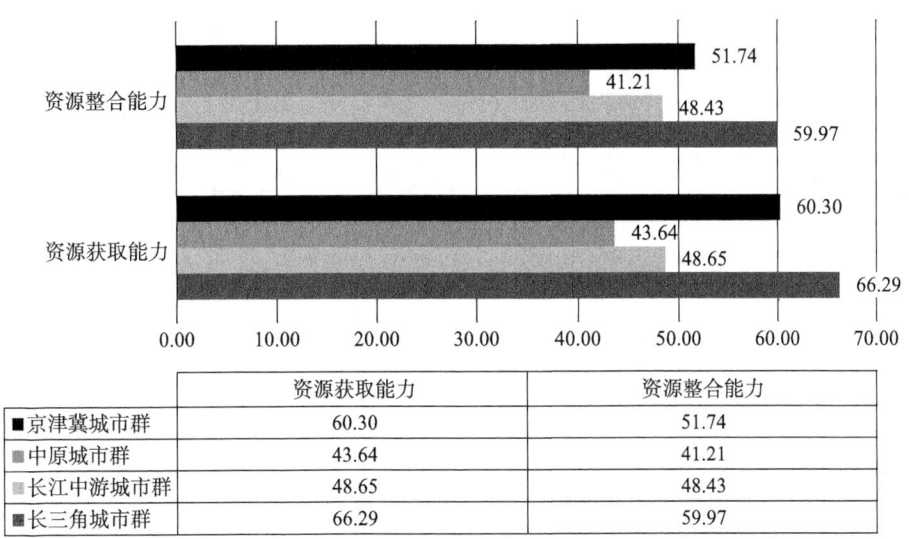

图 12-8 中国主要城市群政府资源利用能力分解统计

6. 科学履职能力及其分解分析

科学履职能力一直是社会公众对地方政府能力评价所关注热点之一，也是受主观因素影响最多的一个评价模块，主要从地方政府政策制定能力、政策执行能力和政府机构运行能力三方面进行衡量。总体来看，四大城市群地方政府科学履职能力与总体水平一致，如图 12-9 所示。除长三角城市群在 3 个二级指标中仍居首位外，排在第二位的京津冀城市群与长三角城市群的差距有所缩小。同时，长江中游城市群的城市政府政策制定能力高出京津冀城市群中城市 10.21%，其评价仅次于长三角城市群。科学履职能力在开发较早、经济水平较高、政府服务态度转变灵活的地区评分较高，这与南方一些地区实行"最多跑一次"改革与应用大数据、区块链等新技术进行电子政务的推广有关。

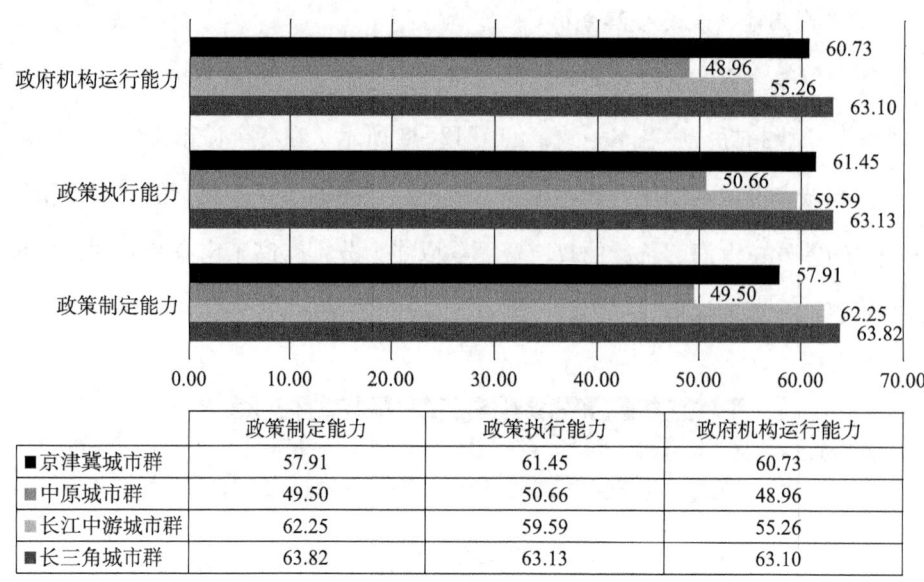

图 12-9 中国主要城市群地方政府科学履职能力分解统计

7. 学习创新能力及其分解分析

城市群地方政府学习创新能力提升与学习型政府建设密切相关，可以通过管理和服务的创新以及主动学习两个维度进行衡量，如图 12-10 所示。与前 5 个核心发展能力相比，各个城市群在学习创新能力上的排位发生了明显变化。京津冀城市群的学习创新能力总体评价超过长三角城市群，跃居 4 个主要城市群首位，其余 3 个城市群评分基本持平。其学习创新能力优势主要体现在主动学习能力提升上，依靠保定、石家庄这些非核心城市的较大领先优势。从二级指标来看，尽管长三角城市群在管理和服务的创新能力方面仍位居 4 个城市群首位，但主动学习能力评价较低，两个指标间呈现出较大差异，其原因主要在于城市组织的公务员培训次数较少，以及鼓励公务员学习措施和组织内部信息共享机制不足等。

综上，对京津冀、中原、长江中游和长三角 4 个主要城市群的地方政府 6 类核心发展能力进行了分解和比较分析。通过将每个城市群看作一个有机整体，对城市群各类地方政府发展能力的特征和排序进行比较，分析差异产生原因。在此基础上，通过对核心城市与非核心城市指标差异分析，提出城市间差异成因，为探讨城市群整体提升路径和推动城市群核心城市对非核心城市的辐射带动作用提供思路与数据支撑。

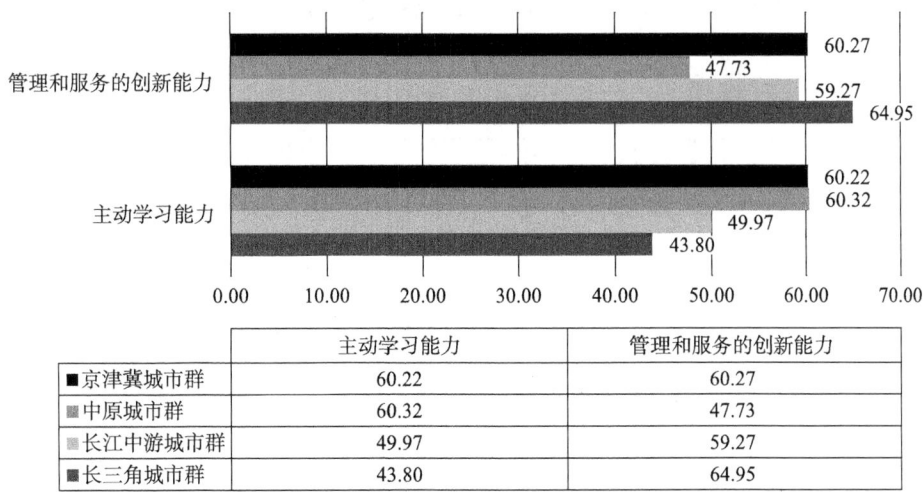

图 12-10　中国主要城市群地方政府的学习创新能力分解统计

（四）城市群内部城市间政府发展能力分析

本部分聚焦城市群内部各样本城市地方政府发展能力，试图寻找中国各城市群内部城市政府发展能力的主要特征，以及核心城市之间、核心城市与非核心城市之间差异。通过统筹这些组成城市的差异性，整体描述 4 个城市群地方政府能力的内部情况。首先，对主要城市群内部各个样本城市的政府发展能力总指数进行了离散程度分析，计算了同一城市群内各个样本城市政府发展总指数的标准差、极值和全距，如表 12-5 所示。得到相关数据的离散程度相对较高，表明在中国主要城市群内部城市政府发展能力之间存在较大的差异性。

表 12-5　中国主要城市群内部城市的政府发展能力离散程度分析结果

城市群	标准差	极大值	极小值	全距
长三角城市群	24.09	95.00	17.01	77.99
长江中游城市群	25.24	81.57	22.65	58.92
中原城市群	23.63	92.11	23.60	68.51
京津冀城市群	15.42	72.10	39.90	32.20

进一步绘制了主要城市群内部地方政府发展能力总指数的箱型图，如图 12-11 所示，以直观地反映主要城市群内部城市的政府发展能力之间的差异程度。结果表明，长三角城市群各城市之间的差异性相对较小、平衡性相对较好，长江中游城市群和中原城市群居中。相比之下，京津冀城市群内部的差异性较大，其原因在于保

定的政府发展能力显著低于该城市群中的其他城市。

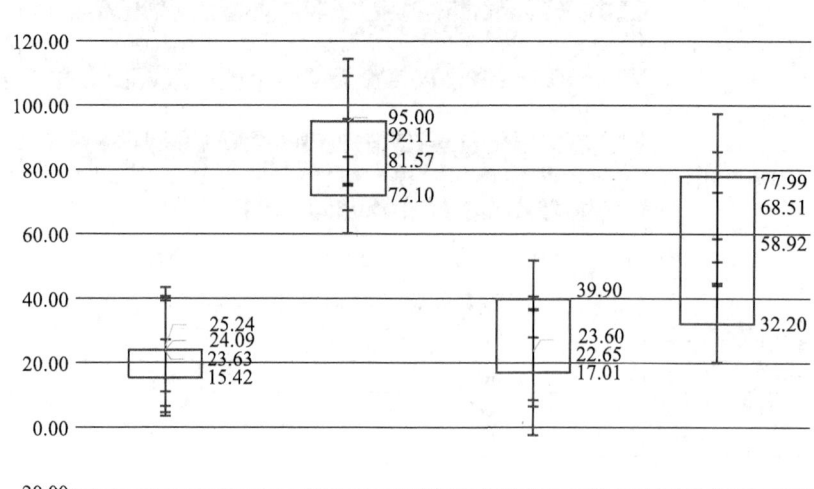

图 12-11 中国主要城市群内部城市的政府发展能力离散程度分析

三、提升路径：持续提升能力缩小城市群内部与城市群之间差距

基于对 2022 年中国主要城市群地方政府发展能力的分析结果，从推动区域均衡发展、综合提升城市群核心能力，以及缩小城市群内部城市间差距这三个角度，提出下一阶段我国城市群地方政府发展能力的提升思路。

（一）促进均衡发展，缩小城市群之间地方政府发展能力差异

通过对我国 4 个主要城市群地方政府发展能力指数的比较分析得出，长三角城市群的总指数高于其他 3 个城市群，是地方政府发展综合能力最高的城市群。同属于"优化提升"型城市群的京津冀城市群和长江中游城市群分别处于第二、三位，属于"发展壮大"型的中原城市群城市政府发展能力则相对较低。通过进一步对二级指标——当地政府经济发展、社会发展、服务提供、资源利用、科学履职和学习创新等 6 个核心能力的分析，得到除地方政府学习创新能力外，4 个城市群的地方政府发展能力评价排序与总指数基本一致，长三角城市群均居于首位。其中，城市群之间在经济发展能力和资源利用能力上的差异较大，前者与不同地区的经济发展潜力、居民消费能力和产业结构有关，后者则归因于地方政府财政收支和人才吸引能力。为了促进"发展壮大"型城市群的稳步发展，可以借鉴"优化提升"型城

市群的成熟经验，借用邻近成熟城市群经济规模，形成对本地城市群的辐射带动作用。地方政府可以重点关注经济发展能力和资源利用能力两个相对薄弱环节，促进区域产业结构优化升级，提升经济活力。同时注重人才培育和引进，可以通过专项引才政策吸引青年人才流入，或通过政产学研合作项目促进高校成果转化，吸引人才就业。此外，在城市群层面加强府际合作，以交通设施互动、行政审批通办等措施初步推进同城化发展，增加城市群韧性，提升城市群整体发展能力。

（二）提升学习创新能力，促进城市群政府核心发展能力平衡

对4个主要城市群的6类核心能力进行比较分析，发现我国城市群存在地方政府学习创新能力整体偏低问题。虽然长三角城市群地方政府发展能力最高，且多个核心能力评价在主要城市群中均居首位，但学习创新能力却位列末位。京津冀城市群是学习创新能力最高的城市群，但在所有核心能力中仅排在第5位。由于地方政府能力上限由其能力结构中最薄弱环节决定[1]，因此现阶段我国城市群政府在巩固经济发展能力的同时，还需要注重政府学习创新能力等其他核心能力的提升。处于不同发展程度的城市群应结合顶层设计与自身发展特征，寻找发展重心，缩小核心能力差异，逐步实现城市群内部和城市群之间地方政府发展能力的动态平衡。具体而言，可以通过提升公务员主动学习能力和培养组织管理和服务的创新能力两个方面来实现。例如，增加对公务员工作能力的培训，通过定期举办讲座或借助组织生活会进行最新政策学习，以提升公务员服务能力。同时，通过政府直接资助、税收优惠等研发资助组合方式鼓励技术创新[2]，机关事业单位通过带头应用绿色低碳技术等方式提升政府创新能力。发挥科学创新的知识溢出效应，推动实现城市群内部城市之间政府创新技术与信息的共享，构建形成跨区域政府创新网络，协同提升城市群整体政府创新能力。

（三）加强统筹协调，减小城市群内部核心城市与非核心城市间能力差距

通过比较主要城市群及其内部核心城市相关指标结果，发现城市群内部城市的

---

[1] 张钢，徐贤春，刘蕾. 长江三角洲16个城市政府能力的比较研究. 管理世界，2004，（8）：18-27.
[2] 任跃文，雷霞，张伟科. 政府研发资助方式对企业创新能力的影响研究. 产经评论，2023，14（2）：80-94.

政府发展能力之间差异仍然存在，且这一现象在综合评价较高的城市群更为凸显。在长三角城市群和京津冀城市群中与核心城市相比，非核心城市的地方政府发展能力偏低，核心城市的地方政府辐射带动作用有待增强。而在长江中游城市群和中原城市群中，存在部分非核心城市评价指标高于核心城市的现象，地方政府发展能力高低与城市规模和行政级别无关。城市群作为区域协调发展的重要空间载体，非核心城市需要借用核心城市影响力和政府资源，核心城市需要通过经济发展能力与社会发展能力辐射带动周边城市的一体化发展，形成地方政府发展的区域合力。对于城市间差距较大的城市群，应利用核心城市在经济、社会发展方面的资源优势，通过政策协调和府际合作，对非核心城市形成辐射带动作用，促进城市群内大中小城市和小城镇协调发展。通过组建城市群领导小组或联席会对区域公共服务与资源进行统筹协调，以避免不同层级城市之间的恶性竞争，合力提升城市群综合实力。对于地方政府发展能力较高的非核心城市，应利用自身相对优势，补足短板，通过积极助推城市群城市间的统筹协调、资源互补与学习共享，促进生产要素在区域内流通，助力完善区域政府合作机制。

四、结论

本章以城市群为研究对象，根据样本选取长三角、长江中游、京津冀和中原4个国家级城市群，通过对其地方政府发展能力特征的分析，以及从城市群之间、城市群内部城市之间总体评价和核心能力的比较，得出当前主要城市群的地方政府发展能力有所提升，且仍存在地区差异的总体特征。纵向来看，城市群地方政府核心能力表现为以经济发展能力驱动，学习创新能力有待提升的特征。横向比较发现，长三角城市群综合能力最高，京津冀城市群核心能力较为平衡，长江中游城市群各项核心能力均位于中等水平，而中原城市群的地方政府发展能力还有较大提升空间。城市群内部核心城市与非核心城市之间的差距仍旧存在，且在地方政府发展能力较高的长三角城市群更为凸显。相比之下，京津冀城市群内部城市之间趋于均衡，中原城市群和长江中游城市群内部分非核心城市在一些领域呈现高于核心城市政府发展能力的相对优势。基于上述结论，从区域、城市群之间和城市群内部城市之间三个维度提出地方政府发展能力提升路径。一是因地施政，缩小城市群之间差异；二是补足短板，提升地方政府学习创新能力；三是府际协同，助推城市群内部城市间均衡发展。总体而言，提升中国城市群地方政府发展能力，应结合不同地区的规划要求和发展实际，寻找发展重心，有针对性地提升地方政府核心能力，逐步实现城市群之间和城市群内部各城市之间政府发展能力的动态平衡。对于"优化提升"型城市群，应巩固经济发展和社会发展能力，补足短板环节，提升核心城市辐射带动能力，缩小城市间能力差异。对于"发展壮大"型城市群，应抓紧承接转移产业，提升城市综合实力，在提升经济的同时，借助自身比较优势，助推区域合力，形成后发优势。

第十三章
不同人口规模地方政府发展能力分析

王　坤

第十一章和第十二章分别从"地区"和"城市群"两个角度比较分析了不同地区的政府发展能力状况。本章将以城市人口规模为划分标准，对样本城市政府的经济发展、社会发展、服务提供、资源利用、科学履职和学习创新等核心发展能力及其二级指标进行综合分析，并基于对不同人口规模城市政府发展能力的客观描述，探寻各类型城市政府发展能力的提升路径。

一、类型划分：不同人口规模城市划分的多重标准

城市人口规模的界定方式和等级划分，历史上存在一定的争议。城市人口具有明确的含义，但在实际测量过程中存在多种选择：一方面，由于我国实行的是广域市制，城市建制下往往包含大量的农村地区，使得建制城市与实体城市空间范围差别较大，城市统计范围不一；另一方面，由于中国独特的户籍制度，在城市工作生活的人可能并不具有该城市户籍，城市常住人口数量与城市户籍人口数量往往并不相等。城市人口可能存在的多种统计标准，再加上早期相关法律上的模糊，使得学界对城市人口规模等级的划分标准莫衷一是。王兴平等指出，我国1989年《城市规划法》关于"以市区和近郊区非农业人口的数量作为城市的划分标准"中的"近郊区"概念缺乏操作性，应调整城市规模的衡量标准，并根据规划力度划分编制类型，扩大法律界定范围。[①] 方创琳按照市区常住人口为口径，以10万、50万、

---

① 王兴平，涂志华，戎一翎. 改革驱动下苏南乡村空间与规划转型初探. 城市规划，2011，(5)：56-61.

100万、500万、1000万为分级标准提出六级划分方案。① 此外，还有学者绕开人口指标上的争议，试图以 GDP 规模等指标对城市规模等级进行划分。② 从学者们的讨论可以看出，对城市规模等级划分的旧标准已难以适应当前新时代中国城镇化的快速发展和城市人口结构的急剧变化，建立新的城市规模划分标准格外重要和迫切。

为顺应时代发展需要，2014 年 11 月，《国务院关于调整城市规模划分标准的通知》正式出台。根据《国务院关于调整城市规模划分标准的通知》发布的规定，新的城市规模划分标准以城区常住人口为统计口径，将城市划分为五类：城区常住人口在 50 万以下的城市为小城市；城区常住人口在 50 万以上 100 万以下的城市为中等城市；城区常住人口在 100 万以上 500 万以下的城市为大城市；城区常住人口在 500 万以上 1000 万以下的城市为特大城市；城区常住人口 1000 万以上的城市为超大城市。新标准在城市空间范围、人口统计口径和分级标准三个方面进行了实质性的改进，以接近城市实体范围的"城区人口"作为划分依据，从而更符合当前新型城镇化的发展情况，更为科学合理。《国家新型城镇化规划（2014—2020 年）》《国务院关于进一步推进户籍制度改革的意见》均已使用现行标准。本章将基于《国务院关于调整城市规模划分标准的通知》对样本城市进行分类。

改革开放以来，我国长期以经济建设为中心的战略定位，使得学界对城市人口规模的关注重点集中在经济发展领域。整体上看，学者们支持城市人口规模对经济发展具有正向规模效应，但同时也认为这一效应存在减弱的拐点。城市人口规模的增加，不仅可以通过聚集效应，③ 提升生产效率，④ 还可以通过正向外部性与聚集促进经济增长，⑤ 为二三产业增长带来显著的积极影响。⑥ 然而，城市人口规模与

---

① 方创琳. 中国城市发展方针的演变调整与城市规模新格局. 地理研究，2014，(4)：674-686.
② 李震，杨永春. 基于 GDP 规模分布的中国城市等级变化研究：等级结构扁平化抑或是等级性加强. 城市规划，2010，(4)：27-31.
③ 高鸿鹰，武康平. 集聚效应、集聚效率与城市规模分布变化. 统计研究，2007，(3)：43-47.
④ Tabuchi T. Urban Agglomeration, Capital Augmenting Technology, and Labor Market Equilibrium. Journal of Urban Economics, 1986, (20): 211-228.
⑤ Baldwin RE. Martin P. Agglomeration and Regional Growth. Handbook of Regional and Urban Economics, 2004, (4): 61-71.
⑥ 吉昱华，蔡跃洲，杨克泉. 中国城市集聚效益实证分析. 管理世界，2004，(3)：67-74.

经济增长存在的正向关系，会在人口规模超过一定程度后降低。① 也就是说，随着城市规模的扩大，城市经济会出现先增长后下降的"倒 U"型变化，当城市人口规模达到一定程度时，人口规模与经济增长的相关关系将变得不明显。② 这是因为，城市在城市规模初始扩大的阶段，规模边际收益递增要比规模边际外部成本递增快，城市规模扩张到一定的阶段后，规模边际收益开始递减，而规模边际外部成本递增。③ 从城市创新的角度看，在拐点的左侧，城市人口规模扩张强化了多样化集聚对城市创新的促进作用，在拐点的右侧，城市人口规模则强化了多样化集聚对城市创新的负向影响。④ 有鉴于此，学者们对城市最优人口规模的可能区间和影响因素展开了分析。有学者总结了我国城市化发展的历程，认为土地城镇化和人口城镇化应当在最优城市人口密度标准下协调推进，强调集约型城镇化的必要性与可行性。⑤ 也有学者从城市人口规模的供给和需求出发，构建数理模型进行实证分析，认为技术积聚效应、城市地租、农村人口规模、城市与农村劳动者的收入差距、农村迁移的冲击等因素影响着城市人口规模。⑥ 孙三百等从微观个体层面运用多维福利指标对最优城市规模进行估计，发现城市规模与居民福利呈现"倒 U"型关系，并且城市产业多样化程度越高则最优城市规模越大，城市蔓延程度越高则最优城市规模越小。⑦

鉴于城市人口规模的经济效应存在最优区间，学者们进一步讨论了城市人口规模的控制问题。童玉芬从特大城市人口规模调控的角度出发，分析了大城市人口自发调节的市场机制失灵，特大城市病与人口因素的关系，短板资源对城市规模增长的硬约束等多个方面，论证了政府对特大城市人口调控的必要性。⑧ 王桂新从大城市人口规模控制的角度出发，分析了我国对大城市人口增长的控制及其效果，对欧

---

① 刘爱梅，杨德才. 城市规模、资源配置与经济增长. 当代经济科学，2011，(1)：106-113.
② 柯善咨，赵曜. 产业结构、城市规模与中国城市生产率. 经济研究，2014，(4)：76-88.
③ 王小鲁，夏小林. 优化城市规模推动经济增长. 经济研究，1999，(9)：22-29.
④ 陈大峰，闫周府，王文鹏. 城市人口规模、产业集聚模式与城市创新：来自271个地级及以上城市的经验证据. 中国人口科学，2020，(5)：27-40+126.
⑤ 苏红键，魏后凯. 密度效应、最优城市人口密度与集约型城镇化. 中国工业经济，2013，(10)：5-17.
⑥ 韩本毅. 影响城市人口规模的机制及实证. 当代经济科学，2010，(2)：83-89.
⑦ 孙三百，洪俊杰. 城市规模与居民福利：基于阿玛蒂亚·森的可行能力视角. 统计研究，2022，(7)：114-124.
⑧ 童玉芬. 中国特大城市的人口调控：理论分析与思考. 人口研究，2018，(4)：3-13.

美、日等国家将大城市功能分散失败后的再集中经验进行总结，得出放弃人为强制性控制，让大城市按市场规律和自身的内在规律发展的结论。① 刘小茜等以区域人口规模调控政策为切入点，选择京津冀地区为案例区进行实证研究，得出的结果显示，面向系统动力学模拟的政策参数化方案很好地重现了区域人口规模政策调控过程，能有效提高调控政策实施的精确性和可操作度，并为区域调控政策的配置和优化提供理论和方法的支撑。② 姚永玲等研究影响城市规模的外部因素，发现过早去工业化不利于城市规模扩大，并且随着中国城镇化进入转折期，过于强调首位城市不利于实现大中小城市的协调发展。③

除了关注城市人口规模的经济效应外，也有部分学者开始关注人口规模与其他领域之间的联系。张文晓等提出了中国城市绿色人口密度模型，通过进一步构建绿色人口密度检验系数，以此作为衡量城市人口密度是否符合绿色发展的标准，认为中国整体城市人口规模与经济发展水平相适应，但城市空间规模与大气环境质量不协调。④ 付云鹏等基于2004—2012年中国30个地区居民城乡消费碳排放量的测算，分析了中国城乡居民生活消费碳排放量的主要影响因素，以STIRPAT模型为理论基础，利用中国30个地区的面板数据研究了人口规模、消费结构、收入水平等因素对中国城乡居民消费碳排放的影响效应，发现人口规模、消费结构和收入水平对中国城乡居民消费碳排放的影响显著。⑤ 程开明等研究发现，城市人口规模对生产性空气污染排放的影响符合稳健的"倒 U"型特征，2018 年生产性空气污染排放由升转降的规模门槛值为 105 万人。⑥ 张成等利用中国劳动力动态调查数据和城市层面宏观数据研究发现，城市人口聚集与居民主观幸福感之间存在"倒 U"型关系，曲线拐点处为 0.06 万人/平方公里。⑦ 张自然认为城区人口规模的增加、空间聚集

---

① 王桂新. 国外大城市人口规模控制问题的经验与启示. 南京社会科学，2016，(5)：42-47.
② 刘小茜，马廷，裴韬，等. 京津冀地区人口规模调控政策参数化路径与系统模拟. 地理科学进展，2017，(1)：34-45.
③ 姚永玲，王佩琳. 外部因素如何影响城市规模？ 河北学刊，2022，(1)：140-146.
④ 张文晓，穆怀忠. 中国城市绿色人口密度研究. 技术经济与管理研究，2017，(5)：113-118.
⑤ 付云鹏，马树才，宋宝燕. 中国城乡居民消费碳排放差异及影响因素：基于面板数据的实证分析. 经济问题探索，2016，(10)：43-50.
⑥ 程开明，洪真奕. 城市人口规模、就业密度与生产性空气污染排放：双重倒"U"型关系的解析与检验. 中国人口·资源与环境，2023，(7)：117-132.
⑦ 张成，姚阳阳，周汉. 城市人口聚集对居民主观幸福感的影响. 当代财经，2022，(4)：3-14.

效应的增强,有利于优化本地管理模式,也对邻近地区的政府管理模式起示范作用,产生空间外溢效应。[①]

综合上述文献可知,学界的相关研究主要集中在城市人口规模的经济效应、城市最优人口规模的确定以及城市人口规模控制等领域。尽管近年来开始逐渐出现对城市人口规模对非经济领域影响的分析,但从地方政府发展视角对不同人口规模城市政府发展能力进行的研究仍然相对空白,缺少基于城市政府在经济发展、社会发展、服务提供、资源利用、科学履职及学习创新等方面能力的系统分析。由于在中国城市发展进程中地方政府发挥着极其重要的作用,且不同人口规模的城市对城市政府的发展能力要求也不同,因此,本章将针对不同人口规模城市政府的发展能力特征进行分析,以期更加全面、系统地研究地方政府的发展情况。

二、评估结果:城市人口规模与政府发展能力正相关

2016—2021年的分析数据显示,地方政府发展能力与城市人口规模总体呈正相关分布,且超大城市和小城市、中等城市、大城市政府能力发展存在显著差异。本年度的分析结果总体上与前述年份结果有较高的相似性,这也从侧面证明了本研究总体上具有较高的信度和效度;同时,在具体核心发展能力指标上也存在相对的差异性。

(一)不同人口规模城市样本选取

本章主要分析不同人口规模地方政府的发展能力特征,即人口规模差异与地方政府总体发展能力及其在经济发展、社会发展、服务提供、资源利用、科学履职及学习创新等方面核心发展能力的影响。城市规模的划分主要依据2014年《国务院关于调整城市规模划分标准的通知》和住建部2022年10月发布的《中国城市建设统计年鉴(2021)》中的城区常住人口数据。由于样本城市中的中等城市和小城市数量过少,为保证后续数据分析的可信度与有效性,在分析中将两类城市合并为一组,从而把全国城市划分为超大城市、特大城市、大城市和中等及小城市4类。在

---

① 张自然. 城市规模、空间聚集与政府管理模式研究. 社会科学战线,2022,(10):76-83.

本年度选择的 50 个样本城市中，超大城市涵盖北京、上海、深圳等 8 座城市，特大城市涵盖合肥、东莞、西安等 10 座城市，大城市涵盖南宁、海口、贵阳等 20 座城市，中等及小城市涵盖安庆、漳州、汉中等 12 座城市，如表 13-1 所示。

表 13-1　50 座样本城市按城市规模分类情况

城市人口范围（万人）	城市规模	城市
>1000	超大城市	北京、上海、深圳等 8 座城市
500~1000	特大城市	合肥、东莞、西安等 10 座城市
100~500	大城市	南宁、海口、贵阳等 20 座城市
<100	中等及小城市	安庆、漳州、汉中等 12 座城市

（二）不同人口规模城市政府发展能力现状分析

为了更加全面系统地对不同人口规模城市的政府发展能力进行分析，课题组通过对主、客观数据进行标准化和可操作处理，计算出了 4 类不同人口规模样本城市的发展能力，并通过计算各项指标的权重，得出了样本城市的一级和二级指标的得分，从而以较为直观的方式分析 4 类城市政府发展能力的特征，并为进一步提出能力提升的对策建议奠定基础。

1. 不同人口规模城市政府发展能力的总体评价

通过比较 4 类不同人口规模城市政府发展能力的均值，可以发现其结果与往年不同人口规模城市政府能力发展得分情况具有较强的相似性。不同人口规模城市政府综合发展能力从高到低的排序依次为超大城市、大城市、特大城市、中等及小城市。其中，特大城市与大城市的得分差距较小，但超大城市和中等及小城市的政府发展能力之间存在较为明显的差距，如图 13-1 所示。总体而言，不同人口规模城市的政府发展能力水平还存在着一定差距。

进一步采用独立样本 T 检验，比较 4 类人口规模城市政府发展能力的均值，如表 13-2 所示，发现在统计学意义上，超大城市和中等及小城市政府发展能力存在显著差异，而其他类型之间的差异并不显著。从均值差值来看，超大城市政府发展能力的均值高于特大城市、大城市、中等及小城市。

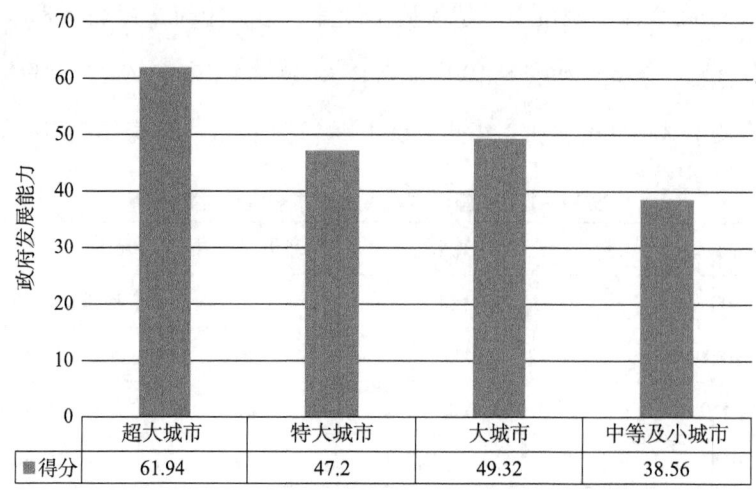

图 13-1 不同人口规模城市政府发展能力得分情况

表 13-2 不同人口规模城市政府发展能力的均值比较

分组变量		均值 T 检验						
		t	自由度	显著性（双尾）	均值差	标准误差	95% 置信区间	
							下限	上限
中等及小城市	大城市	-1.364	30	0.182	-10.762	7.885	-26.864	5.341
	特大城市	-0.871	20	0.394	-8.638	9.920	-29.331	12.055
	超大城市	-2.498	18	0.022	-23.378	9.358	-43.038	-3.717
大城市	特大城市	0.244	28	0.809	2.124	8.712	-15.722	19.969
	超大城市	-1.466	26	0.155	-12.616	8.604	-30.301	5.069
特大城市	超大城市	-1.412	16	0.177	-14.740	10.437	-36.866	7.387

2. 不同人口规模城市的政府核心发展能力解析

不同人口规模城市的政府核心发展能力，即一级指标均值分析，如图 13-2 所示。对 4 类不同人口规模城市政府能力的一级指标得分进行标准化处理后，其 6 个一级指标得分的平均值显示，不同人口规模城市的政府总体上在经济发展能力和科学履职能力上的差距较为突出，特大城市在经济发展、社会发展、资源利用、服务提供、科学履职等方面的能力与其他 3 类城市的差距较为突出。从指标类别上看，各类不同人口规模城市政府的经济发展能力最为不均衡，学习创新等能力则相对均衡。从不同人口规模城市政府的内部能力结构上看，超大城市的 6 项政府发展能力最为不均衡，特大城市的政府发展能力最为均衡。在中等及小城市中，学习创新能力是其最强的发展能力,经济发展能力和资源利用能力则相对较弱。大城市社会发展能力较强,而经济发展能力较弱。特大城市的最强发展能力为科学履职能力,但相对而言,学习创新能力较弱。与之相类似的是超大城市,科学履职能力是其最强的发展能力,学习创新能力是其最弱的发展能力。

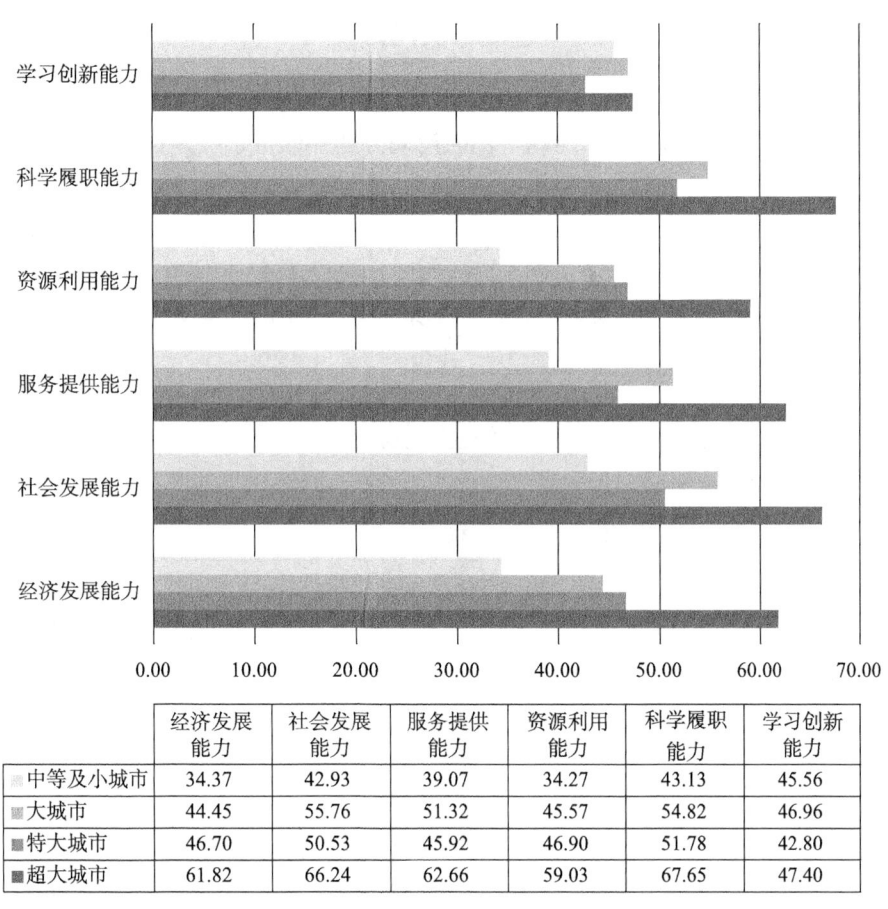

图13-2 不同人口规模城市政府发展能力一级指标得分对比

为了更加科学合理地分析不同人口规模城市政府间各项发展能力的差异情况,以"城市规模"作为分组变量,将经济发展、社会发展、服务提供、资源利用、科学履职、学习创新6项政府发展能力进行两个独立样本之间的T检验,其结果如表13-3所示。经过比较发现,在统计学意义上,在经济发展能力上,超大城市与中等及小城市、大城市之间存在显著差异。在社会发展能力、服务提供能力、资源利用能力和科学履职能力上,超大城市与中等及小城市存在显著差异。在学习创新能力上，4类不同人口规模的城市政府发展能力得分状况则没有显著的差异。之所以会出现这种状况，是因为城市规模的增长带来了各种生产要素的聚集，提升了地方发展效率，带动了城市各项能力的综合发展，不同规模城市之间的能力也会因为规模的差异而产生差别，使得各类城市在经济发展能力、社会发展能力、服务提供能力、资源利用能力以及科学履职能力上出现显著差别的情况。但由于当前我国经济社会转入高质量发展阶段，使得各地方政府对于学习创新能力都给予了极大的重视，各地方政府不断加强创新治理工作的投入力度并取得了一定的效果，使得在学习创新能力指标上，不同规模城市政府得分状况并没有显著差异。

表13-3 4类人口规模城市的政府发展能力一级指标均值比较 T 检验结果

分组变量	经济发展能力		社会发展能力		服务提供能力		资源利用能力		科学履职能力		学习创新能力	
	t值	显著性	t值	显著性	t值	显著性	t值	显著性	t值	显著性	t值	显著性
中等及小城市－大城市	-1.357	0.185	-1.679	0.104	-1.449	0.158	-1.679	0.104	-1.504	0.143	-0.181	0.858
中等及小城市－特大城市	-1.256	0.224	-0.769	0.451	-0.648	0.525	-1.369	0.186	-0.892	0.383	0.384	0.705
中等及小城市－超大城市	-3.132	0.006	-2.543	0.020	-2.462	0.024	-2.907	0.009	-2.558	0.020	-0.213	0.834
大城市－特大城市	-0.257	0.799	0.636	0.530	0.591	0.559	-0.176	0.862	0.350	0.729	0.524	0.605
大城市－超大城市	-2.062	0.049	-1.331	0.195	-1.302	0.204	-1.869	0.073	-1.439	0.162	-0.048	0.962
特大城市－超大城市	-1.371	0.189	-1.616	0.126	-1.639	0.121	-1.241	0.232	-1.453	0.166	-0.567	0.578

3. 不同人口规模城市的政府核心发展能力分解分析

为了进一步揭示不同人口规模城市政府发展能力的状况，现将15项二级指标的均值进行梳理，具体如图13-3所示。可以看出，人口规模与地方政府发展能力在15项二级指标上基本呈正相关分布，但超大城市的主动学习能力得分低于其他3类城市；特大城市在推动发展能力、秩序维护能力、保障基本公共服务能力、均等化区域公共服务能力、环境保护能力、资源整合能力、政策制定能力、政策执行能力、政府机构运行能力、主动学习能力、管理和服务的创新能力上均略低于大城市。保证生产能力是 4 类城市间得分差距最大的二级指标，环境保护能力则是差距最小的二级指标。另外，要注意的是，超大城市的政府发展能力得分情况与其他 3 类城市相比优势显著，特别是在保证生产能力、推动转型能力、保障基本公共服务能力和政府机构运行能力上表现得尤为突出。从城市发展能力内部来看，大城市和特大城市在 15 项二级指标上的能力情况较为均衡，而超大城市则最为不均衡，其中，保证生产能力和主动学习能力的差距最大。

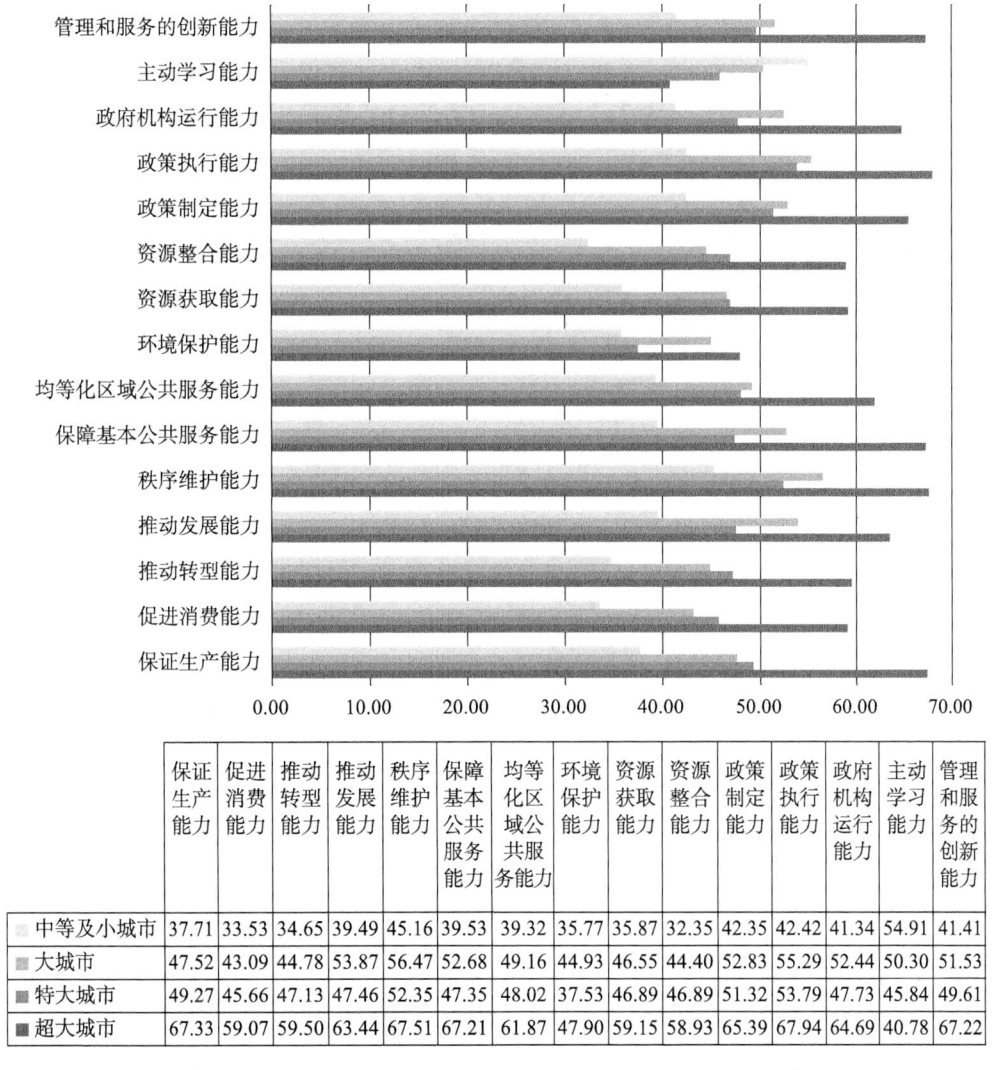

	保证生产能力	促进消费能力	推动转型能力	推动发展能力	秩序维护能力	保障基本公共服务能力	均等化区域公共服务能力	环境保护能力	资源获取能力	资源整合能力	政策制定能力	政策执行能力	政府机构运行能力	主动学习能力	管理和服务的创新能力
中等及小城市	37.71	33.53	34.65	39.49	45.16	39.53	39.32	35.77	35.87	32.35	42.35	42.42	41.34	54.91	41.41
大城市	47.52	43.09	44.78	53.87	56.47	52.68	49.16	44.93	46.55	44.40	52.83	55.29	52.44	50.30	51.53
特大城市	49.27	45.66	47.13	47.46	52.35	47.35	48.02	37.53	46.89	46.89	51.32	53.79	47.73	45.84	49.61
超大城市	67.33	59.07	59.50	63.44	67.51	67.21	61.87	47.90	59.15	58.93	65.39	67.94	64.69	40.78	67.22

图 13-3　不同人口规模城市政府发展能力二级指标得分对比

(1) 经济发展能力分析

经济发展能力可分解为 3 项二级指标,即保证生产能力、促进消费能力和推动转型能力。超大城市 3 项得分都是最高的,其次是特大城市,大城市位列第三,而中等及小城市在 3 项二级指标上得分均最低。如表 13-4 所示,通过独立样本 T 检验发现,超大城市在保证生产能力、促进消费能力、推动转型能力三个方面上都显著高于中等及小城市。超大城市在保证生产能力上也显著高于大城市,但在促进消费能力和推动转型能力上与大城市的差异在统计学上并不显著。可以看出,由于城市的集聚效应,超大城市随着规模的扩大带来各种生产要素的聚集,相比于其他人口规模的城市,对于引导经济健康运行,推动科技创新、产业升级的能力更为强大。

表 13-4 不同人口规模城市的政府经济发展能力二级指标均值比较 T 检验结果

分组变量		保证生产能力			促进消费能力			推动转型能力		
		t 值	显著性	均值差值	t 值	显著性	均值差值	t 值	显著性	均值差值
中等及小城市	大城市	-1.343	0.189	-9.812	-1.352	0.187	-9.551	-1.284	0.209	-10.136
	特大城市	-1.221	0.236	-11.564	-1.256	0.224	-12.129	-1.257	0.223	-12.483
	超大城市	-3.311	0.004	-29.617	-3.196	0.005	-25.534	-2.671	0.016	-24.856
大城市	特大城市	-0.205	0.839	-1.751	-1.770	0.770	-2.578	-0.258	0.798	-2.347
	超大城市	-2.330	0.028	-19.805	-1.996	0.057	-15.983	-1.630	0.115	-14.720
特大城市	超大城市	-1.651	0.118	-18.054	-1.228	0.237	-13.405	-1.109	0.284	-12.373

(2) 社会发展能力分析

在社会发展能力方面,人口规模与推动发展能力和秩序维护能力 2 项二级指标基本呈正相关分布,但特大城市在 2 项能力的得分上略低于大城市,这可能与特大城市在新冠疫情期间严格的管控政策有关。通过独立样本 T 检验两两比较均值,如表 13-5 所示,在社会发展能力的二级指标下,仅超大城市与中等及小城市之间存在显著差异,其余城市两两之间的比较均不存在显著差异。这说明在当前我国经济社会发展运行平稳的条件下,不同规模城市政府面临的问题基本相同,发展方向也基本相同。由于政府不断加强对社会治理的总体部署,促使地方政府在社会发展上拥有类似的能力,同时也说明当前各类规模城市政府在社会管理工作方面的成效比较显著,得到了公众的广泛认可。

表13-5　不同人口规模城市的政府社会发展能力二级指标均值比较 T 检验结果

分组变量		推动发展能力			秩序维护能力		
		t 值	显著性	均值差值	t 值	显著性	均值差值
中等及小城市	大城市	-1.714	0.097	-14.380	-1.586	0.123	-11.304
	特大城市	-0.778	0.446	-7.966	-0.736	0.470	-7.188
	超大城市	-2.394	0.029	-23.942	-2.556	0.020	-22.346
大城市	特大城市	0.704	0.487	6.414	0.535	0.597	4.116
	超大城市	-1.035	0.310	-9.561	-1.578	0.127	-11.043
特大城市	超大城市	-1.481	0.158	-15.975	-1.619	0.125	-15.159

（3）服务提供能力分析

在服务提供能力这个一级指标之下，在保证基本公共服务能力和均等化区域公共服务能力以及环境保护能力这3项二级指标方面，超大城市得分最高，大城市则位居第二，再次是特大城市，中等及小城市的得分垫底。特大城市的服务提供能力不如大城市，可能是因为特大城市还处于城市快速扩张的黄金阶段，吸引了大量的人口，面临巨大的人口服务和管理压力，带来了交通拥堵、环境污染、公共服务供给不足等问题，使得其公共服务能力二级指标略低于大城市。经过独立样本 T 检验，如表13-6所示，在统计学意义上，超大城市在保证基本公共服务能力和均等化区域公共服务能力上显著高于中等及小城市，而环境保护能力在不同类型城市间的差异均不显著。

表13-6　不同人口规模城市的政府服务提供能力二级指标均值比较 T 检验结果

分组变量		保证基本公共服务能力			均等化区域公共服务能力			环境保护能力		
		t 值	显著性	均值差值	t 值	显著性	均值差值	t 值	显著性	均值差值
中等及小城市	大城市	-1.591	0.122	-13.144	-1.275	0.212	-9.836	-1.190	0.243	-9.167
	特大城市	-0.747	0.464	-7.818	-0.917	0.370	-8.702	-0.216	0.832	-1.759
	超大城市	-3.026	0.007	-27.677	-2.600	0.018	-22.550	-1.467	0.160	-12.132
大城市	特大城市	0.591	0.559	5.326	0.134	0.895	1.134	0.909	0.371	7.408
	超大城市	-1.733	0.095	-14.533	-1.544	0.135	-12.714	-0.344	0.734	-2.965
特大城市	超大城市	-1.995	0.063	-19.859	-1.445	0.168	-13.848	-1.243	0.232	-10.373

（4）资源利用能力分析

在资源利用能力的2个二级指标，即资源获取能力和资源整合能力的表现上，各类城市的得分排序从高到低依次为超大城市、特大城市、大城市、中等及小城市。特别要提及的是，特大城市和大城市在资源整合能力上的均值差距极小。从独立样本T检验来看（见表13-7），除了超大城市和中等及小城市在资源获取能力和资源整合能力上存在显著差异外，其他城市类型间在这2项二级指标上则不存在统计学意义上的显著差别。可以看出，人口规模只有在增长到一定程度后，才能够带来各类资源的高度集中，吸引到包括政治资源、科技资源、高端人才等生产要素，从而吸引到更多的项目，并有充足的资源与媒体智库等进行合作。

表13-7 不同人口规模城市的政府资源利用能力二级指标均值比较T检验结果

分组变量		资源获取能力			资源整合能力		
		t值	显著性	均值差值	t值	显著性	均值差值
中等及小城市	大城市	-1.641	0.111	-10.681	-1.679	0.104	-12.057
	特大城市	-1.210	0.241	-11.021	-1.526	0.143	-14.541
	超大城市	-2.797	0.012	-23.287	-2.929	0.009	-26.588
大城市	特大城市	-0.046	0.964	-0.340	-0.311	0.759	-2.484
	超大城市	-1.798	0.084	-12.605	-1.851	0.076	-14.531
特大城市	超大城市	-1.252	0.229	-12.266	-1.176	0.257	-12.047

（5）科学履职能力分析

在科学履职能力方面，人口规模与政策制定能力、政策执行能力和政府机构运行能力3项二级指标的得分情况基本呈正相关分布。进一步做独立样本T检验，结果如表13-8所示。在统计学意义上，超大城市在3项二级指标上与中等及小城市相比均存在显著差异，而其他人口规模的城市之间不存在显著区别。之所以会出现这种状况，在一定程度上是因为超大城市的政府相对于中等及小城市的政府发展更为成熟，地方政府的组织机构设置较为合理、部门间具有较强的协同能力，决策的科学性和调动公众积极参与的能力都更强。

表13-8 不同人口规模城市的政府科学履职能力二级指标均值比较T检验结果

分组变量		政策制定能力			政策执行能力			政府机构运行能力		
		t值	显著性	均值差值	t值	显著性	均值差值	t值	显著性	均值差值
中等及小城市	大城市	-1.424	0.165	-10.476	-1.611	0.118	-12.876	-1.446	0.159	-11.099
	特大城市	-0.950	0.354	-8.964	-1.131	0.272	-11.372	-0.696	0.494	-6.389
	超大城市	-2.422	0.026	-23.034	-2.612	0.018	-25.526	-2.571	0.019	-23.350

续表

分组变量		政策制定能力			政策执行能力			政府机构运行能力		
		t 值	显著性	均值差值	t 值	显著性	均值差值	t 值	显著性	均值差值
大城市	特大城市	0.185	0.855	1.512	0.168	0.868	1.504	0.546	0.590	4.710
	超大城市	-1.488	0.149	-12.557	-1.397	0.174	-12.650	-1.371	0.182	-12.251
特大城市	超大城市	-1.316	0.207	-14.069	-1.269	0.223	-14.154	-1.622	0.124	-16.961

(6) 学习创新能力分析

学习创新能力包括主动学习能力、管理和服务的创新能力 2 项二级指标。不同人口规模城市的政府主动学习能力得分较为均衡，仅存在微弱的差距。并且这一指标排名情况与其他二级指标也不同，中等及小城市政府得分最高，其次是大城市，再次是特大城市，超大城市则得分垫底。该指标也是所有二级指标中超大城市排名最低的一个，与往年的结果没有发生变化，在一定程度上说明主动学习能力是超大城市政府发展能力的短板。其原因可能是超大城市面临着巨大的人口服务管理工作任务，地方政府事务繁杂，使得公务员主动学习和参加培训的时间较少。管理和服务的创新能力则与人口规模呈正相关分布。这可能是由于城市规模"集聚效应"带来的各种优势，使人口规模更大的地方政府具有更宽阔的平台和视野，也拥有更丰富的人才资源，因此在运行过程中更加注重创新工作的开展，公务人员也更容易提出具有创新性的工作建议。经过进一步的独立样本 T 检验，在主动学习能力二级指标下，超大城市地方政府显著低于中等及小城市地方政府，而在管理和服务的创新能力上，超大城市地方政府则又明显高于中等及小城市地方政府。这提醒着超大城市地方政府要着力提高主动学习能力。具体结果如表 13-9 所示。

表 13-9　不同人口规模城市的政府学习创新能力二级指标均值比较 T 检验结果

分组变量		主动学习能力			管理和服务的创新能力		
		t 值	显著性	均值差值	t 值	显著性	均值差值
中等及小城市	大城市	0.621	0.539	4.610	-1.507	0.142	-10.122
	特大城市	1.507	0.147	9.073	-1.014	0.323	-8.204
	超大城市	1.880	0.076	14.138	-2.878	0.010	-25.812
大城市	特大城市	0.589	0.561	4.463	0.263	0.794	1.918
	超大城市	1.076	0.292	9.528	-1.941	0.063	-15.689
特大城市	超大城市	0.754	0.462	5.064	-1.813	0.089	-17.607

(三) 不同人口规模城市政府发展能力分析讨论

通过数据分析，可以对不同人口规模城市的政府发展能力形成相对清晰、具体的认识，综合讨论如下。

第一，从4类不同人口规模城市的政府发展能力总体得分来看，地方政府发展能力与城市人口规模存在正相关的关系，城市人口规模越大，政府发展能力越高。其主要原因是城市规模的增长会带来各种生产要素的聚集，从而产生"集聚效应"，提升政府发展效率，带动城市各项能力的综合发展。从经济社会发展的角度看，较大的城市规模与较高水平的政府经济发展能力是城市现代化发展的客观结果，并且也是地方政府和市场共同作用的结果，是城市发展的外在体现。从统计学层面看，超大城市和中等及小城市政府发展能力存在显著差异，说明我国必须要大力加强中小型城市的政府能力建设，这不仅是出于国家整体发展的战略角度，更是由于中等及小城市在地方政府发展能力上具备较大的进步空间。

第二，从4类不同人口规模城市的政府发展能力得分情况来看，结合图13-2和图13-4可以看出，不同人口规模城市的6项政府核心发展能力的结构特征与地方政府发展能力基本相同，即呈正相关分布。由此可见，当前我国不同人口规模城市在各项政府核心发展能力上发展较为同步，各类人口规模城市政府在当前形势下面临的基本状况、发展方向基本相同。但从不同人口规模城市政府的内部能力结构上看，超大城市和特大城市的科学履职能力是其最强的发展能力，学习创新能力是其最弱的发展能力，充分彰显了超大城市与特大城市在地方政府建设上的成熟性，以及在规模过大后学习创新上的不足。在大城市中，社会发展能力是其最强的发展能力，而经济发展能力则属于其最弱的发展能力，表明当前大城市为了促进民生，在社会发展领域的努力和成效较为显著，而在经济发展领域仍然较为乏力。在中等及小城市中，学习创新能力较强，接近于其他人口规模城市的水平，而经济发展能力和资源利用能力都较为薄弱，存在较大的提升空间。可以看出，4类城市间在各项能力上的差距也并不是一致的，特别是在学习创新能力上，4种类型城市之间的差距极小。这给超大城市提出了着力提高能力的政策落脚点。从统计学意义上讲，4类不同人口规模城市的政府在经济发展能力方面存在显著差异，说明当前各种规模城市的经济发展水平间的差距还有待缩小,需要进一步发挥超大城市的带动和援助作用,促进整体发展,而其自身也要注重经济发展从速度到质量的转变,着力推进产业结构调整和转型升级,推动经济从"工业化"向"后工业化"方向转变。

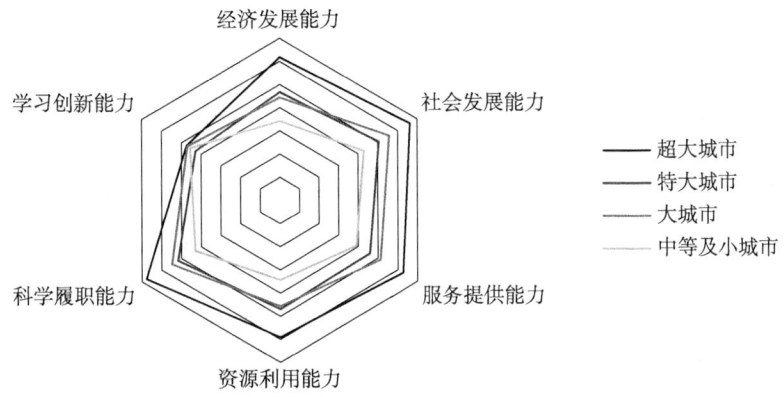

图13-4　不同人口规模城市的政府发展能力一级指标得分对比雷达分布

第三,从4类不同人口规模城市的政府发展能力二级指标得分情况来看,超大城市在15项二级指标中除主动学习能力以外的14项都得分最高。这说明尽管超大城市总体上的政府发展能力较为优秀,但是也面临规模巨大的人口管理服务的压力,公务员忙于处理日常事务而缺少学习和培训时间。对于特大城市而言,主动学习能力低于大城市的原因应与超大城市相同,但在环境保护能力上低于大城市,是因为其在发展的过程中吸引了大量的人口,集聚效应不断增强的同时也带来了交通拥堵、环境污染等"拥挤成本"和大城市病的困扰。在保证生产能力、促进消费能力、推动转型能力、推动发展能力、秩序维护能力、保障基本公共服务能力、均等化区域公共服务能力、资源获取能力、资源整合能力、政策制定能力、政策执行能力、政府机构运行能力、管理和服务的创新能力13项二级指标上,超大城市均与中等及小城市存在显著差异,且显著高于这类城市。由于人口与各类资源的集聚效应,超大城市伴随着规模的扩张带动了各种生产要素的聚集,集聚效应使得其13项二级指标显著高于中等及小城市。

三、提升路径:深化创新发展与数字治理的协同推进

上述分析表明,不同人口规模城市的政府在各类地方政府能力指标上表现出了

较大的差距。在中国城镇化快速推进的时代背景下,地方政府能力对于城市发展具有至关重要的作用。为了促进不同人口规模城市的协调发展,本文基于前述对不同人口规模城市政府发展能力的对比分析与讨论,进一步归纳出相应城市的政府发展能力优化路径。

对于超大城市而言,其建设已经不同于传统特大型城市建设的发展思路,而是要在权衡利弊中实施有利于解决超大型人口聚居城市发展瓶颈的举措,提高其综合性引领功能。尽管超大城市总体上在各项发展能力上的得分都高于其他3类城市,但其学习创新能力是较为明显的短板。因此,在数字化越发普及的当下,超大城市需要立足于数字政府治理,增强政府与社会、政府内部的学习互动。首先,推进数字化创新,在政府管理中引入信息技术和大数据分析,建立全面的城市信息系统,实时监测城市运行情况,有助于更准确地预测问题并制定应对措施。其次,提升公共参与程度,建立线上线下结合的公共参与平台,定期进行公众满意度调查,设立公众代表机制,使公众能够更直接地参与政府决策,在促进有序民主参与的同时,也能增加公务员学习培训的时间。最后,强化跨部门协作机制,设立政府部门间的信息共享平台,促进问题跨部门联动解决,有效协调城市各项事务。

对于特大城市而言,在本章的政府发展能力指标中,除经济发展能力与资源利用能力仍然高于大城市外,在社会发展能力、服务提供能力、科学履职能力和学习创新能力上均低于大城市。这一结果的出现尽管与新冠疫情冲击紧密相关,但不免暴露出特大城市在社会发展、管理服务以及学习创新上的薄弱之处,说明其在注重发展经济的同时,一定程度上忽视了其他方面的发展。因此,对于特大城市政府而言,未来既要进一步增强对经济发展的引领作用,又要着力提升自身管理服务水平。一方面,特大城市政府需要发挥好自身经济发展和资源调配的优势,在增加经济总量的同时优化经济结构,提升科技支撑能力,进一步推动高质量发展。另一方面,针对科学履职能力、服务提供能力和学习创新能力相对较弱的情况,特大城市政府既要提高公共服务的质量,追补与大城市在公共服务均等化方面的差距,也要着眼于制定相关鼓励政策,合理引导人才的流动方向,将自身拥有的资源优势转化为创新能力优势。

对于大城市而言，其经济发展能力相对较弱，并且与超大城市存在较为显著的差距。针对此情况，在实践中并不能像特大城市那样兼重经济与其他方面的均衡发展，相比而言，大城市应更注重城市经济水平的整体性提高。因此，大城市政府首先需要对公务员进行培训，建立政府员工培训体系，提升公务员的管理素养和专业能力，为政府决策提供更科学的支持；其次，进行合理的产业引导，制定产业发展规划，鼓励发展特色产业，提高经济多元化程度，增加城市的抗风险能力；再次，加强社区建设，设立社区文化和公共服务中心，激发市民社区参与热情，增强城市社会凝聚力；最后，简化行政审批流程，采用"一站式"服务，提高政府办事效率，为企业和市民提供更便捷的服务。

中等及小城市在各项政府发展能力上都低于其他3类城市，这是由其政治地位、人口规模、资源条件等多方面条件的限制决定的。因此，各项核心发展能力的均衡提升是其发展的路径所在。从政府核心发展能力指标评估来看，中等及小城市的政府在经济发展能力、科学履职能力上发展较弱，具有较大的提升空间。具体而言，第一，提升资源整合，与周边城市合作，共享资源和服务，实现优势互补，提升中等及小城市在区域中的综合竞争力；第二，加强基础设施建设，加大基础设施投资，改善交通、通信和能源等基础设施水平，为中等及小城市的可持续发展奠定坚实基础；第三，强化人才引进，设立人才引进政策，吸引各类专业人才流入，提高中等及小城市的创新能力和竞争力；第四，重视生态保护，制订生态环境保护计划，设立绿地和生态保护区，确保中等及小城市在发展中保持环境的可持续性。

四、结论

在相关数据分析的基础上，可以得出一个基本结论，即城市规模扩张、人口不断增加的过程也是地方政府发展能力不断提升的过程，地方政府发展能力与城市人口规模之间存在较强的正相关性。进一步归纳本章分析内容，可以得出以下结论。

第一，从4类不同人口规模城市的政府发展能力总体得分来看，城市的集聚效应带动了地方各项能力的综合发展，因此超大城市得分最高。同时从数据中可以看出，城市规模越大，地方政府的发展能力越强，地方政府发展能力总体上与城市人口规模存在正相关的关系，同时不同人口规模城市的政府发展能力存在较大的差距。未来应实现不同人口规模城市间的协调发展，建立城市发展的平衡机制，避免资源过度集中于大城市。与此同时，中等及小城市应主动谋求与周边大城市的互惠发展，积极借助大城市的发展带动能力。

第二，不同人口规模城市的政府核心发展能力具有结构上的趋异性。不同人口规模的城市政府，6项一级指标得分的结构特征差异较大。其中，超大城市和特大城市政府得分最高的是科学履职能力，大城市政府得分最高的是社会发展能力，而中等及小城市政府得分最高的是学习创新能力。这说明当前各类地方政府应当进一步结合区域发展、城市规模、产业结构、社会结构等方面的特征，不断优化政府的核心发展能力结构，以差异化的方式实现政府能力水平的提升。

第三，不同人口规模城市的政府发展能力的15项二级指标得分上存在差异性。超大城市在保证生产能力、促进消费能力、推动转型能力、推动发展能力、秩序维护能力、保障基本公共服务能力、均等化区域公共服务、资源获取能力、资源整合能力、政策制定能力、政策执行能力、政府机构运行能力、管理和服务的创新能力13项二级指标上存在显著优势，但是与此同时超大城市也存在诸如主动学习能力和环境保护能力上的短板，在这两项能力指标上落后于其他3类人口规模的城市。中等及小城市总体基础相对薄弱，未来仍有较大提升空间，但是也存在相对于其他人口规模城市的优势。因此，未来在加强地方政府发展能力建设时，应重点关注各类城市政府发展能力的短板，实现全面协调发展。

需要特别说明的是，特大城市的政府在多项核心发展能力上，得分均低于大城市的政府。本文尝试对其成因进行分析，认为可能的原因包括以下两个方面：一方面是特大城市大多处于快速发展阶段，面临工业化与后工业化的双重压力，存在多重任务叠加的现象，因此地方政府面临的问题也比其他类型城市更为复杂和多样，从而影响了其在各项指标中的表现；另一方面是新冠疫情带来的城市封控，一定程度上加剧了特大城市政府与公众的紧张关系，使得问卷调查中公众对地方政府各项指标满意度降低。然而，本年度数据资料有限，无法开展针对性的定量分析，在未来的研究中笔者将进一步加强相关数据的收集和整理，以期对特大城市的政府发展能力提升提出更具针对性的对策建议。

第十四章
直辖市地方政府发展能力分析

王 翔

一、问题提出：直辖市地位特殊且发展不均衡

直辖市作为国家的重要城市节点，承担着重要的经济、文化、政治和社会功能。因此，其地方政府的发展能力直接影响其整体发展速度、方向和质量。首先，从经济角度来看，直辖市往往是经济发展的高地，拥有大量的资源和人才。地方政府的政策制定、资源配置和投资决策能力直接影响其经济增长速度和经济结构的调整。其次，从社会角度看，直辖市作为人口密集区，面临众多的社会问题，如教育、医疗、住房等。地方政府的发展能力决定了这些问题能否得到有效解决。最后，直辖市也是文化交流的重要场所，地方政府的发展能力同样影响其文化创新和传承。总的来说，强化直辖市地方政府的发展能力不仅对直辖市本身的发展有重要意义，对于国家的整体发展战略实施和目标实现也起到关键的支撑作用。因此，直辖市加强地方政府的能力建设、提高其决策质量和执行力，是推动城市和国家向前发展的关键所在。

研究直辖市政府的发展和行为，具有其他城市无法替代的重要地位和意义。首先，这些城市有独特的政治和行政地位。作为国家政策的"试验田"，直辖市不仅为政策制定者提供了一个实验场所，成功的政策模式往往会在全国范围内被采纳和推广。这种特殊性意味着，通过深入研究这些城市的政府行为，可以更早地预见国家层面的政策趋势，为其他城市的未来发展提供前瞻性的指导。其次，直辖市在经济发展上占据了关键位置，其集中了国家的重要经济资源，成为经济

增长的主要引擎。此外，这些城市往往是国家和国际的商业中心，其政策选择和发展方向，不仅影响到本地的商业和产业环境，还对全国乃至全球的经济趋势产生深远的影响。研究直辖市政府如何平衡和调整各种经济因素，以推动经济的持续和健康增长，不仅有助于我们理解国家的宏观经济策略，也为其他城市如何在复杂的经济环境中制定和执行有效的政策提供借鉴。最后，由于直辖市人口众多、活动频繁，其遇到的社会问题的焦点，如住房紧张、交通拥堵和环境污染等，也是许多城市发展中普遍面临的挑战。因此，研究这些城市的政府如何采取措施应对并解决这些问题，可以为全国乃至世界其他城市提供有益的启示和参考。

中国的直辖市在历史的演变中经历了设立、裁撤与恢复等过程，至今维持四大城市：北京市、上海市、天津市和重庆市。其中，北京市是国家政治、文化、国际交往和科技创新的中心；上海市则以"东方之珠"的美誉，巩固其作为国内外金融和商务的交汇点地位；天津市凭借其港口优势，发展为北方的经济与物流重镇；而位于内陆的重庆市，借助其地理与自然特色，将自己成功塑造为西部地区的经济和科技发展前沿城市。尽管这四大直辖市都对各自区域产生了积极的经济带动效应，从宏观视角分析，其在发展策略、区域影响和特有优势上都展现出鲜明的差异性，为中国的多元化发展提供了丰富的研究范本。

总的来说，直辖市不仅因其特有的政治、经济和社会属性而在城市研究中占据特殊的地位，而且作为现代化进程的样本，为我们提供了宝贵的研究材料和启示。通过深入研究这些城市的地方政府发展能力，我们可以更好地理解城市化的机制、挑战及其对策，从而更好地推动全国甚至全球的城市发展和进步。

二、评估结果：梯队差异显著

（一）直辖市政府核心发展能力分析

在之前的各章中，我们依据特定的指标体系确定了直辖市政府的六大核心发展能力，这六大能力分别为经济发展、社会发展、服务提供、资源利用、科学履职及学习创新。根据2022年的统计调查数据，我们发现在所考察的样本城市中，4个直辖市的政府发展能力综合指数从高到低的排名：上海（73.96）、北京（72.04）、天津（55.76）和重庆（43.00）。我们可以明显看出分为两个梯队的特征：上海与北京为首梯队，重庆与天津则构成次梯队，如图14-1所示。

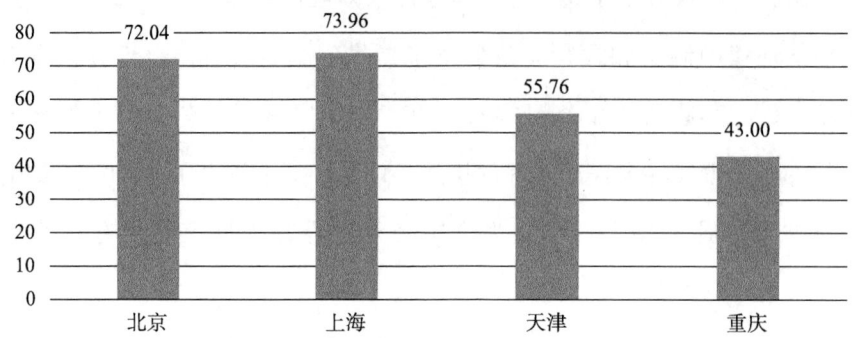

图14-1　直辖市的政府发展能力综合指数得分

图14-1所示的排名结果可能是因为上海和北京具备了深厚的发展基础和国际化背景。上海凭借其作为全球金融和贸易中心的地位，吸引了大量国内外投资，而北京市作为国家政治和文化中心，集中了大量的资源和才智。两市的这些优势为它们在经济发展、服务提供和学习创新等领域创造了显著的优势。天津和重庆整体表现尚可，但相对于上海和北京，它们的国际影响力和经济规模较小，使其在综合指数上的得分略低。同时，不同的政策导向、地理位置和历史文化背景也在一定程度上影响了这4个直辖市在发展能力指数上的排名。

图14-2给出了各直辖市核心发展能力的各个指标得分情况。就上海而言，经济发展能力、社会发展能力、服务提供能力、资源利用能力、科学履职能力和学习创新能力的得分分别是19.22、10.46、10.53、9.07、13.61、7.40，显示出该市发展能力的高度和均衡。从北京市政府的6项发展能力得分可以看出，尽管该市在整体发展能力上维持了较高的水平并在各个指标上均有出色的表现，但不同能力指标间存在明显的差异。天津与重庆在政府发展能力上呈现中等水平，与北京和上海相比，无论是单项指标还是综合指标，这两个城市明显落后。

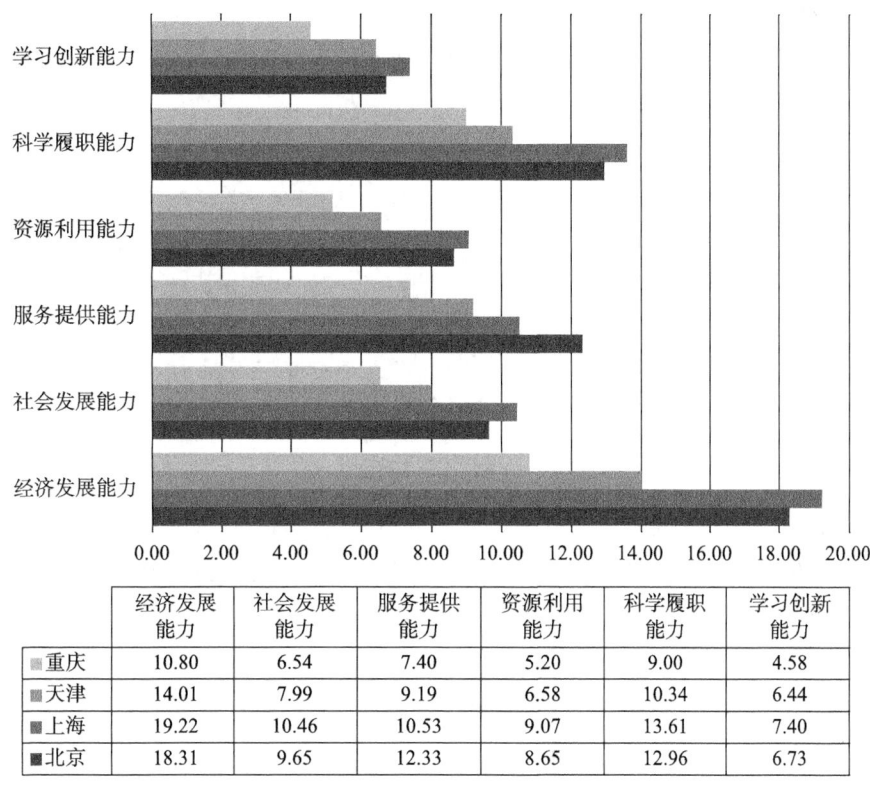

图 14-2 直辖市的政府核心发展能力

(二) 直辖市政府核心发展能力的分解分析

直辖市政府经济发展能力包含 3 个二级指标, 即保证生产能力、促进消费能力、推动转型能力, 如图 14-3 所示。在 4 个直辖市关于这 3 项经济发展能力的排名中, 上海在各项上的得分都相当均衡, 稳定地居于首位, 这与其作为我国在全球经济竞争中的关键城市的角色是一致的。相对地, 北京在这 3 项指标上均排名第二, 其在保证生产能力上的表现尤为出色, 超过其在推动转型能力和促进消费能力上的得分。重庆和天津在这 3 项经济发展指标上与上海和北京存在明显的差距, 而且天津略胜于重庆。长期以来的政策倾向和区域发展策略使得不同城市在资源配置、资本投入和技术创新上存在差距。北京和上海由于其核心的政治或经济地位, 在吸引国内外投资、技术转移和人才流动上具有显著优势。城市的历史背景、地理位置和产业基础也为其经济发展能力提供了不同的支撑。再者, 城市的开放度和与国际市场的连接程度也对其经济发展能力产生影响, 使得上海、北京在消费和转型上更具潜力。虽然天津和重庆都拥有自己的独特优势和发展机会，但由于历史背景、地理位置、产业结构和外部资源配置等综合因素的作用，其经济发展能力与上海、北京存在明显的差异。

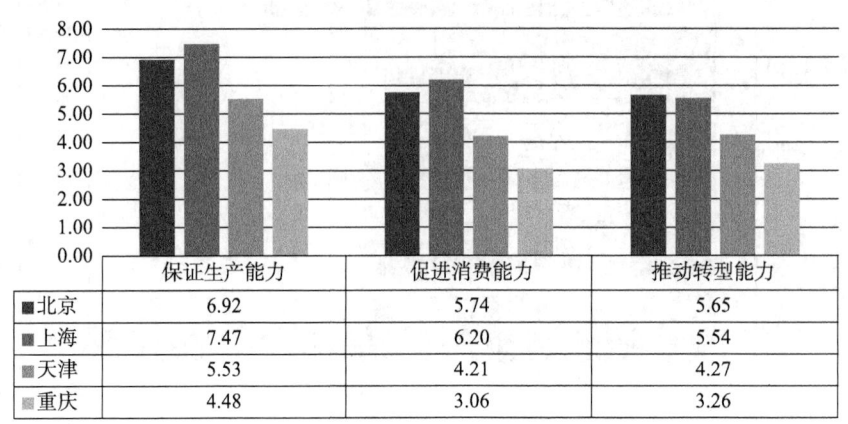

图 14-3　直辖市政府的经济发展能力

表 14-1 对直辖市的政府经济发展能力进行了细致的三级指标统计。从这些数据中，我们可以洞悉一些明确的经济格局和发展趋势。从地区生产总值（GDP）上看，上海与北京依然是国内领先的，但其总值相差不大。上海的 GDP 稍高于北京，这反映了上海作为国内重要的金融和贸易中心的经济地位。而北京作为国家政治、文化、科技创新中心，它的经济实力与上海相当。相较之下，天津和重庆的 GDP 较低，但也在相对稳定的范围内。特别是重庆，虽然其 GDP 总值不及北京和上海，但年增长率却为最高，这显示了其经济具有活力且正处于上升趋势。在有效引导地方经济健康运行能力以及有效改善当地基础设施建设能力方面，北京和上海的表现出色，这与其在全国的战略地位一致。这也意味着它们拥有更加完善的制度和资源，能够更有效地促进经济的平稳增长和基础设施的完善。在城镇居民的人均可支配收入增长率方面，重庆以 4.60% 的增长率居首位，这意味着在城市经济增长的同时，其居民的经济待遇也在明显改善，反映重庆在经济发展的过程中，努力实现了经济与社会发展的双重平衡。而上海的增长率相对较低，可能与其高基数和经济的成熟度有关。在消费价值指数方面，4 个城市的数据相近，但上海的 102.50 略高于其他 3 个城市，这可能与上海作为国内最大的消费中心，商品和服务的多样性以及

消费者的高消费意愿有关。在稳定当地物价水平的能力、有效搭建消费平台的能力、提高家庭消费水平的能力、促进产业升级的能力、促进民营企业发展的能力、促进科技创新的能力方面，基本上展示了政府与市场之间的关系，整体上北京、上海的表现较为突出，天津、重庆处于第二梯队。

表14-1 直辖市的政府经济发展能力三级指标

城市	北京	上海	天津	重庆
地区生产总值（亿元）	41610.90	44652.80	16311.34	29129.03
地区生产总值增长率（%）	0.70	0.20	1.00	2.60
地区货物进出口总额（亿美元）	5418.52	6229.87	1256.08	1212.94
外商外资总额/（亿美元）	175.30	239.56	59.50	18.57
有效引导地方经济健康运行的能力	4.13	4.27	3.98	3.72
有效改善当地基础设施建设的能力	4.24	4.09	3.97	3.89
城镇居民人均可支配收入增长率（%）	3.10	1.90	3.20	4.60
居民消费价格指数	101.80	102.50	101.90	102.10
社会消费品零售总额（亿元）	13794.20	16442.14	3573.75	13926.08
稳定当地物价水平的能力	4.20	4.00	3.92	3.66
有效搭建消费平台的能力	4.28	4.45	3.97	3.69
提高家庭消费水平的能力	4.19	4.18	3.88	3.52
第三产业比重（%）	83.80	74.10	61.30	53.00
规模以上工业企业利润（亿元）	1980.90	2788.19	1563.40	1939.62
促进产业升级的能力	4.22	4.27	3.91	3.71
促进民营企业发展的能力	4.11	4.09	3.86	3.65
促进科技创新的能力	4.20	4.45	3.91	3.64

直辖市政府社会发展能力可以分为两大关键维度：推动发展能力和秩序维护能力，如图14-4所示。在推动发展方面，上海市政府的表现明显超越了其他3个直辖市，这凸显了上海在鼓励公众参与公共事务、扶持社会组织成长以及提升公众的生活满意度等关键领域所取得的显著成果。在秩序维护方面，北京与上海表现相当，都在整体样本中位于较高水平，而重庆和天津的表现则略低于样本的平均标准。

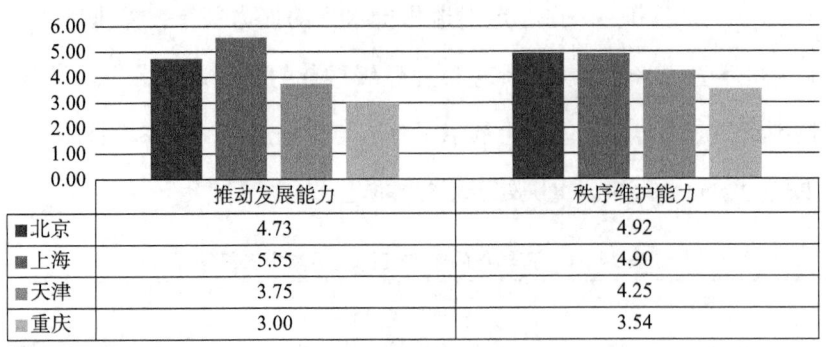

图 14-4　直辖市的政府社会发展能力

表 14-2 展示了直辖市的政府社会发展能力三级指标，本部分以代表性的指标进行讨论，就生活的幸福感指标而言，可以看到北京以 4.13 分领先，而重庆则为 3.88 分。这表明北京在经济、文化和社会福利等领域让公众有更高的满意度，而重庆可能面临某些挑战。不过，4 个城市间的得分差距并不大，反映出整体上的高幸福感。在参与公共事务的渠道方面，上海得分 4.36 领先，说明该市为公众提供了更多的参与机会。重庆的得分最低，可能存在参与机制上的不足。对于有效调解社会矛盾的能力，所有城市得分均超过 4.00 分，其中北京的 4.24 分稍高，显示出各直辖市都在努力维护社会和谐。在应急管理相关文件发布数方面，北京的值为 133 分，远超其他城市，表明其在应对突发事件时更为活跃，而重庆的值为 11，表明其可能存在发布上的滞后。

表 14-2　直辖市的政府社会发展能力三级指标

城市	北京	上海	天津	重庆
预期寿命（岁）	82.47	83.18	81.91	78.56
当地生活的幸福感	4.13	4.00	3.99	3.88
参与公共事务的渠道	4.17	4.36	3.88	3.70
当地社会组织在公共事务中发挥的作用	4.15	4.45	3.97	3.69
城镇登记失业率（%）	4.70	2.70	5.50	5.40
城乡居民可支配收入比	2.42	2.12	1.83	2.36
应急管理相关文件发布数（个）	133	78	56	11
社会治安状况（安全感）	4.43	4.64	4.16	4.17
有效调解社会矛盾的能力	4.24	4.00	4.06	3.87
个人发展机会的公平性	4.09	3.82	4.02	3.67

直辖市政府服务提供能力可分为 3 个二级指标：保障基本公共服务能力、均等

化区域公共服务能力以及环境保护能力。根据图 14-5 的展示，北京和上海在保障基本公共服务上表现尤为亮眼。对于均等化区域公共服务能力，北京领先，其得分比其他 3 个直辖市平均值高出大约 1。这种差异主要反映在公众对公共服务设施、医疗服务及教育资源的均等化程度的感知上。对于环境保护能力，4 个直辖市从高到低的排名是：北京、上海、天津和重庆。

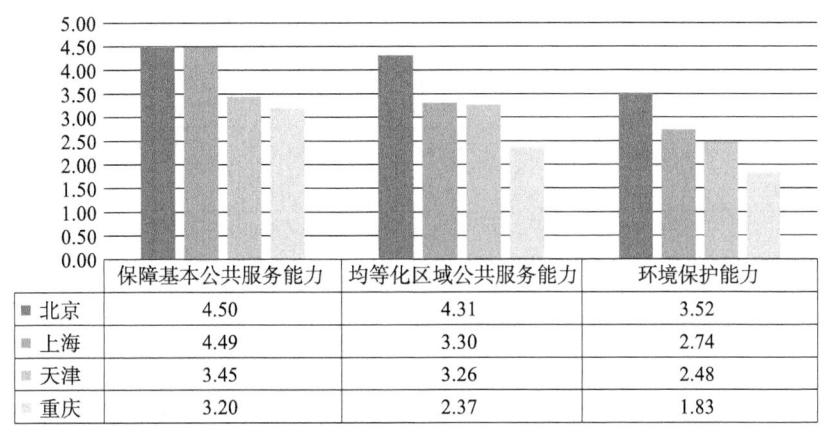

图 14-5　直辖市政府服务提供能力

表 14-3 展示了直辖市的政府服务提供能力三级指标。本部分挑选几个有代表性的维度进行讨论：在环境治理能力上，北京以 4.22 得分居首位，重庆则为 3.78 分。这可能意味着北京在环境治理方面采取了更为有效的策略，而重庆可能需要在这方面作出更多努力。在公共服务设施建设方面，北京再次以 4.35 得分领先。这表明北京在公共服务设施的建设和投资上取得了良好效果，确保公众能够享受到高品质的服务。在公共服务设施均等化程度方面，北京的 4.24 得分再次显示了其在确保所有公众都能公平获得服务方面的努力；相对而言，重庆的 3.69 得分则提示了其存在某种服务不均的情况。

表 14-3　直辖市的政府服务提供能力三级指标

城市	北京	上海	天津	重庆
千人口卫生技术人员数（人）	5.77	9.94	9.13	7.87
千人口医疗床位数（个）	6.13	11.53	5.03	7.80
政府在教育方面的财政支出占比（％）	12.44	13.42	17.47	16.80
就业、养老等公共保障制度建设	4.17	4.18	3.99	3.89

续表

城市	北京	上海	天津	重庆
公共服务设施建设	4.35	4.00	3.97	3.90
教育、卫生等社会事业的发展	4.35	3.91	3.93	3.75
公共服务设施均等化程度	4.24	4.00	3.95	3.69
医疗服务均等化程度	4.20	4.00	3.89	3.72
教育资源均等化程度	4.09	3.82	3.87	3.69
城市建成区绿地率（%）	46.93	36.08	35.31	42.5
城市空气质量达二级以上的天数（天）	286	318	267	332
城市污水处理率（%）	97.19	96.89	96.82	98.00
环境质量（水、空气等）	4.17	4.00	3.86	3.75
环境治理能力	4.22	4.00	3.91	3.78

直辖市政府资源利用能力包括资源获取能力和资源整合能力2个二级指标。从图14-6可以看出，相比其他3个直辖市，上海市政府在资源获取能力上优势明显，北京市政府在资源整合能力上有优势，天津市政府在资源获取能力、资源整合能力上均高于重庆市政府。这样的分布情况可能是由于上海得益于作为国家经济中心的地位，吸引了大量国内外投资。其强大的金融体系和国际化市场环境为其提供了稳固的资源吸纳基础。作为国家的政治和文化中心，北京通过高效的政策制定和执行，以及跨部门的协同合作，确保了资源的高效整合和利用。这种整合力量可能与北京的历史背景、政策导向和行政管理能力有关。天津得益于地理位置和港口

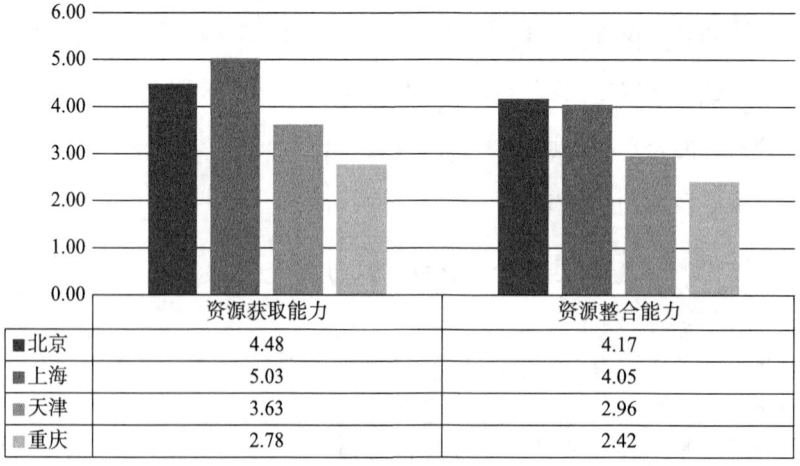

图14-6　直辖市的政府资源利用能力

优势，资源获取与资源整合能力均超过重庆。作为北方的主要交通枢纽，天津自然吸引了大量的商业和物流资源。而重庆尽管作为西部的经济中心，但由于地理位置和其他因素，其资源利用能力仍有待提高。

表14-4展示了直辖市的政府资源利用能力三级指标。从税收收入增长率来看，北京以11.95%展现出强大的经济活力，而天津和重庆的负增长可能指向其经济结构的调整或挑战。上海的稳定增长呈现该市经济的稳健态势。在一般性公共服务支出占财政支出的比重方面，天津以7.61%领先，表明其政府对民生和基础建设的重视。其他城市虽数据较低，但都在保障基础服务与其他战略投资间努力求平衡。在吸引外来人才的能力上，上海与北京均展现出强大的竞争力，成为高技能人才的首选；天津和重庆需在这方面进一步增强其吸引力。在与企业实施有效协作的能力方面，上海以4.36得分处于领先地位，体现了其与企业的深度合作和协同。其他3个直辖市也在此领域展现出相对的实力，而且仍有提升空间。

表14-4 直辖市的政府资源利用能力三级指标

城市	北京	上海	天津	重庆
税收收入增长率（%）	11.95	1.00	-16.96	-17.70
一般性公共服务支出占财政支出的比重（%）	5.03	4.82	7.61	6.97
财政收入增长率（%）	2.60	-2.10	-5.80	-8.00
吸引外来人才的能力	4.20	4.27	3.89	3.63
有效引进项目的能力	4.20	4.36	3.91	3.67
财政支出占GDP比重（%）	13.73	21.04	16.87	16.80
与智库展开有效合作的能力	4.17	4.36	3.84	3.66
与媒体构建良好关系的能力	4.26	4.00	3.87	3.71
与企业实施有效协作的能力	4.19	4.36	3.87	3.72

直辖市政府科学履职能力包括政策制定能力、政策执行能力和政府机构运行能力3个二级指标。政策制定能力一方面体现在政策数量上，另一方面就是政策制定的科学性和民主性。政策执行能力则主要从环境支持度、机构设置合理度、工作效率和服务态度等方面进行可操作化测量。政府机构运行能力主要借助于公众留言数量、机构设置合理性、各部门职位分工权责合理性等因素进行综合测量。从图14-7中可以明显看出，北京在政策制定和政策执行两大领域均展现出卓越的能力，确立了

其在四大直辖市中的突出地位。上海在政府机构运行方面有出色的表现，这可能归功于其高效的行政管理和深厚的经济基础。天津与重庆之间的差异也值得关注，其中天津在这三个方面均超过重庆，表明了其更为成熟和稳健的政府运营模式。

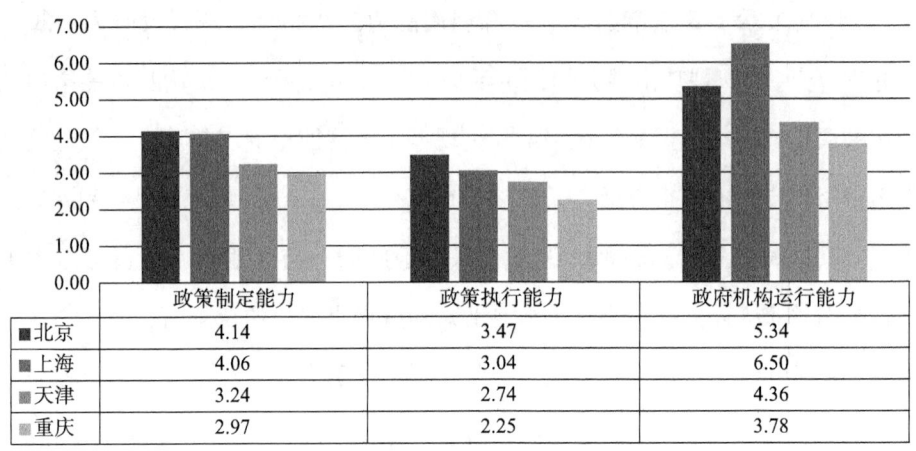

图 14-7　直辖市的政府科学履职能力

表 14-5 展示了直辖市的政府科学履职能力三级指标。从政策文件数量上，北京显著领先，这或许因其处于国家的核心地位。数量并不意味全部，决策的科学性更为关键，北京与上海在这方面表现相似，均强于天津和重庆，提示了前两者在政策研究和规划上的深度。公众参与反映了现代政府的开放性和透明度。北京在这方面稍领先；重庆略显落后，意味其在增强公众互动方面仍有提升空间。依法履职是政府权威的核心。上海在此项上得分最高，显示其运作的规范性和专业度。而 4 个直辖市在工作效率和服务态度上均有不俗表现，特别是上海，其服务态度评分领先，体现了市政府对公众的关注和尊重。

表 14-5　直辖市政府的科学履职能力三级指标

城市	北京	上海	天津	重庆
全年发布政策文件数量（个）	1297	621	311	563
决策的科学性	4.19	4.18	3.88	3.84
政策制定中公众参与的有效性	4.04	4.00	3.89	3.70
环境支持度指数	8.50	8.50	7.90	8.50
部门间协同能力	4.15	4.00	3.92	3.65
政策执行效果	4.19	4.00	3.88	3.80

续表

城市	北京	上海	天津	重庆
公众留言数量（个）	16449	31030	7588	5361
机构设置合理性	4.09	4.36	3.90	3.76
各部门职位分工权责合理性	4.09	4.09	3.94	3.75
依法依程序履职的能力	4.13	4.55	3.89	3.84
各部门的工作效率	4.07	3.91	3.91	3.70
工作人员服务态度	4.15	4.55	3.94	3.80

直辖市政府学习创新能力包括主动学习能力、管理和服务的创新能力两方面。如图14-8所示，在主动学习能力上，天津和上海处于领先地位，体现出其政府对新知识、新技术、新经验的高度关注和快速吸收能力。这种主动的学习态度有助于这两大城市在快速变化的时代中持续领先。相比之下，北京和重庆虽位于二梯队，但仍维持中等的学习态度和学习能力，显示了其政府发展在此方面的潜力和成长空间。在管理和服务的创新能力方面，上海市表现得尤为出色。这意味着上海不仅在学习新知识时表现出色，而且在将这些知识融入实际管理和服务中也展现出高效与创新。北京紧随其后，展现了中上等的创新能力。而重庆和天津在这方面的得分则较低，这提示了其在管理和服务的创新上还有许多提升空间。

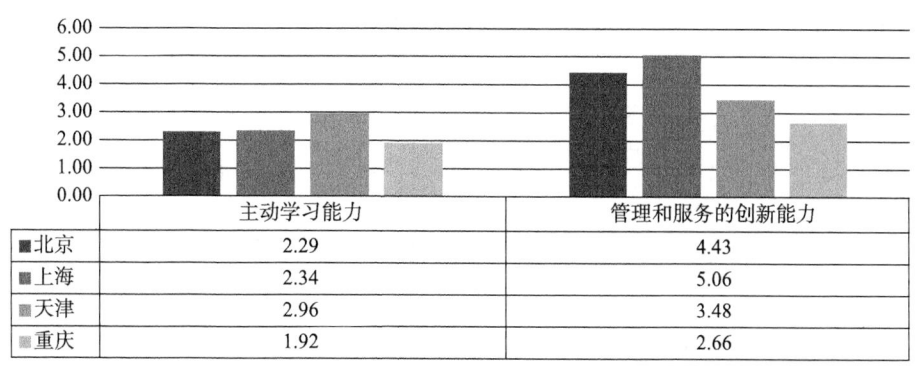

图14-8 直辖市的政府学习创新能力

表14-6展示了直辖市的政府学习创新能力三级指标。公务员培训次数体现了各市对于人才培养的重视。上海市以3.27次领先，显示其对公务员培训的投入和持续性培训的推进；北京、天津和重庆分布其后，各有特色但也显现出培训体系上的差异。组织内部信息共享机制的指数关联着地方政府的沟通效率。上海与北京略

微领先,表明这两座城市在地方政府间的沟通和协作上有更有效的策略和工具。技术吸收和创新方面,北京与上海的政府专利授权数量均值显著,远超天津和重庆。这凸显了其在科技投入与产业发展上的领导地位,以及在创新生态系统建设上的努力。至于政府对创新的重视程度和创新意识,上海与北京再次表现卓越,特别是上海,其创新意识评分领先,揭示了其政府对创新的深入理解和实践。综合来看,上海在多数指标上表现出领先的学习创新能力,而北京紧随其后。天津和重庆在某些维度上稍逊色,但仍展现出稳定的表现和进步潜力。

表 14-6 直辖市的政府学习创新能力三级指标

城市	北京	上海	天津	重庆
公务员年度参加培训次数(次)	2.76	3.27	3.08	2.82
公务员年度参加学习培训的天数(天)	59.50	52.73	63.11	62.53
激励公务员学习措施	3.07	3.09	3.19	3.04
组织内部信息共享机制	3.09	3.27	3.25	3.06
技术吸收和创新能力(政府专利授权数量)(个)	198778	178300	71500	66500
政府出台关于创新的法规和政策数量(个)	29	94	59	13
政府对创新的重视程度	4.22	4.27	3.93	3.78
政府的创新意识	4.17	4.36	3.92	3.67

三、提升路径:基于特色系统提升政府发展能力

依据前文所述的数据解析,并结合对 2022 年直辖市的发展态势进行的深入考察与批判性思考,以及为了实现直辖市的持续、稳定发展,可以从以下几个关键维度出发,系统性地强化其城市治理机制,从而更加高效地提高地方政府的行政效能与服务水平。

首先,地方政府决策创新与产业策略调整。随着全球化和科技的快速进步,直辖市面临着不断变化的经济环境和竞争格局。这要求政府能够快速、灵活地作出响应,推出有针对性的政策来促进经济的稳定和增长。创新决策机制不仅可以更好地捕捉到市场变动和产业趋势,而且能够为企业创造一个有利的发展环境。与此同时,产业战略调整意味着优化资源配置,重点支持那些有潜力、高附加值或符合未来发展趋势的产业。对于直辖市来说,这有助于确保其在国内和国际竞争中的领先

地位，同时也为可持续发展打下坚实的基础。具体而言，北京作为全国的科技创新之都，需持续精准地塑造和调整科技政策，地方政府应侧重于创造一个更加有利于技术研发和成果转化的环境，以确保北京在科技创新领域的领先地位。天津是传统的制造业强市，需要不断与制造业巨头沟通和对话，确保政策的针对性和前瞻性，以引领产业向更高端、更绿色的方向升级。上海是国际金融中心，其政府决策的核心挑战在于如何进一步完善和更新金融政策，从而吸引更多国际金融机构和资本。与此同时，上海还需为金融科技的创新与突破提供更宽广的空间和更友善的政策支持。重庆是西部的经济中心，它的决策重心应当是推进与"一带一路"建设相结合的农业发展，同时确保与内陆开放政策的高度契合，以实现共同繁荣。① 综上所述，政府决策创新与产业战略调整不仅是一种技术性的策略调整，更是 4 个直辖市应对新时代挑战、持续引领经济发展的关键。这需要他们不断探索、创新和实践，以实现可持续、高效且具有全球竞争力的发展。

其次，交通布局设计与资源完善整合。交通布局设计与资源完善整合不仅是基础设施和经济发展的关键，还与这些直辖市的特殊职能和全国角色紧密相连。合理的策略和规划能够进一步巩固和提升这些城市在国家发展中的核心地位。高效、合理的交通布局对于一个直辖市的经济活动与社会流动性至关重要。它可以降低物流成本、提高劳动力流动性，并进一步吸引投资。而这种布局需要与城市规划紧密结合，确保交通网络与城市功能区均衡对接。② 资源完善整合涉及对各类资源，如资金、土地、技术和人力进行优化配置，使其能更好地服务于直辖市的长远发展。一个整合良好的资源体系能够促进产业升级，增强创新能力，从而提高直辖市的综合竞争力。我国的 4 个直辖市均面临着如何更好地规划交通、整合资源，以满足日益增长的交通需求和应对资源配置效率的挑战。北京作为国家政治文化中心和京津冀经济圈的核心，其政府需加强与周边地区的协同合作。京津冀协同发展的交通规划应当得到完善，利用地方政府的财政和政策资源，加速建设高速、高效、智能的交

---

① 杨庆育．我国主体功能区战略实施的地方样本：一个直辖市例证．改革，2013，(12)：76-86．
② 赵光辉．"一带一路"背景下我国交通物流通道布局战略研究．当代经济管理，2016，38(8)：55-64．

通网络,确保与天津和河北等地的流畅连接。天津拥有独特的港口优势,其政府应加强与内陆城市,尤其是西部和中部城市的合作,充分发挥其作为物流枢纽的作用,推进物流资源的整合,以促进区域经济发展。上海作为国际大都市和长江经济带的关键节点,其交通规划与资源整合面临的挑战与机遇并存。地方政府与企业之间的深度合作变得尤为重要,通过这种合作,可以更好地规划长江经济带的交通网络,确保资源得到高效的配置,进而提高整体经济效益。重庆作为西部地区的重要中心,其政府在推进西部大开发中,应充分考虑交通建设与发展策略的结合。利用政府的资金投入和政策导向,可以确保交通建设与地区发展更好地结合,为西部地区的经济社会发展注入新的活力。①

再次,文化政策方向与生态发展整合。在当代中国迅速变革的背景下,文化政策导向与生态整合发展成为决定直辖市未来走向的关键因素。这不仅代表经济与文化的双重驱动,更映射出城市发展的可持续路径和文化价值的延续。北京、天津、上海和重庆这4个直辖市,均站在国家的政治、经济和文化前沿。在这样的位置上,文化资源整合不仅意味着经济的提升,更代表城市魅力和软实力的增强。而生态保护与发展,更是直接关联城市的长期繁荣和居民的福祉。这两大要素并不是孤立存在的,而是相互关联、相互促进的。强化文化政策导向可以带动经济增长,同时为生态保护提供资金和技术支持;而优越的生态环境则为文化资源提供了更为宜居和创新的空间。②进一步地,对于这4个直辖市而言,地方政府的角色在于提供明确的政策导向,促进文化与生态的有效整合。这包括制定鼓励文化创意产业发展的政策、加大对环境治理的投入,以及出台将文化旅游与环境保护相结合的政策。此外,地方政府还需要加强对文化和旅游资源的整合,提高服务效率,确保生态与文化政策的协同,为公众与游客提供更加丰富和高质量的文化体验。总之,文化政策导向与生态整合发展对于四大直辖市的重要性不言而喻。它们不仅为城市提供了经济增长的动力,更为城市的长远发展打下了坚实基础。为此,地方政府需要进一

---

① 董雪兵,崔宁. 省际交界地区的发展困境及形成机制研究:来自设立重庆直辖市的经验证据. 重庆大学学报(社会科学版), 2023, 29 (3): 1-20.
② 屠启宇,林兰. 文化规划:城市规划思维的新辨识. 社会科学, 2012, (11): 50-58;李剑玲,樊响. 生态视角的京津冀协同发展实证研究:基于三大城市群比较. 河北学刊, 2023, 43 (2): 156-163.

步加强政策创新和实践,确保文化和生态的和谐共生,为未来的城市发展铺设更为稳健的道路。

复次,人才政策调整与区域间深化合作。人才是推动城市和地区发展的核心动力,尤其是这4个直辖市,目前均面临着不同程度的人才争夺压力,为了维系并增强其经济及社会活力,这些城市在人才政策优化与跨区域合作方面均展现出特定的策略和需求。对于北京而言,考虑北京拥有国内顶尖的高等教育资源,与这些学府联手,完善人才政策,显得尤为关键。强化与高校的合作关系不仅能够加速人才的培养,更可以确保北京在人才资源的持续供应中始终占有先机。对于天津而言,天津作为北方的经济枢纽,其政府应充分认识到优质生活条件在吸引人才方面的重要作用。因此,透过对人才、住房和子女教育等方面的政策优化,这座城市将更有可能吸引和留住与其产业特色相匹配的专业人才。对于上海而言,其战略便是通过与其他国际金融中心的合作来加强其在金融领域的人才竞争力。只有制定国际化的人才政策,上海才能进一步巩固其金融中心的地位。对于重庆而言,这座西部大都市正通过"一带一路"倡议来扩展其对外合作的维度。通过政府层面的国际合作,重庆旨在与沿线国家的人才进行更为深入的交流与合作。[①] 总之,这4个直辖市均已意识到,在当下的经济环境中,人才政策的创新和优化以及跨区域合作的深化,是确保其持续、稳定发展的关键。[②]

最后,地方政府服务提效与数字化快速转型。在当前的数字时代背景下,地方政府服务的效率与数字化转型成为衡量其现代化水平的重要标准。4个直辖市均已在这方面采取了相应的策略,以满足其独特的经济和社会需求,努力构建更为智能、高效的城市管理体系。4个直辖市在这一转型上的努力不仅是对现状的应答,更显现了他们对未来发展对策的深入思考。数字化转型有助于提高政府行政效率,但更为深远的影响是为未来的政府决策创造更加灵活、适应性强的机制。例如,北京的政务服务平台在短期内提升了行政效率,但从长远看,该平台可能成为一个数

[①] 赵全军,季浩. 创新驱动背景下的地方政府人才政策竞争:效能测度与对策研究:基于Z省11个地级及以上城市的分析. 浙江社会科学, 2023, (5): 64-73+158.
[②] 马双,汪怿. 人才政策对人才跨区域流动的影响:以长三角城市群为例. 中国人口科学, 2023, (1): 101-113.

据驱动的决策辅助系统，帮助政府更准确地预测社会需求，制定相应策略。天津增强政府透明度的做法不仅回应了公众对信息访问的即时需求，更为未来的公众参与政府决策打下基础。数字化信息的共享和流通为公众提供了更多的决策依据，从而在未来可能进一步鼓励公众的参与和反馈。上海则展示了如何利用数字化为城市的长期竞争力打下基石。金融服务的数字化转型为上海市在全球金融领域的未来地位提供了坚实的支撑，为城市吸引国际投资、创新和人才提供了必要的工具。重庆的数字化策略也同样具有前瞻性。通过与"一带一路"倡议的结合，重庆不仅短期内提高了城市运营效率，更为其在未来的全球交通、物流和商务中心的地位做了准备。[1] 总之，这4个直辖市在数字化转型的道路上，不仅针对当下问题制定了策略，更着眼于未来发展对策，为应对未来挑战做好准备。[2] 这样的转型不仅代表了技术和管理上的进步，更是这些城市对未来趋势的预见性和策略性的体现。

四、结论

本章选择直辖市为研究对象，基于2022年的主客观数据，对其地方政府的发展能力进行了全面、系统的分析和多维度的评估，旨在深入揭示其治理和发展中的关键因素。通过深入的考察，从4个直辖市内部来看，其在地方政府发展能力上表现出明显的两梯队特征。北京和上海稳居第一梯队，它们在多个维度上相对于天津和重庆展现出更强的综合实力。特别是上海，它在多个关键领域，如经济发展能力、学习创新能力、科学履职能力和社会发展能力中都有杰出的表现。这不仅彰显了上海作为我国的经济中心的地位，同时也显示了该市政府对于政策制定和实施的高效能力。北京作为国家政治、文化中心，其在服务提供能力上特别是在公共服务供给和质量方面的突出表现，再次证实了其在国家整体战略中占有重要地位。相对而言，重庆和天津虽然表现尚可，但在某些关键指标上与前两者还存在明显差距。这可能是由于各种历史、地理和政策因素造成的。但这并不意味这两个城市缺乏潜

---

[1] 王翔，黄钦. 政府数字化转型的地方路径：基于"资源-压力"模型. 中国行政管理，2023，(3)：35-44.

[2] 黄璜，谢思娴，姚清晨，等. 数字化赋能治理协同：数字政府建设的"下一步行动". 电子政务，2022，(4)：2-27.

力；相反，它们具有巨大的发展空间和可能性。

基于数据分析发现、立足于各个直辖市2022年的发展状况，本章提出了针对性的发展路径和相关思考，试图为当前直辖市政府发展能力提升提供一定启发。为应对日益变化的发展情境，各直辖市需要充分考量其独特的地域和社会背景，从而作出有针对性的政府决策创新。同时，对于产业策略的调整、交通规划的设计以及资源的整合也应根据实地情况进行，确保城市的持续、健康发展。在文化政策的制定上，生态保护和发展应被纳入考量，旨在实现文化与生态的和谐共生。针对当前的人才流动趋势，各直辖市应对人才政策进行相应调整，并深化与其他区域的合作，以吸引和留住更多的高质量人才。数字化技术的飞速发展对政府管理模式提出了新的要求。各直辖市应采纳和整合这些技术，使其服务变得更为高效和智能，满足现代社会公众的高标准期望。

本着学术研究服务于现实实践的思路，本章认为以下几个方向将会是近期相关研究的主要学术生长点：第一，全球化与地方化的相互作用。未来的研究可能会深入探讨如何在全球化与地方化之间找到一个平衡点。第二，城市治理模式的创新。如何调整和创新直辖市的治理模式，使其更具包容性、透明性和参与性，将成为研究焦点。第三，直辖市与周边城市的协同发展。如何构建更有效的区域协同发展模式，优化资源配置，满足城市群的持续发展需求，将是未来研究的重要方向。第四，数字化转型与城市治理。大数据、人工智能等技术为城市治理提供了新的工具。直辖市如何应用这些技术，提高城市管理效率和政府能力，是一个富有挑战的研究领域。

第十五章
部分省会城市地方政府发展能力分析

刘亚强

省会（自治区称首府，以下统称"省会"）是指省级行政领导机关所在的城市。一般来说，省会城市是省域政治、经济、文化、交通中心，通常是省内重点发展的城市，省会城市间的竞争往往是省际竞争的重点内容和集中体现。近年来，由于地理区位、历史基础、要素禀赋、发展政策等方面存在差异，中国省会城市的发展情况各有不同，在竞争中呈现一定的分化趋势。政府能力是地方发展的重要支撑，对地方经济发展、社会治理、公共服务等方面的提升起到关键作用。因此，本章以部分省会城市为研究对象，通过对其2022年政府发展能力指数的分析，尝试归纳总结省会城市政府发展能力的特征，以期为各省会城市发展战略的选择和调整提供一定参考。

一、类型划分："强省会"与省域经济的类型划分

中心城市对于区域发展具有重要的集聚和引领作用，而如何协调中心城市与其他城市的关系是区域发展策略的关键抉择。在中国，省（自治区）域发展中省会的地位尤其突出，多数省会甚至是省域"一家独大"的中心城市。宁越敏等利用1978年、2010年和2019年的数据分析了我国省会城市首位度的变化，发现省会城市首位度总体趋向上升，沿海和中西部省会城市首位度差异比较明显，沿海地区省会城市首位度较低，而中西部地区省会城市首位度普遍较高。[①]

[①] 宁越敏，张凡. 中国省会城市首位度变化分析：兼论省会城市的高质量发展. 同济大学学报（社会科学版），2021，32（3）：92-100.

近年来，多个省（自治区）纷纷实行"强省会"战略，集全省资源优先发展省会城市，增强省会城市实力和带动辐射全省（自治区）发展的能力，以期在激烈的省际竞争中不落下风。2011年，安徽省"三分巢湖"强势推动合肥的"强省会"建设。2019年，济南"吞并"莱芜，山东加大对省会优先发展的支持力度。多省（自治区）"十四五"规划中也纷纷提出"强省会"的战略目标。例如：广西提出大力实施强首府战略，高标准建设南宁都市圈；江西提出做强做优大南昌都市圈；贵州提出支持贵阳做大，提升省会城市首位度；江苏提出增强南京省会功能并提升其首位度。同时，为协调省（自治区）内发展差距，部分省（自治区）也提出支持建设省域副中心城市，如广西柳州、河南洛阳、安徽芜湖等，但对副中心城市的支持力度要小于省会城市。

中心城市对于区域整体发展的效应是学术界研究的热点课题，"强省会"战略就是这些研究的现实映射。增长极理论可以说是"强省会"战略的理论渊源。1950年，法国经济学家佩鲁提出，资本和技术向中心城市集聚会产生规模经济效益，经济增长将首先在增长极出现，进而对邻近地区产生辐射效应，促进区域整体发展。[①] 城市增长极理论指出，政府重点支持的中心城市可以依靠优势禀赋成为具有强大辐射与带动作用的经济增长极，推动整个区域的经济发展。作为增长极理论的进一步扩展，费里德曼的核心-边缘理论认为，集聚中心或核心区域凭借优越条件和集聚优势产生经济集聚，推动空间整体经济发展。[②] 威廉姆森（1965）将收入分配理论应用到区域经济研究，提出中心的集聚效应从长期看会促进区域均衡发展。[③] 对于中国大多省（自治区）而言，上述增长极或中心城市往往指省会城市，各省（自治区）的"强省会"战略实际上就是基于这种理论逻辑。首先，"强省会"战略通过给予省会城市各项政策和资源倾斜，促进域内各类生产要素相对向省会集中，力图形成强大资源集聚和规模经济效应，为省会经济的率先发展注入动力，提高省会

---

① Perroux F. Economic Space: Theory and Applications. The Quarterly Journal of Economics, 1950, (1): 89-104.

② John Friedmann. Regional Development Policy: A Case Study of Venezuela. Cambridge: The MIT Press, 1966.

③ Willamson J. G. Regional Inequality and the Process of National Development: A Description of the Patterns. Economic Development and Cultural Change, 1965, 13 (4, Part 2): 1-84.

城市首位度、扩大省会城市的辐射范围。同时,"强省会"战略也部分源于各省(自治区)对缺乏强势省会导致省内资源外流的担忧。其次,"强省会"战略不仅在于通过要素集聚扩大省会城市规模,更重要的是通过省会城市率先发展产生的溢出效应,带动全省(自治区)范围内产业水平和创新能力的整体提升。最后,"强省会"战略旨在提升省会城市在全国的竞争力,使集聚和辐射范围从省(自治区)内扩大到跨省(自治区),进而争取国家区域发展战略支持,形成本省(自治区)良好竞争态势。近年来,中国部分省(自治区)积极推动省会申报区域国家中心城市,也有出于这方面的考量。

省会"一家独大""强省会"的省域经济空间格局是否合理,"强省会"战略对于省会、省域乃至全国整体的发展是否有益,不同学者的观点存在差异。有学者指出,近年来,国家层面的区域发展战略逐步从"梯度推进"转向"点区辐射""'极化-均衡'相融合",因应于此,各省(自治区)也积极培育省会城市及其城市群、都市圈,希望通过做大做强"头部"提升省域竞争力,"强省会"战略正在成为省域发展的主导性空间逻辑。[①] 陆铭等认为,区域发展政策应该发挥各地区的比较优势,政策导向要从地区间经济总量的均匀分布转向人均意义上的均衡,"在集聚中走向平衡"。[②] 江艇等发现,城市间权力关系会深刻影响城市间资源配置,进而影响城市发展;有效率的集聚有利于整体发展,无效率的膨胀则会导致资源错配,两者的基本区别在于是否符合市场逻辑。[③] 余壮雄等研究指出,基于区域平衡等考虑把中小城市作为新型城镇化的主要方向将存在效率损失,政府对中小城市的过度扶持可能扭曲资源在地区间的有效配置,降低经济运行的整体效率。[④] 这些都从侧面论证了"强省会"符合中国城市发展现状和规律。

不少学者从不同方面对"强省会"相关课题展开了实证研究。首先,行政干预能否有效增强省会城市实力、促进省会率先发展。尹虹潘等基于25个省(自治区)

[①] 徐琴. 省域发展的空间逻辑:兼论"强省会"战略的地方实践. 现代经济探讨,2020,(6):107-110.
[②] 陆铭,李鹏飞,钟辉勇. 发展与平衡的新时代:新中国70年的空间政治经济学. 管理世界,2019,35(10):11-23.
[③] 江艇,孙鲲鹏,聂辉华. 城市级别、全要素生产率和资源错配. 管理世界,2018,34(3):38-50.
[④] 余壮雄,张明慧. 中国城镇化进程中的城市序贯增长机制. 中国工业经济,2015,(7):36-51.

的面板数据进行了实证分析。结果表明，行政干预在我国省会集聚发展中发挥了显著作用，各省（自治区）实施"强省会"战略应尊重经济规律和省（自治区）情现实，并处理好省（自治区）政府与基层各级政府间的关系。[①] 曾冰等研究发现，地方保护主义对省会首位度的影响作用是显著的，严重的地方保护主义会使得该省（自治区）的经济要素更加集中于省会城市，不利于我国省会城市健康发展。[②] 段巍等发现，仅依靠政策和土地等资源倾斜，能够短期内提升省会等城市的首位度，但也可能带来潜在的福利损失，不符合高质量发展要求，而降低落户门槛或消除省（自治区）内城市间住房有效供给率的差异，则有利于 GDP 与福利水平同时提高。[③]

其次，"强省会"能否有效带动省域整体发展。周志鹏等使用首位城市与第二位城市的人口规模之比来度量各省（自治区）的城市首位度，实证研究结果表明省会首位度对省域经济增长的短期影响是不显著的正向关系，长期总效应不显著为负。[④] 田超使用首位城市占全省（自治区）GDP 比重度量城市首位度，发现首位城市规模与省域经济增长间呈现"倒 U"型的关系，即存在最优的首位城市规模最有利于省域经济整体增长。[⑤] 任柯柯分析了省会城市人口集聚度对省域经济增长的影响，同样发现两者之间存在显著的"倒 U"型关系。[⑥] 王猛等的进一步研究则得出了不同的结论：省会城市扩张显著促进了以人均 GDP、平均卫星灯光灰度及纯化全要素生产率衡量的省域经济增长，且省会城市扩张与省域经济增长之间不存在"倒 U"型关系。[⑦] 庄羽等分析了省会城市首位度对创新发展的影响，发现省会城市首位度对全省（自治区）创新发展水平存在"倒 U"型影响，这种影响是资源虹吸、技术

[①] 尹虹潘，宋晶晶. 行政干预对省会首位度的影响效应：基于全国 25 个省份面板数据的实证分析. 开发研究，2023，1-13.

[②] 曾冰，郑建锋，邓波. 地方保护主义与我国省会城市发展：理论与实证分析. 江西财经大学学报，2016，(4)：12-22.

[③] 段巍，吴福象，王明. 政策偏向、省会首位度与城市规模分布. 中国工业经济，2020，(4)：42-60.

[④] 周志鹏，徐长生. 龙头带动还是均衡发展：城市首位度与经济增长的空间计量分析. 经济经纬. 2014 (5).

[⑤] 田超. 首位城市过大是否阻碍省域经济协调发展：基于中国省级面板数据的实证分析. 中国人口·资源与环境. 2015，(10).

[⑥] 任柯柯. 省会城市人口集聚对省域经济增长的影响：基于中国省级数据的实证检验. 现代城市研究. 2018，(3).

[⑦] 王猛，王琴梅. 省会城市扩张及其增长效应研究. 当代财经，2020，(4)：101-112.

辐射、要素拥堵、要素缺乏 4 个效应的综合结果。① 杨博旭等进行了类似研究，认为"强省会"战略对全省（自治区）区域创新绩效具有显著正向影响，但这种影响存在地区异质性；同时，省会城市经济规模和人口规模对这种影响也具有门槛效应。② 刘耀彬等聚焦数字经济发展，发现省会城市数字经济发展对地方城市具有显著的溢出效应，但主要发生在东中部地区，西部地区不明显。③ 最后，"强省会"战略对省域内其他城市发展的影响如何。这一问题的核心是"强省会"带来的虹吸（极化）效应与溢出（扩散）效应大小的比较。相关的实证结论有如下几种。赵奎等使用中国工业企业数据库构造的 1998—2012 年城市 - 行业层面的面板数据来研究省会城市的工业发展对省（自治区）内其他地方城市发展的影响，结果表明，省会城市的工业发展会显著带动其他地方城市的发展。④ 吴传清等区分了"强省会""弱省会"的不同影响，实证发现"弱省会"城市首位度提升对本地和周边地区经济发展具有正向影响，"强省会"城市首位度提升对经济发展具有负向影响。⑤ 田超检验了首位城市规模对省（自治区）内部地区差距的影响，结果表明首位城市规模的增加会拉大省域内部地区差距。原因在于省会城市本身的实力尚未达到足以辐射带动周边地区的程度的同时，需要从外围地区汲取生产要素。⑥ 庄羽等的研究结果表明，"强省会"会扩大省会与非省会城市的创新发展差距。⑦ 吴万运等基于 17 个省（自治区）2005—2014 年经济指标的数据，分析发现中国省会城市首位度与该省（自治区）经济发展之间呈现"倒 U"型的关系。其内在机制在于核心城市的

---

① 庄羽，杨水利."强省会"战略对区域创新发展的影响：辐射还是虹吸？. 中国软科学，2021，(8)：86 - 94.
② 杨博旭，柳卸林，常馨之."强省会"战略的创新效应研究. 数量经济技术经济研究，2023，40 (3)：168 - 188.
③ 刘耀彬，胡伟辉，骆康，等. 省会城市数字经济发展的影响：溢出还是虹吸. 科技进步与对策，2023，40 (15)：53 - 63.
④ 赵奎，后青松，李巍. 省会城市经济发展的溢出效应：基于工业企业数据的分析. 经济研究，2021，56 (3)：150 - 166.
⑤ 吴传清，孟晓倩. 虹吸还是溢出？："强省会"战略的经济增长极效应分析. 安徽大学学报（哲学社会科学版），2022，46 (1)：124 - 136.
⑥ 田超. 首位城市过大是否阻碍省域经济协调发展：基于中国省级面板数据的实证分析. 中国人口·资源与环境.2015，(10).
⑦ 庄羽，杨水利."强省会"战略对区域创新发展的影响：辐射还是虹吸？. 中国软科学，2021，(8)：86 - 94.

极化效应和扩散效应在不同阶段呈现出不同的强弱关系：随着省会首位度的提高，起初极化效应居主导地位，继而极化效应会逐渐减弱，扩散效应会逐渐增强，最后扩散效应会超过极化效应。[①]

综合来看，已有文献对于"强省会"战略的实施效果和外部效应进行了比较充分的研究，但是对"强省会"自身相关发展能力的研究还有待加强，尤其是对省会间的比较分析。本章即着眼于此，利用2022年20个省会城市的地方政府发展能力相关数据，以省会经济首位度和省域经济规模位序2项指标对省会城市进行分类，分析归纳省会城市地方政府发展能力的差异化特征。

二、评估结果：省域经济水平与省会政府发展能力显著正相关

（一）省会城市地方政府发展能力评估的样本选取

本研究选取了20个省会城市作为样本展开分析。之所以未能全面覆盖所有省会城市，一方面源于部分城市相关数据收集存在困难，另一方面是因为在数据处理、计算过程中，部分城市（如长春）因出现不良结果而被剔除。总体来看，样本城市较全面地覆盖了不同地区、不同城市群、不同人口规模的省会，代表性良好。

研究使用省会经济首位度和省域经济规模作为分类标准，具体操作包含如下几方面。第一，使用的省会经济首位度指省会城市GDP占全省（自治区）GDP的比重。一方面，GDP作为衡量一个国家或地区一定时期内生产的全部最终产品和劳务价值的指标，被公认为是衡量国家或地区经济状况最佳的综合性指标。另一方面，省会城市GDP占全省（自治区）GDP的比重能够直观反映省会对该省（自治区）经济的集聚程度，是区分省会"强弱"的有效指标。第二，区域（省域）整体发展情况将显著影响中心城市（省会）的发展，拥有近似经济首位度的省会的政府发展能力可能由于省域的不同而存在较大差异。因而研究同时使用省域经济规模相关指标进行分类。第三，具体来说，省会经济首位度使用量化指标区分"强省会"与"弱省会"，首位度大于25%的为"强省会"，小于等于25%的为"弱省会"。之所以

[①] 吴万运，赵雅琼. 省会城市首位度与地区经济发展均衡性的研究：基于17个省数据的实证分析. 当代经济，2017，(24)：30-33.

选取25%这一标准，是因为25%近似所有样本省会经济首位度的中位数和均值。省域经济规模则使用位序指标区分"强省域"与"弱省域"，20个省（自治区）排名前十的为"强省域"，排名后十位的为"弱省域"，具体情况如表15-1所示。

表15-1 样本省会城市分类

省（自治区）	省会	省（自治区）GDP排名	省域类别	省会经济首位度	省会类别	省会类型
安徽	合肥	9	强	26.70%	强	强-强型
湖南	长沙	8	强	28.70%	强	强-强型
湖北	武汉	7	强	35.10%	强	强-强型
四川	成都	6	强	36.70%	强	强-强型
江苏	南京	2	强	13.80%	弱	强-弱型
山东	济南	3	强	13.80%	弱	强-弱型
河北	石家庄	10	强	16.80%	弱	强-弱型
河南	郑州	5	强	21.10%	弱	强-弱型
广东	广州	1	强	22.30%	弱	强-弱型
浙江	杭州	4	强	24.10%	弱	强-弱型
云南	昆明	14	弱	26.00%	强	弱-强型
辽宁	沈阳	13	弱	26.60%	强	弱-强型
海南	海口	20	弱	31.30%	强	弱-强型
黑龙江	哈尔滨	19	弱	34.50%	强	弱-强型
陕西	西安	11	弱	35.00%	强	弱-强型
内蒙古	呼和浩特	17	弱	14.40%	弱	弱-弱型
广西	南宁	15	弱	19.80%	弱	弱-弱型
山西	太原	16	弱	21.70%	弱	弱-弱型
江西	南昌	12	弱	22.50%	弱	弱-弱型
贵州	贵阳	18	弱	24.40%	弱	弱-弱型

本书将样本省会城市分为2种类别和4种类型，"强省域"类省会包含强省域-强省会型（简称强-强型）、强省域-弱省会型（简称强-弱型）两种类型，"弱省域"类省会包含弱省域-强省会型（简称弱-强型）、弱省域-弱省会型（简称弱-弱型）两种类型。其中，强-强型4个、强-弱型6个、弱-强型5个、弱-弱型5个。下一步，本书将依据相关指数数据，针对上述4种类型省会城市的政府发展能力展开具体分析。

（二）不同省会城市的政府发展能力总体评价指数分析

本部分将基于所选取的省会城市政府 2022 年的统计数据和相关调研结果，对省会城市的政府发展能力总体评价指数进行分析。分析过程中，本书对不同类型省会城市的政府发展能力总体评价指数取均值，以此代表该城市群政府发展能力的一般水平。首先，在使用省域经济规模指标划分形成的"强－弱省域"类省会间、使用省会经济首位度指标划分形成的"强－弱省会"类省会间进行比较分析，具体结果如图 15-1 所示。

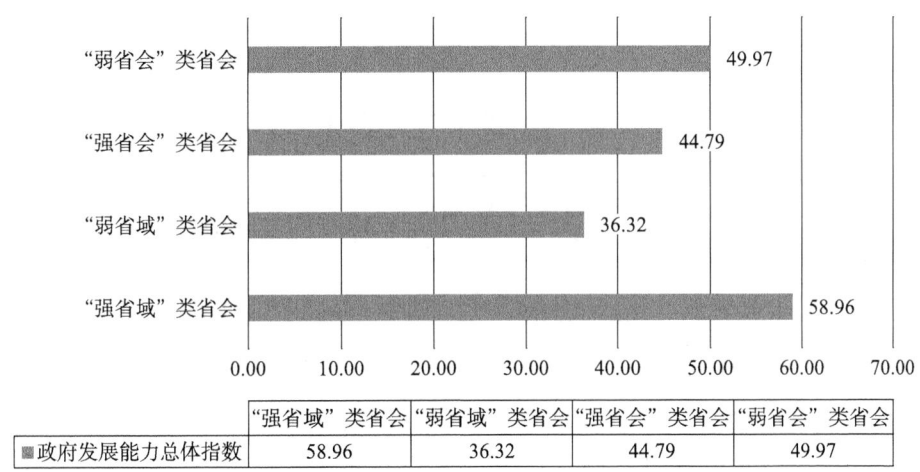

图 15-1　不同类别省会的地方政府发展能力总体指数均值

图 15-1 表明，使用省域经济规模指标划分的 2 类省会中，"强省域"类省会政府发展能力指数均值高于"弱省域"类省会；而在使用省会经济首位度指标划分的 2 类省会中，"强省会"类省会则要小于"弱省会"类省会。为验证上述差异的显著性，本书对其分别进行独立样本 T 检验，检验结果如表 15-2 所示。

表 15-2　不同类别省会城市的政府发展能力总体指数均值比较 T 检验结果

分组变量		均值方程的检验						
		t	自由度	显著性（双尾）	均值差值	标准误差值	差分的95%置信区间	
							下限	上限
"强省域"类省会	"弱省域"类省会	2.654	18	0.016	22.64200	8.52979	4.72157	40.56243
"强省会"类省会	"弱省会"类省会	-0.517	18	0.612	-5.18606	10.03827	-26.27569	15.90357

从检验结果来看,"强省域"类省会的政府发展能力总体指数显著高于"弱省域"类省会,而"强省会"类省会与"弱省会"类省会间在政府发展能力总体指数上的差异不具有统计显著性。综合使用2个分类指标对省会的政府发展能力总体指数进行比较分析,如图15-2所示。

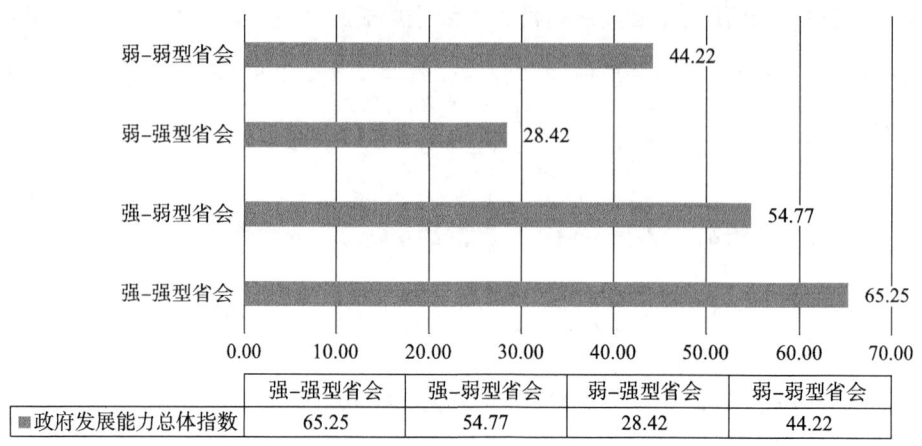

图15-2 不同类型省会的地方政府发展能力总体指数均值

从图中可以明显看出,在省会城市政府发展能力的总体指数上,强-强型省会城市要领先于其他3类省会,达到65.25;强-弱型省会以54.77次之;弱-弱型省会则为44.22,弱-强型省会以28.42居末。综合前述数据,可以大体假设,省域经济规模对省会城市的政府发展能力总体指数可能存在正相关关系,省会经济首位度与指数间的关系无法确定。为验证差异的显著性和上述假设,本书对其分别进行了独立样本T检验,检验结果如表15-3所示。

表15-3 不同类型省会城市的政府发展能力总体指数均值比较 T 检验结果

分组变量		均值方程的检验					差分的95%置信区间	
		t	自由度	显著性（双尾）	均值差值	标准误差值	下限	上限
强-强型省会	强-弱型省会	0.844	8	0.423	10.47763	12.41683	-18.15564	39.11090
	弱-强型省会	3.174	7	0.016	36.82500	11.60337	9.38738	64.26262
	弱-弱型省会	1.401	7	0.204	21.02900	15.00588	-14.45427	56.51227
强-弱型省会	弱-强型省会	2.810	9	0.02	26.35000	9.37813	5.13747	47.56253
	弱-弱型省会	0.876	9	0.404	10.55400	12.05440	-16.71495	37.82295
弱-强型省会	弱-弱型省会	-1.359	8	0.211	-15.79600	11.62044	-42.59278	11.00078

检验结果显示，强-强型省会与弱-强型省会在政府发展能力总体指数上的差异在统计学意义上显著，而与其他类型省会城市的差异不显著；强-弱型省会的政府发展能力总体指数显著高于弱-强型省会，与其他类型省会城市的差异不显著；其他类型省会间的政府发展能力总体指数差异均不显著。因此，上述假设的"省域经济规模对省会城市的政府发展能力总体指数可能存在正相关关系"只在"强省会"类省会内成立，在"弱省会"类省会中这种关系则不显著；而省会经济首位度与政府发展能力总体指数间的关系确实无法确定。

（三）不同省会城市的政府核心发展能力指数分析

本研究确认的地方政府发展能力指标体系共包含6个一级指标，他们分别指向构成地方政府发展能力评估的6项核心发展能力，分别为经济发展能力、社会发展能力、服务提供能力、资源利用能力、科学履职能力和学习创新能力。为深入分析省会城市政府发展能力的具体情况，本部分对不同类型省会城市政府6项核心发展能力的特征进行分析。通过对所得数据的计算与处理，4类省会城市政府核心发展能力指数的均值水平如图15-3所示。

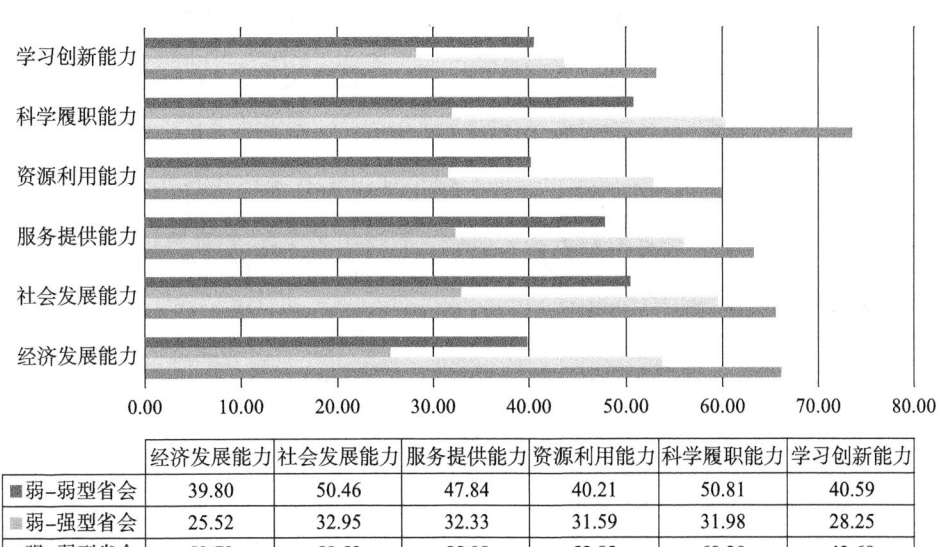

	经济发展能力	社会发展能力	服务提供能力	资源利用能力	科学履职能力	学习创新能力
弱-弱型省会	39.80	50.46	47.84	40.21	50.81	40.59
弱-强型省会	25.52	32.95	32.33	31.59	31.98	28.25
强-弱型省会	53.73	59.52	55.98	52.82	60.30	43.69
强-强型省会	66.07	65.53	63.26	59.96	73.53	53.19

图15-3 不同类型省会城市的政府核心发展能力指数均值

图15-3表明，第一，与前述政府发展能力总体指数的分布特征一致，强-强

型省会城市政府的 6 个核心发展能力指数的均值都高于其他 3 种类型省会城市，强 – 弱型省会城市次之，弱 – 弱型省会城市居第三位，弱 – 强型省会城市指数均值最低。第二，从各项能力指数的平均数看，6 个核心发展能力指数中，省会城市政府的科学履职能力最高，社会发展能力略低，服务提供能力再次，然后是经济发展能力和资源利用能力——两者差距不大，学习创新能力最低。第三，从各项能力指数的标准差来看，不同类型省会城市的政府经济发展能力和科学履职能力最不均衡，两者指数均值的标准差较大，社会发展能力和服务提供能力居中，资源利用能力和学习创新能力指数均值标准差最小，相对较为均衡。第四，从各类省会城市政府发展能力的内部差距看，弱 – 强型省会城市的政府核心发展能力最为均衡，强 – 弱型省会城市、弱 – 弱型省会城市依序次之，强 – 强型省会城市最不均衡。第五，具体到各类省会城市的政府核心发展能力内部结构，强 – 强型省会城市政府的 4 个核心发展能力指数均值均超过 60，科学履职能力达 73.53，最低的学习创新能力指数均值也达 53.19；强 – 弱型省会城市政府的科学履职能力、社会发展能力是其相对较强的发展能力，两者差距不大，学习创新能力水平最低；弱 – 强型省会城市所有政府核心发展能力指数均值均为最低，但最为均衡，相对较高的是社会发展能力和服务提供能力，最低的为经济发展能力；弱 – 弱型省会城市的政府科学履职能力和社会发展能力较高，最低的同样为经济发展能力。

接下来，为了科学确认不同类型省会城市政府间各项发展能力的差异是否显著，研究对 4 类省会城市政府分别就 6 个核心发展能力指标进行了两两比较的独立样本 T 检验。其结果如表 15 – 4 所示。

表 15 – 4　不同类型省会城市政府核心发展能力指数均值比较 T 检验结果

分组变量		经济发展能力		社会发展能力		服务提供能力		资源利用能力		科学履职能力		学习创新能力	
		t 值	显著性	t 值	显著性	t 值	显著性	t 值	显著性	t 值	显著性	t 值	显著性
强 – 强型省会	强 – 弱型省会	0.970	0.360	0.627	0.548	0.558	0.592	0.566	0.587	0.933	0.378	0.786	0.454
	弱 – 强型省会	3.748	0.007	2.159	0.068	2.714	0.030	2.392	0.048	3.179	0.016	2.347	0.051
	弱 – 弱型省会	1.896	0.100	0.976	0.362	1.017	0.343	1.448	0.191	1.495	0.179	0.871	0.413

续表

分组变量		经济发展能力		社会发展能力		服务提供能力		资源利用能力		科学履职能力		学习创新能力	
		t值	显著性	t值	显著性	t值	显著性	t值	显著性	t值	显著性	t值	显著性
强－弱型省会	弱－强型省会	2.948	0.016	2.260	0.050	3.008	0.015	2.464	0.036	2.511	0.033	1.370	0.204
	弱－弱型省会	1.181	0.268	0.694	0.505	0.808	0.440	1.243	0.245	0.738	0.479	0.226	0.826
弱－强型省会	弱－弱型省会	-1.385	0.204	-1.099	0.304	-1.406	0.197	-0.945	0.372	-1.575	0.154	-0.923	0.383

数据表明，对于 6 项核心发展能力指数差异的检验结果均一致，即在 95% 的置信区间内，强－强型省会城市政府 6 项核心发展能力指数均显著高于弱－强型省份，强－弱型省会城市政府均显著高于弱－强型省份，其他差异均不显著。

（四）不同省会城市的政府核心发展能力分解分析

为了进一步揭示不同省会城市政府发展能力的详细情况，本部分将从分析核心发展能力深入对其分解发展能力进行分析。指标体系中的 6 项一级指标共包含 15 项二级指标，分别对应 15 项分解发展能力。各类省会城市政府的分解发展能力指数均值如图 15-4 所示。

从图 15-4 中可以看出，第一，不同类型省会城市政府的分解发展能力中，有 13 项指数均值都符合前述分析的总体分布特征，即除环境保护能力和主动学习能力外，其余能力指数均值从大到小排序为强－强型省会最高，强－弱型省会第二，弱－弱型省会第三，弱－强型省会最低；就环境保护能力而言，强－弱型省会指数最高，强－强型省会次之，弱－强型省会再次，弱－弱型省会最低；就主动学习能力而言，弱－弱型省会的指数最高，强－强型省会第二，强－弱型省会第三，弱－强型省会最低。第二，从各项能力指数的平均数来看，15 个分解发展能力指数中，省会城市政府的政策执行能力指数最高，约为 55.73；保证生产、秩序维护、政策制定、保障基本公共服务、政府机构运行及管理和服务的创新等能力指数也相对较高，均达 50 以上；促进消费、推动转型、环境保护、主动学习等能力指数较低，均小于 45，环境保护能力最低。第三，从各项能力指数的标准差来看，不同类型省会城市政府的环境保护、主动学习 2 项能力较为均衡，是仅有的两个标准差小于

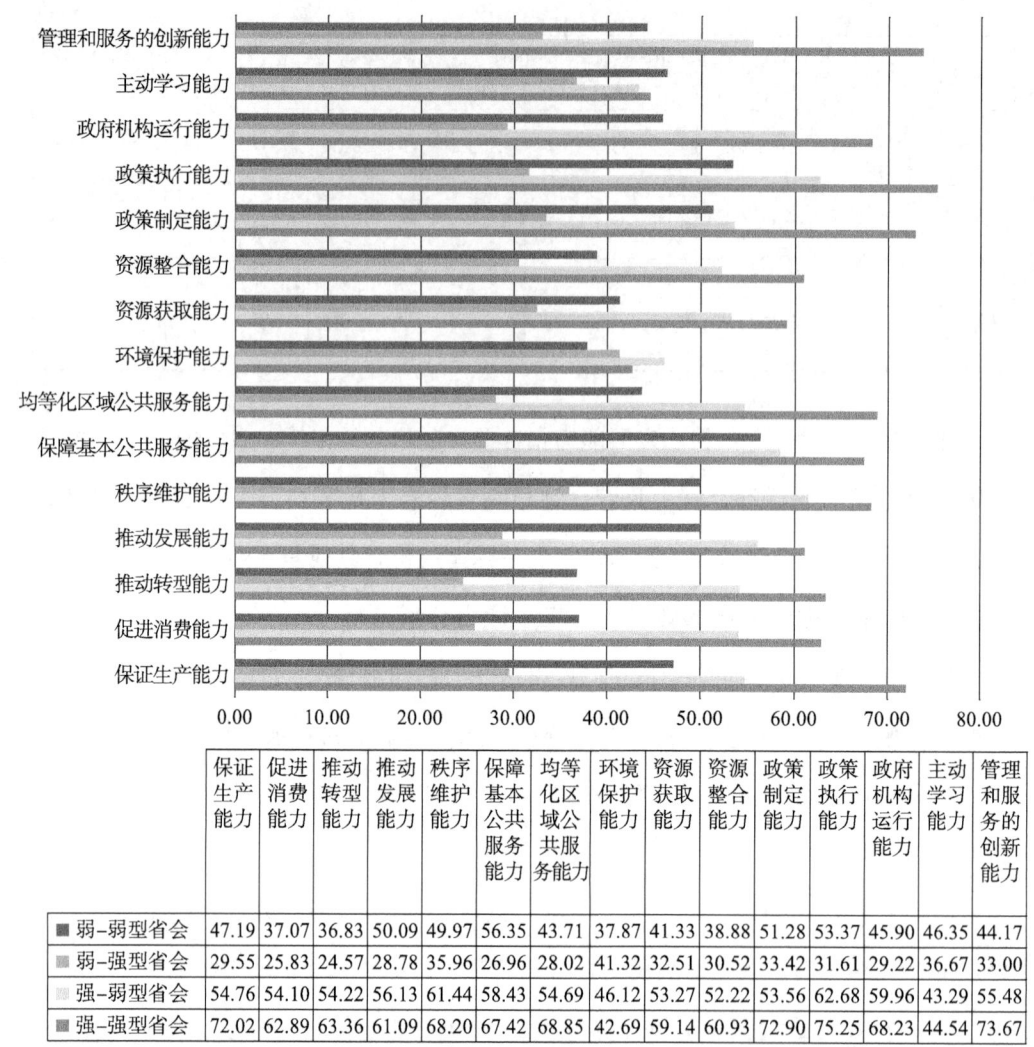

图 15-4 不同类型省会城市的政府分解发展能力指数均值

10；保证生产、推动转型、保障基本公共服务、政策执行及管理和服务的创新等能力较不均衡，标准差均大于 15，政策执行能力最不均衡。第四，从各类省会城市政府发展能力的内部差距看，弱-强型省会的各项能力最为均衡，强-弱型省会和弱-弱型省会居中，强-强型省会最不均衡。

接下来，依次从 6 项核心发展能力的内部分解能力，对 4 类省会进行具体分析。第一，经济发展能力及其分解分析。经济发展能力包含保证生产能力、促进消费能力、推动转型能力 3 项分解指标，旨在尽力衡量地方政府发展区域经济的能力。结合图 15-3 和图 15-4 来看,强-强型省会的经济发展能力及其 3 项分解能力均为最高,弱-强型省会均为最低。强-强型省会和强-弱型省会 3 项能力大小排序是保证生产能力>促进消费能力>推动转型能力,弱-强型省会和弱-弱型省会 3 项能力大小排序则是保证生产能力>推动转型能力>促进消费能力。由此,在一定意义上说明,所有省会城市政府在发展经济方面,其保证生产能力是最强的;同时,"强省域"类省会城市政府在促进消费方面的能力要大于推动转型能力,"弱省域"省会城市政府则相反。此外,为验证相关差异是否显著,本书还进行了独立样本 T 检验,如表 15-5 所示。结果表明,强-强型省会与弱-强型省会、强-弱型省会与弱-强型省会在 3 个分解能力上的差异均显著,其余差异均不显著。

表 15-5 不同类型省会城市政府的经济发展分解能力指数均值比较 T 检验结果

分组变量		保证生产能力		促进消费能力		推动转型能力	
		t 值	显著性	t 值	显著性	t 值	显著性
强-强型省会	强-弱型省会	1.381	0.204	0.707	0.5	0.672	0.52
	弱-强型省会	3.96	0.005	3.186	0.015	3.424	0.011
	弱-弱型省会	2.044	0.08	1.642	0.145	1.787	0.117
强-弱型省会	弱-强型省会	2.663	0.026	2.94	0.016	3.029	0.014
	弱-弱型省会	0.721	0.489	1.333	0.215	1.401	0.195
弱-强型省会	弱-弱型省会	-2.038	0.076	-0.896	0.396	-1.16	0.279

第二,社会发展能力及其分解分析。社会发展能力包含推动发展能力、秩序维护能力两项分解指标,旨在衡量地方政府对维护社会稳定、促进社会进步的能力。结合图 15-3 和图 15-4 来看,强-强型省会的社会发展能力及其 2 项分解能力均为最高,弱-强型省会均为最低。强-强型省会、强-弱型省会和弱-强型省会城市政府 2 项能力大小排序均是推动发展能力>秩序维护能力,仅有弱-弱型省会的排序是秩序维护能力>推动发展能力。此外,为验证相关差异是否显著,本书还进行了独立样本 T 检验,如表 15-6 所示。结果表明,强-强型省会与弱-强型省会、强-弱型省会与弱-强型省会在 2 个分解能力上的差异均显著,其余差异均不显著。

表 15-6　不同类型省会城市的政府社会发展分解能力指数均值比较 T 检验结果

分组变量		推动发展能力		秩序维护能力	
		t 值	显著性	t 值	显著性
强-强型省会	强-弱型省会	0.393	0.705	0.713	0.496
	弱-强型省会	2.689	0.031	2.467	0.043
	弱-弱型省会	0.614	0.559	1.467	0.186
强-弱型省会	弱-强型省会	3.106	0.013	2.558	0.031
	弱-弱型省会	0.439	0.671	1.217	0.255
弱-强型省会	弱-弱型省会	-1.538	0.163	-1.123	0.294

第三，服务提供能力及其分解分析。服务提供能力包含保障基本公共服务能力、均等化区域公共服务能力和环境保护能力 3 项分解指标，旨在衡量地方政府为辖区发展提供公共服务和发展环境的能力。结合图 15-3 和图 15-4 来看，在服务提供能力和保障基本公共服务、均等化区域公共服务 2 项分解能力上，强-强型省会均为最高，弱-强型省会均为最低，环境保护能力则是强-弱型省会最高，弱-弱型省会最低。强-强型省会城市政府 3 项能力大小排序是均等化区域公共服务能力＞保障基本公共服务能力＞环境保护能力，强-弱型省会和弱-弱型省会则为保障基本公共服务能力＞均等化区域公共服务能力＞环境保护能力，弱-强型省会则为环境保护能力＞均等化区域公共服务能力＞保障基本公共服务能力。此外，为验证相关差异是否显著，本文还进行了独立样本 T 检验，如表 15-7 所示。结果表明，强-强型省会与弱-强型省会、强-弱型省会与弱-强型省会在保障基本公共服务能力和均等化区域公共服务能力上的差异均才显著，其余差异均不显著。

表 15-7　不同类型省会城市的政府服务提供分解能力指数均值比较 T 检验结果

分组变量		保障基本公共服务能力		均等化区域公共服务能力		环境保护能力	
		t 值	显著性	t 值	显著性	t 值	显著性
强-强型省会	强-弱型省会	0.845	0.423	1.272	0.239	-0.337	0.745
	弱-强型省会	3.628	0.008	3.236	0.014	0.073	0.943
	弱-弱型省会	0.701	0.506	1.609	0.152	0.394	0.705
强-弱型省会	弱-强型省会	3.742	0.005	3.462	0.007	0.335	0.745
	弱-弱型省会	0.17	0.869	1.033	0.329	0.916	0.384
弱-强型省会	弱-弱型省会	-2.238	0.056	-1.31	0.227	0.211	0.838

第四,资源利用能力及其分解分析。资源利用能力包含资源获取能力、资源整合能力2项分解指标,旨在衡量地方政府利用辖区资源推动发展的能力。结合图15-3和图15-4来看,强-强型省会的资源利用能力及其2项分解能力均为最高,弱-强型省会均为最低。强-弱型省会、弱-强型省会和弱-弱型省会城市政府2项能力大小排序均是资源获取能力>资源整合能力,仅有强-强型省会的排序是资源整合能力>资源获取能力。此外,为验证相关差异是否显著,本书还进行了独立样本T检验,如表15-8所示。结果表明,只有在资源整合能力上,强-强型省会与弱-强型省会、强-弱型省会与弱-强型省会的指数差异显著,其余差异均不显著。

表15-8 不同类型省会城市的政府资源利用分解能力指数均值比较T检验结果

分组变量		资源获取能力		资源整合能力	
		t值	显著性	t值	显著性
强-强型省会	强-弱型省会	0.445	0.668	0.696	0.506
	弱-强型省会	2.043	0.080	2.444	0.045
	弱-弱型省会	1.340	0.222	1.491	0.180
强-弱型省会	弱-强型省会	2.116	0.063	2.572	0.030
	弱-弱型省会	1.191	0.264	1.262	0.239
弱-强型省会	弱-弱型省会	-0.936	0.377	-0.808	0.443

第五,科学履职能力及其分解分析。科学履职能力包含政策制定能力、政策执行能力和政府机构运行能力3项分解指标,旨在衡量地方政府自身履职活动科学性、有效性的能力。结合图15-3和图15-4来看,强-强型省会的科学履职能力及其3项分解能力均为最高,弱-强型省会均为最低。强-强型省会和弱-弱型省会3项能力大小排序是政策执行能力>政策制定能力>政府机构运行能力,强-弱型省会3项能力大小排序则是政策制定能力>政策执行能力>政府机构运行能力,弱-强型省会3项能力大小排序则是政策执行能力>政府机构运行能力>政策制定能力。此外,为验证相关差异是否显著,本文还进行了独立样本T检验,如表15-9所示。结果表明,强-强型省会与弱-强型省会在3项分解能力上的差异均显著,强-弱型省会与弱-强型省会在政策执行能力和政府机构运行能力上的差异显著,其余差异均不显著。

表15-9　不同类型省会城市的政府科学履职分解能力指数均值比较 T 检验结果

分组变量		政策制定能力		政策执行能力		政府机构运行能力	
		t 值	显著性	t 值	显著性	t 值	显著性
强-强型省会	强-弱型省会	1.536	0.163	0.871	0.409	0.555	0.594
	弱-强型省会	2.824	0.026	3.566	0.009	3.201	0.015
	弱-弱型省会	1.371	0.213	1.404	0.203	1.617	0.150
强-弱型省会	弱-强型省会	1.909	0.089	2.663	0.026	2.627	0.027
	弱-弱型省会	0.189	0.854	0.666	0.522	1.099	0.300
弱-强型省会	弱-弱型省会	-1.339	0.217	-1.743	0.119	-1.635	0.141

第六，学习创新能力及其分解分析。学习创新能力包含主动学习能力、管理和服务的创新能力2项分解指标，旨在衡量地方政府为提升自身施政水平、开展学习创新的能力。结合图15-3和图15-4来看，强-强型省会在管理和服务的创新能力上排名第一，弱-弱型省会在主动学习能力上排名第一。强-强型省会和强-弱型省会的2项能力大小排序是管理和服务的创新能力>主动学习能力，弱-强型省会和弱-弱型省会则相反。此外，为验证相关差异是否显著，本书还进行了独立样本 T 检验，如表15-10所示。结果表明，仅在管理和服务的创新能力上，强-强型省会与弱-强型省会、强-弱型省会与弱-强型省会的指数差异显著，其余差异均不显著。

表15-10　不同类型省会城市的政府学习创新分解能力指数均值比较 T 检验结果

分组变量		主动学习能力		管理和服务的创新能力	
		t 值	显著性	t 值	显著性
强-强型省会	强-弱型省会	0.109	0.916	1.469	0.180
	弱-强型省会	0.630	0.549	3.890	0.006
	弱-弱型省会	-0.131	0.900	2.162	0.067
强-弱型省会	弱-强型省会	0.535	0.606	2.763	0.022
	弱-弱型省会	-0.230	0.823	1.055	0.319
弱-强型省会	弱-弱型省会	-0.664	0.525	-1.259	0.244

（五）不同类型省会城市内部政府发展能力分析

前述各部分将每类省会城市作为整体，从政府发展能力总指数、6项政府核心发展能力及其分解指标入手，对4类省会城市政府发展能力进行了较为全面的对比与分析。接下来，本部分将着眼于各类省会内部，对其内部政府发展能力的平衡性状态作一定考察。

首先，本书对 4 类省会内部各个样本城市的政府发展能力总指数进行了离散程度分析，计算了同一类型内各个样本城市政府发展总指数的标准差、极值和全距，如表 15-11 所示，并在此基础上绘制了各主要城市群城市政府发展总指数的箱型图，如图 15-5 所示。表 15-11 中相关数据的离散程度很高，意味着在中国不同类型省会城市内部政府发展能力之间存在较大的差异性。其中，弱-弱型省会内部差距最大，强-强型省会次之，强-弱型省会再次，弱-强型省会内部差距最均衡。

表 15-11　不同类型省会城市的政府发展能力离散程度分析结果

类型	标准差	极小值	极大值	全距
强-强型省会	21.97	43.78	95.00	51.22
强-弱型省会	17.39	34.77	76.03	41.26
弱-强型省会	12.71	17.22	47.16	29.94
弱-弱型省会	22.66	17.35	80.30	62.95

图 15-5 直观地反映了各类省会城市内部政府发展能力之间的差异程度。在不考虑异常值的情况下，弱-强型省会各城市之间的差异性相对较小、平衡性相对较好。强-弱型省会和强-强型省会的内部差异性依次有所增加。弱-弱型省会城市内部的差异性状况与其他类型有所不同，其中存在 2 个异常值：南昌的指数 80.30、贵阳的指数 17.35。南昌的政府发展能力显著高于该类中的其他省会城市，贵阳则显著低于该类中的其他省会城市。而剔除异常值后，弱-弱型省会城市的整体差异性则会大大减弱，甚至远远小于弱-强型省会城市内部的差异性。

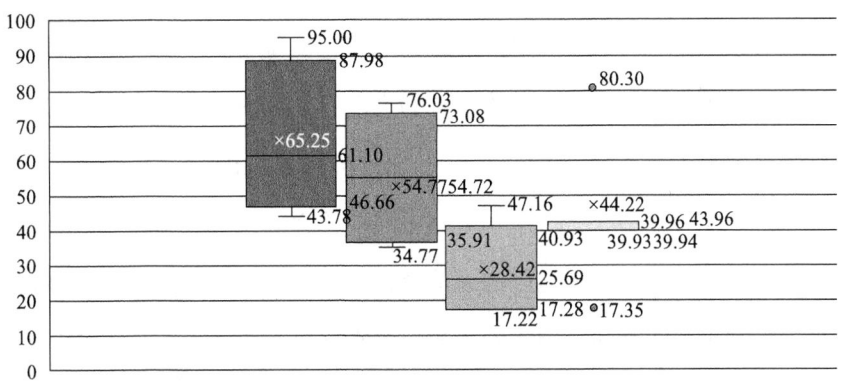

图 15-5　不同类型省会城市的政府发展能力离散程度分析

三、提升路径：统筹省会省域全面协调发展

上述分析表明，受省域经济规模大小和省会经济首位度影响，不同省会城市的政府发展能力水平表现出一定差距，在各级各类指标上存在不同特征。为促进省会城市的持续健康发展，提升其治理水平，本部分将就前述特征进行深入分析与讨论，提出针对性的优化路径。

总体来看，就提升省会城市的政府发展能力而言，关键在于大力发展省域经济，而非单纯"强省会"。上述数据表明，省域经济规模与省会城市的政府发展能力显著正相关，而省会城市经济首位度则是不显著负相关，即经济发展水平较弱的省份采取"强省会"战略，单纯提升省会首位度，难以提高省会城市政府发展能力，甚至会产生削弱作用。因而，单就提升省会城市政府发展能力而言，"强省会"战略应当尊重经济规律和省域现实，着重提升省域整体经济水平，综合比较省会规模增长可能产生的政府发展能力弱化效应与经济发展带来的提升作用，统筹制定实施相关政策。同时，从所有省会城市政府的发展能力均值来看，学习创新能力在所有核心发展能力中指数最低，而其中主动学习能力又是指数最低的分解发展能力。因此，各省会城市政府应当加强公务员学习培训工作，完善相关激励约束机制，推进政府自身学习型组织建设，不断提升其治理水平和发展能力。

针对强-强型省会城市，较强的省域经济水平和较高的经济集聚度为其政府发展提供了强有力的基础支撑，其总体发展能力和6项核心发展能力均领先于其他3种类型省会城市。同时，其各项发展能力在4类省会城市中最不均衡，资源利用能力和学习创新能力相对较低，在环境保护和主动学习2项分解能力方面存在明显短板，是其唯二的不位居4类省会城市第1位的分解发展能力，这与其领先地位不符。究其原因，强-强型省会城市在其城市规模扩大、经济体量攀升过程中，往往会产生人口总量膨胀、生态环境趋劣、治理压力上升等问题，而政府对其潜在治理资源的把握和利用需要时间，因而相应治理水平难以同步跟上，这一定程度上符合城市发展的一般规律。下一步，强-强型省会应当加强其潜在治理资源的挖掘和利用，强化与智库、企业等多元主体的协作交流，学习研究先进地区发展和治理经

验，综合提升治理资源利用率和有效性，提高整体治理水平；加大环境保护力度，提升环境质量，提升"强省会"居民生活质量、获得感和幸福感，为城市的持续健康发展营造良好环境。

针对强-弱型省会城市，虽然其省会经济首位度不高，但较强的省域经济水平将为省级层面优先支持省会城市治理提供重要保障，因而其地方政府总体发展能力和6项核心发展能力均仅次于强-强型省会，高于其他两类省会。6项核心发展能力中，学习创新能力成为明显短板。15项分解能力中，强-弱型省会城市环境保护这项分解能力较为突出，居4类省会城市之首；主动学习能力表现不甚理想，居第3位；其余分解能力均排第2位。因此，强-弱型省会城市应当继续利用较强的省域经济优势进一步提升省会经济集聚度，做大做强省会城市，同时在城市扩张过程中注意不断强化学习创新能力，在社会治理、环境保护、公共服务等多个领域提升治理水平和发展能力，向强-强型省会持续转型，发挥省会城市各方面带动示范作用。

针对弱-强型省会城市，较弱的省域经济水平和较高的省会经济首位度双重因素叠加，使其地方政府总体发展能力和6项核心发展能力均为最低。这类省会城市的政府经济发展能力最弱，社会发展能力最强。15项分解能力中，仅有环境保护能力高于弱-弱型省会，其余均为最低。但是，弱-强型省会城市各项发展能力最为均衡，内部差距最小。因此，此类省会城市目前主要目标应当是利用省域中心地位，充分发挥自身对全域经济的带动辐射作用，促进省域经济水平的迅速提高。省域各级政府都应将经济建设放在首位，大力开展招商引资，推动产业转型升级，促进经济持续健康发展。同时，由于各项政府发展能力普遍较低，此类城市在大力提升经济水平的同时，还应同时保持其他各项发展能力的同步提升，尤其是在环境保护方面，要保持优势，为城市长期发展提供良好环境。

针对弱-弱型省会城市，其政府总体发展能力和6项核心发展能力略高于弱-强型省会城市，排第3位。如果剔除异常值，弱-弱型省会城市相关指数将低于弱-强型省会。这类省会城市最弱的政府核心发展能力也是经济发展能力，与强-强型省会和强-弱型省会一样，最强的是科学履职能力。15项分解能力中，环境保护能力最弱,居第 4 位,主动学习能力最突出,排名第 1 位。与弱 – 强型省会城市相同,弱 – 弱型省会城市及其所在省(自治区)的首要任务也是大力开展经济建设,强化经济发展能力,通过向发达地区学习先进经验,积极承接发达地区产业转移,加强与发达地区互联互通,发挥比较优势,推动省域整体经济水平的提高。同时,这类省会还要加强环境保护,提高环境质量和生态建设,尤其要注意经济发展与环境保护的兼顾与平衡,不能为了经济发展牺牲生态环境。此外,此类省(自治区)实行"强省会"战略要注意不能单纯提升省会首位度,其主要目标应当是提升省域整体经济水平,相关政策措施应当对此作综合长远考虑。

四、结论

通过对 20 个省会城市 2022 年相关数据的计算和分析,前文对省会城市在省域的强弱和省会的强弱两个分类维度的政府发展能力进行了全面的比较和归纳。一个基本结论是,相较于省会的强弱,省域的强弱对于省会城市发展水平的影响更为显著,存在较强的正相关性。深入总结以上分析内容,可以得出以下具体结论。

从地方政府发展能力总体指数来看,省域经济规模与省会城市政府发展能力总体指数存在显著的正相关关系,省会经济首位度与总体指数的关系为不显著的负相关关系,即省会经济总量越大,省会城市的政府发展能力越强;省会经济首位度对省会城市的政府发展能力则不能确定。具体来看,省域经济实力较强、省会首位度较高的省会城市总体指数最高,省域经济实力较强、省会首位度较弱的省会城市排名第 2 位,省域经济实力较弱、省内发展较均衡的省会城市排名第 3 位,经济实力较弱、省会经济总量突出的省会城市指数最低。由此可以推断,省域经济水平的提升,将通过省级政府层面的优先支持作用于省会城市政府发展能力和治理水平的提高,而省会城市自身在省(自治区)内的突出位置无法显著提高自身治理水平的竞争力。因而,就提高省会城市政府发展能力而言,"强省会"战略首在"强省域",在于省会省域的全面协调发展。

就地方政府核心发展能力与分解能力指数而言,除少数指标外,大部分核心与分解发展能力指数均与上述总体指数的分布特征一致,学习创新这一项核心发展能力和环境保护和主动学习两项分解发展能力除外。其中学习创新能力在强－强型省会与弱－强型省会的比较中差异性不显著，其余两项能力在总体指数显著的两对比较中均不显著。同时，学习创新能力和主动学习能力分别构成全部省会城市政府核心发展能力和分解发展能力的短板。因此，可以推断，所有省会在学习创新尤其是主动学习能力上，表现均不佳，且彼此间并未拉开明显差距。因此，未来所有省会城市应当在政府自身建设，如公务员培训、激励约束机制建设、政策与服务创新等方面重点着力，主动学习先进经验，提升相关发展能力。此外，强省域省会中，环境保护能力构成强－强型省会短板，而其正是强－弱型省会的长项。可以推断，省会的强弱与省会城市政府的环境保护能力可能存在负相关关系。未来，"强省会"类省会应当注意加强环境保护工作，提高环境质量。"弱省域"类省会的共同短板是经济发展能力，这反映了"弱省域"省会乃至其全省（自治区）当前的重点任务是发展经济，扩大经济总量，带动省域整体全面发展。

最后，需要说明的是，由于未能覆盖所有省会城市，且数据资料仅为2022年的数据，本部分仅就省会城市的政府发展能力情况作了横向对比，缺乏对相关变化情况的序时追踪。同时，本文仅就"强省会"战略对省会城市政府发展能力的影响进行了相关分析研究。未来，本书课题组将进一步加强相关数据的收集和整理，以期对这一主题展开更为全面系统的研究，提出更具针对性的对策建议，为省会城市的政府发展能力的提升提供更好智力支持。